Abc
des Gehölzschnitts

Jean-Yves Prat
Denis Retournard

Abc
des Gehölzschnitts

Zier- und Obstgehölze richtig schneiden, verjüngen, erziehen

Illustrationen von
Joël Bordier

Bassermann

Hinweis des Verlags

Die in diesem Buch aufgeführten Baum- und Straucharten stellen die bei uns
verbreiteten Gartengehölze dar. Die Mehrzahl der hier nicht genannten Arten
benötigt keinen spezifischen Schnitt. Was Sie über ihre Pflege wissen müssen,
erfahren Sie in der Einleitung dieses Buches.

© Copyright international by EDITIONS Rustica, Paris, France 1999
Originaltitel: L'abc de la taille

Das Buch wurde in Zusammenarbeit mit Rosenn Le Page entwickelt.

ISBN 978-3-8094-3514-3

6. Auflage 2025

© 2016 by Bassermann Verlag, einem Unternehmen der Penguin Random House Verlagsgruppe GmbH,
Neumarkter Straße 28, 81673 München
produktsicherheit@penguinrandomhouse.de
(Vorstehende Angaben sind zugleich Pflichtinformation nach GPSR)

© der deutschen Originalausgabe by Mosaik Verlag, München

Umschlaggestaltung: Atelier Versen, Bad Aibling
Illustrationen: Joël Bordier
Übersetzung: Cornelia Panzacchi
Fachliche Beratung: Peter Himmelhuber, Karl Ernst Kelter
Redaktion für diese Ausgabe: Herta Winkler
Herstellung für diese Ausgabe: Claudia Scheike
Satz: Filmsatz Schröter, München

Druck: Alföldi Nyomda Zrt., Debrecen

Printed in Hungary

Penguin Random House Verlagsgruppe FSC® N001967   674/28370212

Inhalt

Vorwort

Zu einer sorgfältigen Pflege der Gartengewächse gehört auch der Gehölzschnitt, der in den verschiedenen Lebensstadien der Bäume und Sträucher durchgeführt werden sollte: nach dem Einpflanzen, während ihres Wachstums, zur Förderung der Blütenentwicklung und des Fruchtansatzes sowie zur Verjüngung. Nicht alle Pflanzen müssen jedes Jahr ausgeschnitten werden, sollten aber regelmäßig, je nach Art, alle drei, fünf oder zehn Jahre behandelt werden, da sie sonst verwildern, zu viel Platz einnehmen oder einfach nur ungepflegt aussehen. Trockene und tote Äste und Zweige, die an der Pflanze belassen werden, sind Schwachstellen, an denen Krankheiten und Parasiten eindringen können. Deshalb profitieren Pflanzen oder Bäume immer von einem sachgerechten Schnitt.

Wir zeigen Ihnen im Folgenden an den verbreitetsten Arten Schritt für Schritt, wie Sie vorgehen sollten, um an der richtigen Stelle und zum geeigneten Zeitpunkt das zu entfernen, was entfernt werden sollte. Ziel dieses Handbuchs ist es, den Schnitt von Sträuchern, Hecken, Bäumen und Obstbäumen allgemein verständlich zu erklären. Die einzelnen Pflanzenarten werden in der alphabetischen Reihenfolge ihrer lateinischen Namen vorgestellt, sodass Sie sie problemlos nachschlagen können.

Wir haben dieses Buch ferner um einige Informationen über die Veredlung ergänzt, die am häufigsten eingesetzte Methode der Vermehrung von Obstbäumen. Auch hierzu finden Sie detaillierte Zeichnungen und Anleitungen, anhand derer Sie die Veredlung Schritt für Schritt durchführen können. Wir haben uns auf die Darstellung der leichtesten Veredlungstechniken beschränkt, die auch bei Anfängern meistens erfolgreich verlaufen.

Für jede vorgestellte Art finden Sie auch die Angabe ihres deutschen Namens und die wichtigsten Informationen über ihre Bedürfnisse (Standort, Licht usw.) sowie ihre Eigenschaften als Nutz- oder Zierpflanze.

Schneiden ist eine Notwendigkeit

Die Funktion des Schnitts

Der Schnitt unterstützt bei einer Pflanze, die frisch umgepflanzt wurde, die Regeneration, regt die Bildung von Zweigen und Blüten an und kann einem alternden Baum oder Strauch zu einer zweiten Jugend verhelfen.

Anregung des Wachstums nach dem Pflanzen

Das Ausschneiden nach dem Pflanzen soll bei Bäumen und Sträuchern die Bildung neuer Wurzelspitzen und das Wachstum von Stamm und Zweigen fördern. Dieser Schnitt garantiert, dass die neue Pflanze in Ihrem Garten weiterwächst. Je nachdem, ob Sie es mit einer Pflanze zu tun haben, die ihr Laub verliert und die mit nackten Wurzeln geliefert wurde, oder mit einer immergrünen Pflanze, die Sie mitsamt Wurzelballen oder im Container erworben haben, ist ein anderer Schnitt erforderlich.

LAUBBÄUME UND STRÄUCHER: AUSGLEICH VON ZWEIGEN UND WURZELN

Bäume und Sträucher, die ihr Laub verlieren und die mit nackten Wurzeln verkauft werden, pflanzt man zwischen November und März ein. Der erste Schnitt betrifft Äste und Wurzeln. Durch das Herausnehmen der Pflanze aus der Erde vor dem Verkauf wurden die Wurzeln häufig beschädigt. Das Kürzen der Wurzeln um einige Zentimeter, das vor dem Einpflanzen vorgenommen wird, nennt man **Wurzelschnitt**. Danach wird die Wurzel zarte neue Wurzelfasern bilden, die die Ernährung der Pflanze und ihre Verankerung im Boden gewährleisten. Bei dieser Gelegenheit sollten Sie auch kranke, beschädigte oder tote, trockene Wurzeltriebe entfernen.

Entfernen Sie beim Pflanzschnitt auch die toten oder gebrochenen Äste. Verkürzen Sie die übrigen Äste um ungefähr ein Drittel; danach sollte die Pflanze eine harmonische Form haben, mit einem ausgewogenen Verhältnis zwischen dem Umfang von Wurzeln und Ästen.

BÄUME MIT WURZELBALLEN ODER IM CONTAINER: EIN LEICHTER SCHNITT GENÜGT

Ein immergrüner Baum oder Strauch, der mit Wurzelballen erworben wurde, wird am zweckmäßigsten im Frühling, möglichst im März, eingepflanzt. Eine Containerpflanze kann jedoch zu jeder Jahreszeit eingepflanzt werden. Beschränken Sie sich darauf, das Volumen der Äste so zu verringern, dass es dem des Wurzelballens entspricht. Entfernen Sie schwache oder beschädigte Äste.

Blühende Sträucher in Containern schneidet man nicht aus, wenn man sie vor oder während der Blütezeit einpflanzt. Warten Sie mit dem ersten Schnitt, bis die Blüten verblüht sind.

Der Gehölzschnitt ist eine wichtige Maßnahme der Gartenpflege. Durch ihn kann man den Wuchs der Pflanzen fördern, einer Pflanze eine harmonische Form geben, die Blütenproduktion erhöhen und bei fruchttragenden Bäumen und Sträuchern den Ernteertrag steigern. Man schneidet einen Baum oder Strauch das erste Mal beim Einpflanzen und wiederholt dies später immer wieder.

Erziehungsschnitt bei einer jungen Pflanze

Bei den meisten Ziersträuchern sieht es am schönsten aus, wenn sie sich natürlich entwickeln. Unterstützen Sie durch den Schnitt das charakteristische Wachstum der jeweiligen Art, indem Sie nur totes Holz entfernen. Bei Ziersträuchern ist ein Erziehungsschnitt im Allgemeinen nicht notwendig, außer bei Sträuchern, die einen Hauptstamm bilden sollen. Der Erziehungsschnitt wird nur bei jungen Pflanzen etwa ein bis zwei Jahre lang vorgenommen. In dieser Zeit ist das vorrangige Ziel, einen kräftigen Strauch zu erhalten; die Blütenbildung spielt jetzt noch eine untergeordnete Rolle. Der Frühling, besonders der Monat März, eignet sich am besten für den Erziehungsschnitt.

Im Laufe der ersten Jahre seines Lebens bildet ein junger Obstbaum seinen Stamm und seine Äste aus. Wenn er ohne Eingriff des Menschen wächst, nimmt er eine hohe Gestalt an und dehnt die Krone nach allen Richtungen aus. Damit er einerseits nicht zuviel Raum für sich beansprucht und andererseits im Frühling keinen Frostschaden erleidet, kann man ihn in eine besondere Form schneiden, zum rundlichen Buschbaum, Viertelstamm, Halbstamm oder Hochstamm, zum flachen Spalierbaum oder zum niedrigen Spindelbusch. Sie können entweder eine ältere, schon geformte Pflanze kaufen, oder sich eine einjährige, veredelte besorgen, einen Schössling, den Sie in Ihrem Garten selbst schneiden und formen können. Suchen Sie nach einem geraden, kräftigen Stamm. Auch eine ausgewogene Verteilung der Seitenleitäste, die nicht allzu zahlreich sein sollten, ist wichtig. Die Erziehung eines jungen Baumes erfordert viel Geduld, denn man muss die Seitenleitäste sehr lang

werden lassen, damit sich an ihnen die Nebenzweige bilden, die dann die Früchte tragen werden: das Fruchtholz. Der Erziehungsschnitt wird außerhalb der Frostperioden im Spätwinter oder zu Beginn des Frühlings durchgeführt, in der Zeit, in der das Wachstum ruht.

Instandhaltungsschnitt

Wenn Sie einen Baum oder Strauch nie beschneiden, wird er in Ihrem Garten zu viel Platz einnehmen: Die allzu zahlreichen Zweige nehmen sich gegenseitig Licht und Luft weg und bilden kein dichtes, gleichmäßig verteiltes Laub; die inneren Zweige werden schwach und sind wenig widerstandsfähig gegen Krankheiten und Parasiten. Kräftige sterile, also nicht fruchttragende Triebe können sich ungehemmt entwickeln und die Form der Krone ungünstig verändern. Der Instandhaltungsschnitt hat also zwei Aufgaben: die Pflanze gesund zu erhalten und den Wuchs einer gleichmäßigen Krone zu unterstützen.

BÄUME GESUND ERHALTEN

Vorbeugen ist besser als heilen: Bei Pflanzen lassen sich die meisten Krankheiten durch sorgfältige Pflege vermeiden. Viele Krankheiten entwickeln sich eher auf beschädigten Ästen. Wenn die Erreger erst einmal durch eine verletzte Rinde eingedrungen sind, können sie sich ungestört ausbreiten und auch die gesunden Teile der Pflanze befallen. Alle abgebrochenen Äste und Zweige oder solche, deren Rinde verletzt wurde, müssen also bis auf den gesunden Teil zurückgeschnitten werden.

Äste und Zweige, die genug Licht erhalten, sind kräftiger, wachsen stärker und bilden mehr Blüten. Beim Instandhaltungsschnitt sollte man die Mitte des Baumes oder Strauches aus-

---

Bodentypen

Man unterscheidet sauren und kalkhaltigen Boden. Der Säuregrad wird als pH-Wert angegeben. Der pH-Wert eines sauren Bodens liegt zwischen 4,5 und 6,5; in einem kalkhaltigen Boden ist er höher als 7,5. Der neutrale Wert liegt bei 7. Im Handel sind einfach zu verwendende Testsets erhältlich, mit denen man den Säuregrad der Gartenerde messen kann.

Ein leichter Boden lässt sich leicht bearbeiten: die Erde klebt nicht an Spaten und Hacke fest, nicht einmal, wenn sie feucht ist. Sie ist wasserdurchlässig und das Wasser dringt auch in tiefere Schichten vor.

Ein lehmhaltiger Boden ist wenig wasserdurchlässig und schwer. Durch Regen bilden sich Pfützen, die schlecht versickern. Die Erde klebt an den Geräten und macht die Arbeit anstrengend.

Ein mittlerer Boden enthält Humus, die organischen Stoffe also, die für die Ernährung der Pflanzen wichtig sind. Man erkennt ihn an der dunklen Farbe. Frische Erde bindet immer etwas Feuchtigkeit, sogar im Sommer und bei trockenem Wetter.

Die ideale Gartenerde enthält viel Humus, ist also dunkel, frisch und wasserdurchlässig.

lichten, damit alle Äste gleichmäßig Licht bekommen. Dazu werden alle schwachen und dünnen Äste und Zweige im Inneren der Krone oder des Buschs herausgeschnitten, sowie alle Äste, die sich kreuzen.

GESTALTUNG DER GEHÖLZE

Bäume und Sträucher sollten wohl proportioniert sein. Entfernen Sie beim Schnitt Wasserschosse (auch: sterile Triebe); das sind starke Zweige, die senkrecht aus den Ästen herauswachsen und die Gestalt der Baumkrone oder des Strauches verändern. Speziell bei Bäumen muss der Instandhaltungsschnitt zur Entfernung überflüssigen Astwerks nicht unbedingt alljährlich durchgeführt werden. Je nach Art wird ein Eingriff alle drei bis fünf Jahre notwendig; Laubbäume, die auch wild im Wald wachsen, sollte man in noch größeren Abständen ausschneiden.

Bei den blühenden und fruchttragenden Arten wird der **Instandhaltungsschnitt** durch einen Blütensträucher- oder Fruchtholzschnitt ergänzt, um die Bildung zahlreicher Blüten und Früchte zu unterstützen. Der Instandhaltungsschnitt ist unverzichtbar, wenn man verhindern muss, dass ein Baum zu viel Schatten wirft. Außerdem werden die unteren Äste, die weniger gut mit Saft versorgt werden, im Lauf der Jahre immer schwächer. Der Baum erscheint kahler. Die Leitäste, die zu lang gewachsen sind und leicht brechen könnten, werden stark gekürzt. Warten Sie mit dem Schnitt nicht zu lange: Äste mit starkem Durchmesser (mehr als ungefähr 8 bis 10 cm) vertragen den Schnitt schlecht. Schreiten Sie zur Tat, nachdem das Laub abgefallen ist, also zwischen November und März.

Am besten ist man dabei zu zweit: ein Helfer bleibt am Boden und lenkt die- oder denjenigen, die oder der oben in der Krone die Äste schneidet, da man am Boden die Form des Baumes und den Zustand der Äste am besten beurteilen kann.

Schneiden Sie nie senkrecht ab, sondern schräg, und zwar so, dass die Schnittfläche dem Himmel zugewandt ist, damit Regenwasser leichter abläuft. Damit das Holz beim Schneiden nicht platzt oder splittert, schneiden Sie den Ast oder Zweig einige Millimeter tief ein, bevor Sie mit dem Sägen beginnen. Glätten Sie große Wunden mit der Hippe; tragen Sie ein Wundverschlussmittel auf, wenn die Wunde einen Durchmesser von über 3 cm hat, und bedecken Sie mit dem Mittel großzügig die Schnittränder.

DIE GÜNSTIGSTE ZEIT

Durch den Instandhaltungsschnitt soll das Wachstum einer Pflanze angeregt werden. Die günstigste Zeit für diesen Schnitt ist nach der winterlichen Ruhezeit, also im März. Bei Sträuchern, die im Frühling blühen, würde ein in dieser Zeit durchgeführter Schnitt allerdings die bereits im Vorjahr gebildeten Blütenknospen entfernen, deshalb wartet man hier das Ende der Blütezeit ab.

DIE RICHTIGE LÄNGE

Soll man viel oder wenig wegschneiden? Das hängt von der Wuchskraft des Baumes oder Strauches ab. Starkes Ausschneiden lässt die Pflanze stark nachwachsen, während ein Schnitt, der sich auf die Spitzen der Triebe beschränkt, einen schwächeren Wuchs zur Folge hat. Deshalb schneidet man einen Strauch mit schwacher Wuchskraft am besten stark aus, während die Äste eines ohnehin kräftig wachsenden Gewächses nur leicht beschnitten werden sollten. Diese Grundregel können Sie auch auf die einzelnen Äste eines Baumes anwenden: Wenn der Baum zwei unter-

So schneiden Sie richtig

Schneiden Sie den Ast erst rundherum leicht ein.

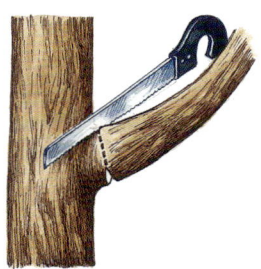

Sägen Sie ihn schräg ab.

Glätten Sie große Schnittwunden mit der Hippe und bestreichen Sie sie anschließend mit Wundverschlussmittel.

Nadelgehölze

Nadelgehölze vertragen den Instandhaltungsschnitt nicht! Sie dürfen nur die untersten Äste ausschneiden. Pflanzen Sie Nadelgehölze so ein, dass sie ringsum genügend Platz haben, um sich nach allen Seiten hin gleichmäßig auszudehnen.

Schneiden Sie Ihre geformte Hecke häufig, damit sie ihre eckige Form behält.

schiedlich stark wachsende Äste besitzt, sollten Sie, anstatt den kräftigeren auf die Länge des schwächeren zurückzustutzen, den kräftigen Ast weniger beschneiden und den schwächeren auf die zweite oder dritte Knospe zurückschneiden.

Die Gestaltung von Bäumen und Sträuchern

Damit Hecken dicht belaubt bleiben und klare Umrisse behalten, müssen sie regelmäßig geschnitten werden. Lassen Sie eine Hecke im Jahr nicht höher als 20 bis 50 cm werden. Wenn die Sträucher zu schnell wachsen, werden sie unten an der Basis meist kahl und unansehnlich. Wir stellen in diesem Buch Bäume und Sträucher vor, die sich gut zur Pflanzung von Hecken eignen. Sie können zwischen unterschiedlichen Arten von Hecken auswählen: frei wachsende und geformte Hecken.

FREI WACHSENDE UND GEFORMTE HECKEN: EINE FRAGE DES PLATZES

Die so genannten frei wachsenden Hecken werden vorwiegend mit der Baum- oder Heckenschere ausgeschnitten, wobei man nur einzelne Äste entfernt, die trocken sind oder ins Innere der Hecke wachsen. Vermeiden Sie, ›Löcher‹ in die Hecke zu schneiden, indem Sie die Position des Astes, den Sie entfernen wollen, vorher feststellen. Der Schnitt von frei wachsenden Hecken unterscheidet sich nicht von dem einzeln stehender Sträucher und sollte auch zum gleichen Zeitpunkt erfolgen: im Frühling – es sei denn, es handelt sich um eine Blütenpflanze, die erst nach der Blütezeit geschnitten werden sollte. Auch bei diesem Schnitt sollten die nach oben wachsenden Triebe leicht beschnitten und somit die Wuchshöhe verringert werden.

GEDULD: DIE TUGEND DES GÄRTNERS

Geformte Hecken erfordern mehr Pflege als frei wachsende: mindestens zweimal ihm Jahr sollten Sie zur Schere greifen. Beginnen Sie damit bereits im ersten Jahr nach dem Einpflanzen. Handelt es sich um eine Hecke aus Nadelgehölzen, dann begradigen Sie die Oberflächen nicht zu genau. Bei Laubgehölzen schneiden Sie die Zweige um etwa ein Viertel ihrer Länge zurück, um das Wachstum zu fördern. In den folgenden Jahren sollten Sie dann 20 bis 30 Prozent vom jährlichen Zuwachs entfernen. Beschränken Sie sich später darauf, die Triebe auf allen Seiten im Jahr 5 bis 10 cm länger werden zu lassen, bis die Hecke ihre endgültige Größe erreicht hat.

Ihre Hecke darf nicht zu breit und nicht zu schmal sein. Ideal ist ein Querschnitt, der unten nur etwas breiter als oben ist, weil dann die unteren Äste und Zweige genügend Licht bekommen.

Eine Hecke von jungen Sträuchern schneidet man im Frühling zurück, also zwischen Ende Mai und Anfang Juni, und dann wieder Ende August bis Anfang September. Bei manchen schnell wachsenden Arten muss man jedoch häufiger zur Schere greifen: zwischen Mai und September alle vier bis sechs Wochen. Schneiden Sie Hecken aus Nadelgehölzen nie vor Mitte Juli zurück, denn sonst müssen Sie auf die farblich reizvollen jungen Triebe verzichten. Schneiden Sie aber auch nicht zu spät, damit die Schnittwunden vor dem Winter noch genug Zeit haben, zu vernarben.

EINE REGELMÄSSIGE VERJÜNGUNGSKUR

Die jungen Triebe der Sträucher, die zu Hecken gepflanzt sind, befinden sich meist im oberen Bereich der

Pflanzen; deshalb ist es so schwer, über mehrere Jahre hinweg eine Hecke zu erhalten, die auch unten dicht belaubt ist. Aus diesem Grund sollte man eine Hecke etwa alle zehn Jahre stark zurückschneiden. Kürzen Sie die Hecke im Frühling auf die Hälfte ihrer Höhe. Zuerst werden die Sträucher ziemlich traurig aussehen, aber dann erleben sie eine zweite Jugend. Alle Sträucher, die sich für Hecken eignen, vertragen diese Rosskur gut – mit Ausnahme der Nadelgehölze. Nach diesem kräftigen Schnitt sollte die Hecke allmählich ihre frühere Höhe und Breite erreichen, indem sie jedes Jahr um 5 bis 10 cm wächst.

GRÜNE SKULPTUREN

Schon Cicero berichtete von der Kunst, aus Pflanzen Plastiken zu schaffen; heute kommt diese Fertigkeit wieder in Mode. Dabei werden Sträucher zu fantasievollen Formen zurechtgeschnitten; die Verwirklichung einer solchen Idee erfordert vor allem Geduld und Können.

Die dazu geeigneten Sträucher können auch in Kübeln gehalten werden, und die geometrischen Formen (Kugeln, Kegel, Würfel) passen in den Garten ebenso gut wie auf den Balkon. Um die Form herauszubilden und zu erhalten, muss die Pflanze regelmäßig geschnitten werden. Verlassen Sie sich beim Schneiden auf Ihr Auge; treten Sie immer wieder ein paar Schritte zurück, um die Schnittführung zu kontrollieren. Bei komplexeren Formen genügt der Schnitt alleine nicht, sondern man muss sich ein Gerüst aus Draht kaufen oder bauen, an dem die Zweige zuerst zwei bis drei Jahre lang befestigt werden wie an einem Spalier. Danach braucht man sie nur noch durch einen regelmäßigen Schnitt in Form zu halten. Berücksichtigen Sie die Form, die der Strauch später erhalten soll, schon

beim Einpflanzen. In den ersten drei bis vier Jahren soll durch das Ausschneiden eine dichte, auf die gesamte Höhe verteilte Verzweigung erzielt werden. Lassen Sie die Pflanze – ebenso wie eine Hecke – nur ganz allmählich an Höhe und Breite gewinnen: Die Zunahme sollte nicht mehr als 5 bis 10 cm in jedem Jahr betragen. Ab dem zweiten Jahr können Sie damit beginnen, den Strauch zu modellieren.

Soll die Pflanze an einem Drahtgerüst wachsen, dann sollte es bereits beim Einpflanzen aufgebaut werden. Binden Sie dann die Zweige schon im ersten Jahr in der entsprechenden Höhe an dem Gerüst an. Wenn die gewünschte Form erreicht worden ist, wird sie durch regelmäßigen Schnitt erhalten. Die Zweige sollten nicht mehr als 5 bis 6 cm über dem Drahtgeflecht überstehen und müssen daher regelmäßig gekürzt werden.

Blüten und Früchte

Der Eingriff in das Wachstum regt Blütensträucher oder Früchte tragende Pflanzen zu einer vermehrten Produktion von Blüten und Früchten an. Ohne Schnitt würde ein Baum oder Strauch nur unkontrolliert in den Raum wachsen und wenig Blüten und aus diesen wiederum wenige kleine Früchte von minderwertiger Qualität hervorbringen. Außerdem würden die Ernten sehr unterschiedlich ausfallen: in einem Jahr reichlicher, im nächsten sehr mager.

Damit sie sich andererseits gut entwickeln können und schöne Früchte hervorbringen, brauchen die Äste viel Licht. Der Obstbaumschnitt soll zu einem ausgewogenen Wachstum der Äste beitragen und dafür sorgen, dass sie an der Pflanze gut verteilt sind, sich nicht gegenseitig behindern und sich nicht untereinander das Licht

Binden Sie die wachsenden Zweige nach und nach am Drahtgerüst an.

Ist die gewünschte Form erreicht, werden nur noch überstehende Zweige abgeschnitten.

Die richtige Art, zu schneiden

Trennen Sie den Ast immer 4 bis 6 mm über einer gut sichtbaren Triebknospe ab, denn an dieser Stelle wird ein neuer Trieb abzweigen, dessen Wachstum durch den Schnitt angeregt wird. Diese Knospe sollte nach außen gerichtet sein, denn dann wird der neue Trieb nicht nach innen, sondern nach außen wachsen und auf diese Weise zu einer dichten Krone oder Silhouette beitragen. Die Schnittfläche sollte schräg verlaufen und von der Knospe abgewandt sein.

Legen Sie Ihre Schere immer so an, dass das Schneideblatt auf dem Teil des Astes aufliegt, der an der Pflanze bleiben soll. Das Untermesser dient dazu, den Ast beim Schnitt festzuhalten und wird unweigerlich dort, wo es den Ast berührt, Gewebe quetschen. Daher ist es natürlich besser, wenn nur die Teile, die ohnehin entfernt werden sollen, beschädigt werden. Der an der Pflanze verbleibende Teil ist dann sauber geschnitten und gesund.

Schleifen Sie Ihre Schere regelmäßig, damit die Schnitte glatt sind und Krankheiten und Parasiten keine Angriffsfläche bieten.

wegnehmen. Der Schnitt soll auch die verstärkte Bildung jungen Zweigwerks fördern: gerade die jüngsten Zweige tragen die meisten Blüten.

SPALIEROBST

Der alljährliche Fruchtholzschnitt ist bei Spalierobstarten (Äpfel, Birnen, Pfirsiche, Aprikosen, Weinreben u. a.) unentbehrlich. Hier hat der Schnitt die Aufgabe, die Form des Baumes zu erhalten und die Bildung von Früchten an und nahe den Seitenleitästen zu fördern.

Dieser Schnitt wird in der Zeit durchgeführt, in der die Pflanzen ruhen, im Winter also, aber nicht während der Frostperioden. Am zweckmäßigsten nimmt man ihn in den letzten Wintermonaten, im Februar und März, vor; in dieser Zeit können Sie bereits die Blütenknospen eindeutig von den Triebknospen unterscheiden. Man erkennt die Blütenknospen daran, dass sie dicker und runder aussehen als die Triebknospen, die kleiner, spitzer und länglich sind. Dieser winterliche Schnitt kann durch kleinere Eingriffe im Sommer vervollständigt werden, die aber meist nicht unbedingt erforderlich sind.

FREI STEHENDE BÄUME

Bei frei stehenden Bäumen, die keine Stütze benötigen, beschränkt sich das Ausschneiden auf einen Instandhaltungsschnitt, der in regelmäßigen Abständen durchgeführt werden sollte; empfehlenswert wäre, sich alle fünf Jahre diese Mühe zu machen. Entfernen Sie dann alle Äste, die andere behindern, tote Äste und alle, die zu wenig oder keine Früchte tragen.

Der ideale Zeitpunkt für derartige Eingriffe ist der gleiche wie für das Ausschneiden von Spalierholz: zwischen dem Abwerfen des Laubes und dem Beginn der neuen Wachstumsperiode.

Kräftige, stark belaubte und Früchte tragende Sträucher sollten alljährlich (Himbeeren) oder mindestens alle zwei Jahre (Rote und Schwarze Johannisbeeren) ausgeschnitten werden.

BLÜTENSTRÄUCHER

Blütensträucher brauchen einen jährlichen Instandhaltungsschnitt, bei dem sie zumindest von den verblühten Blüten befreit werden sollten. Bei Bäumen und Sträuchern, die im Frühling oder im Winter blühen, sitzen die Knospen auf den Zweigen, die im Vorjahr entstanden oder noch älter sind. Warten Sie mit dem Schnitt daher das Ende der Blütezeit ab, denn sonst würden Sie zukünftige Blüten entfernen, um die es sicher schade wäre. Sträucher, die im Sommer blühen, tragen ihre Blüten auf den jungen Zweigen, die im Frühling des gleichen Jahres ausgetrieben haben. Ein Schnitt knapp vor dem Beginn der Wachstumsperiode, im Februar oder März, begünstigt eine besonders üppige Blütenbildung. In Gegenden, in denen die Winter mild sind, besteht außerdem die Möglichkeit, diesen Typ von Bäumen oder Sträuchern zu Beginn des Winters, nach der Blütezeit, zu beschneiden.

Verjüngungsschnitt bei alten oder vernachlässigten Bäumen

An alten Bäumen, deren Pflege mehrere Jahre lang vernachlässigt wurde, oder bei Bäumen, die durch Wind oder Frost beschädigt wurden (Absterben vieler oder aller Äste), können Sie einen Verjüngungsschnitt vornehmen, wenn der Baum noch über genügend Lebenskraft zu verfügen scheint und wenn Sie sicher sein können, dass die betreffende Art derartige Radikalkuren übersteht; dies ist z. B. bei Kernobstbäumen der Fall.

Die Haupt- oder Leitäste werden bei einem Verjüngungsschnitt an der Basis abgeschnitten, kurz hinter der Stelle, an der sie vom Stamm abzweigen. Man kann auch noch gründlicher vorgehen und den Stamm 10 bis 15 cm über dem Boden absägen; dies wird aber meist nur bei bestimmten Arten gemacht, etwa bei Feigenbäumen, Edelkastanien und Flieder. Bei den in diesem Buch vorgestellten Arten geben wir jeweils an, ob sich ein Verjüngungsschnitt empfiehlt sowie wann und wie er vorzunehmen ist.

Halten Sie Ihr Werkzeug keimfrei

Wenn Sie eine Pflanze nach der anderen ausschneiden, sollten Sie zwischendurch die Klingen der Schneidewerkzeuge mit einem in Brennspiritus getränkten Tuch abwischen, damit Sie nicht versehentlich Krankheiten übertragen.

Richtiges Werkzeug – richtig gebraucht

Mit den geeigneten Geräten ist das Schneiden weniger mühsam und für die Pflanzen weniger belastend.

Die Unentbehrlichen

Die **Hippe** (oder Baummesser) war früher das einzige Gerät für den Gehölzschnitt, aber ihr Gebrauch verlangt sehr viel Fingerspitzengefühl. Die Hippe ist ein Messer mit einem dicken Griff und einer halbmondförmigen Klinge von etwa 12 cm Länge und 2 cm Breite. Verwenden Sie sie, um große Schnittwunden zu reinigen und möglichst sorgfältig zu glätten. Eine gut gewartete **Gartenschere** hinterlässt glatte Schnittwunden und garantiert damit die Gesundheit des ausgeschnittenen Baumes oder Strauches. Es gibt sie in zwei Ausführungen:
– Die **Universalschere** oder Allzweckschere, die nach dem Amboss-Prinzip arbeitet: Ein D-förmiges oberes Schneideblatt drückt auf ein stumpfes, weiches Unterteil und hält dabei den Ast fest; verwenden Sie diese Schere nicht zum Ausschneiden, denn der Schnitt ist nie sehr sauber.
– Bei der **Baumschere** bewegt sich das geschwungene, konvexe Obermesser gegen (und nicht auf) das konkave untere Schneideblatt. Diese Schere eignet sich gut für das Ausschneiden, da sie eine glatte, saubere Schnittfläche hinterlässt. Suchen Sie eine Schere aus, die gut in Ihrer Hand liegt und die weder zu groß ist – sie würde Ihnen auf Dauer beim Schneiden Schmerzen bereiten – noch zu klein, denn dann könnten Sie damit nur dünne Äste durchschneiden. Eine Schere sollte für Äste mit einem Durchmesser von 3 cm und darüber vollauf genügen.

Setzen Sie die Schere so an, dass die Basis des Obermessers auf dem zu schneidenden Ast aufliegt. Wenn Sie mit der Spitze der Schere schneiden würden, wäre ein glatter Schnitt nur mit Mühe zu erzielen, und der Ast könnte, wenn er dick ist, die Klinge beschädigen.

Für große Sträucher

Wenn Ihre Arme nicht lang genug sind, um die höchsten Äste zu schneiden, und die Form eines Busches Ihnen nicht erlaubt, eine Leiter dagegen zu lehnen, stellen die beiden folgenden Werkzeuge eine nützliche Hilfe dar:
Eine **Astschere** ermöglicht Ihnen, ohne allzu großen Kraftaufwand Äste mit großem Durchmesser zu durchschneiden, da ihre langen Griffe (60 bis 80 cm) durch die Hebelwirkung Ihre Kräfte vervielfachen.
Die **Raupenschere** ist eine Baumschere, die auf einem 3 bis 4 m langen Griff befestigt und mit einem Zugmechanismus ausgestattet ist. Mit ihr können Sie auch Äste in der Krone hoher Bäume schneiden, ohne auf eine Leiter steigen zu müssen.

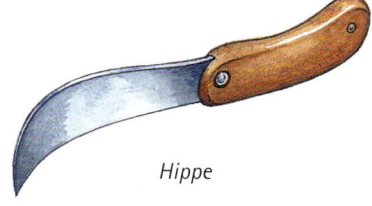

Hippe

Baumschere

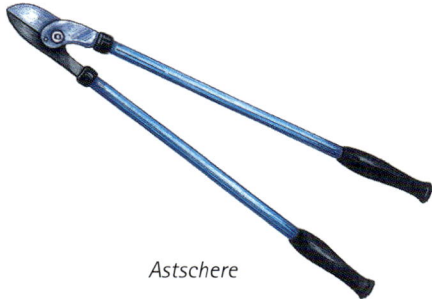

Astschere

Raupenschere

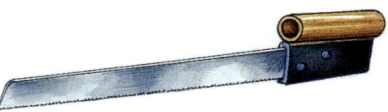

Stichsäge mit Tülle

Heckenschere

Elektrische Heckenschere

Zum Schneiden dicker Äste

Wenn Sie in Ihrem Garten große Bäume haben, die regelmäßig ausgeschnitten werden müssen, sollten Sie sich dafür geeignete Werkzeuge zulegen. Um mit dicken Ästen fertig zu werden, brauchen Sie einen **Fuchsschwanz** mit relativ schmaler und leicht gebogener Klinge, die im Astwerk leichter zu handhaben ist. Eine **Stichsäge mit Tülle**, die auf eine lange Stange aufgesteckt werden kann, erlaubt auch weiter entfernte Äste abzusägen. Wenn Sie einen Baum stark zurückschneiden wollen und dabei auch sehr dicke Äste entfernen müssen, benötigen Sie eine motorgetriebene **Kettensäge**. Rüsten Sie sich für die Arbeit mit der Kettensäge Ihrer Sicherheit zuliebe mit dicken Schutzhandschuhen und einer Schutzbrille aus.

Zum Heckenschneiden

Die Garten- und die Baumschere sind beim Schneiden und Begradigen der so genannten geformten Hecken, die aus großblättrigen Sträuchern bestehen, die wichtigsten Werkzeuge, weil diese Pflanzen Quetschungen schlecht vertragen.

Die **Heckenschere** ist das übliche Werkzeug für den Schnitt geformter Hecken aus kleinblättrigen Sträuchern und ermöglicht schnelles Arbeiten. Sie besteht aus zwei langen Messern, die mit Griffen versehen sind. Diese sollten leicht auseinandergebogen sein, damit man sich beim Schneiden nicht verletzt.

Der Umgang mit der Heckenschere erfordert etwas Übung. Die Messer werden parallel zur Schnittfläche angesetzt. Drücken Sie die Griffe dann kurz, schnell und fest zusammen und heben Sie die Spitze der Schere beim Schnitt leicht an, sodass es aussieht, als würde sie beim Schneiden hüpfen. Allzu rasche Ermüdung vermeiden Sie, indem Sie sich in richtiger Höhe zur Hecke aufstellen: Die Griffe der Heckenschere stellen die Verlängerung Ihrer Unterarme dar, die mit Ihren Oberarmen einen stumpfen Winkel bilden sollten. Meist haben die Scheren an der Basis der Messer eine Kerbe, mit deren Hilfe man einen dicken Ast festklemmen und sicher abschneiden kann. In diesem Fall ist es trotzdem besser, zur Baumschere zu greifen, die solche Äste glatter und sauberer schneidet.

Der Umgang mit einer Heckenschere ist, vor allem bei langen Hecken, nicht jedermanns Sache. Eine **elektrische Heckenschere** stellt dann eine große Arbeitserleichterung dar. Die Ausgabe für diese Anschaffung ist besonders lohnenswert, wenn Sie Schnitthecken von mehreren Metern Länge instand halten müssen, die aus schnell wachsenden, kleinblättrigen Sträuchern bestehen, bei denen Sie alle vier bis sechs Wochen ans Werk gehen müssen, wie bei der Heckenkirsche. Denken Sie aber daran, dass motorgetriebene Geräte sehr schnell sind: Nur allzu leicht kann es passieren, dass Sie unbeabsichtigt zu viel wegschneiden oder die falsche Stelle erwischen, wenn Sie eine unbedachte Bewegung machen.

Die Wartung der Geräte

Der Saft der Pflanzen ist säurehaltig und fördert auch bei den besten Werkzeugen die Bildung von Rost. Vergessen Sie deshalb nach dem Schneiden nicht, die Klingen mit einem ölgetränkten Lappen abzureiben. Dadurch verhindern Sie das Oxydieren. Schleifen Sie die Scheren regelmäßig nach, da sie rasch ›abstumpfen‹.

Vermehren durch Veredeln

Der Schlüssel zum Erfolg

Auch von Experten durchgeführte Veredlungen sind nicht immer erfolgreich. Veredeln Sie deshalb immer mehrere Pflanzen einer Art und seien Sie nicht niedergeschlagen, wenn Unterlage und Edelreis nicht immer zusammenwachsen. Um Ihre Aussichten auf Erfolg zu verbessern, sollten Sie ein paar wichtige Grundsätze beherzigen:

– Unterlage und Edelreis sollten gut zusammenpassen;

– der Kontakt zwischen den Teilen der Unterlage und des Edelreises muss sehr eng sein;

– Die beiden Partner sollten eine vergleichbare Stärke haben: Die Durchmesser der Schnittflächen von Unterlage und Edelreis sollten nach Möglichkeit gleich sein, denn sonst bildet sich an der angeschnittenen Stelle ein Wulst, der für die neu entstehende Pflanze leicht zu einer Schwachstelle wird;

– nach der Veredlung sollte die Pflanze sorgfältig versorgt und betreut werden.

Passende Partner

Unterlage und Edelreis können nur zusammenwachsen, wenn sie gut zusammenpassen. Man weiß aus Erfahrung, dass die Veredlung innerhalb der gleichen Art so gut wie immer möglich ist: Apfel auf Apfel zum Beispiel. Man kann aber auch mit Edelreisern veredeln, die zwar nicht der gleichen Art wie die Unterlage, aber doch der gleichen botanischen Familie angehören: So kann man Flieder auf Liguster aufpropfen, da beide der Familie der Oleaceae angehören, oder Birnen auf einen Quittenbaum (beide Rosaceae). Andererseits aber bleibt der Versuch, einen Birnbaum durch ein Quittenreis zu veredeln, immer erfolglos. Ferner ist es unmöglich, Bäume durch ein Edelreis aus einer anderen Familie zu veredeln.

Enger Kontakt

Grundbedingung der Veredlung ist, dass Unterlage und Edelreis zusammenwachsen. Nur dann kann der Saft der Pflanze, der Wasser und die von den Wurzeln der Unterlage aufgenommenen Nährstoffe enthält, in die Blätter des Edelreises dringen. Bei der Veredlung ist der Kreislauf des Safts im gepfropften Teil so lange unterbrochen, bis alles zusammengewachsen ist. Damit das geschehen kann, müssen die Teile von Unterlage und Edelreis, durch die Pflanzensaft zirkuliert und die sich unterhalb der Rinde befinden, möglichst dicht aufeinander liegen.

Der beste Zeitpunkt

Führen Sie die Veredlung während der Wachstumsperiode der Pflanzen

Die Veredlung erlaubt, Nachkommen einer bestimmten Pflanze zu ziehen; das bietet zahlreiche Vorteile.

• Eine geeignete Unterlage erlaubt, ein und dieselbe Art auf unterschiedlichen Böden zu kultivieren.

• Eine Unterlage, die die Wuchskraft der Art bremst, ermöglicht, Spaliervarianten zu ziehen und eine raschere Bildung von Früchten zu fördern.

• Eine Unterlage, die widerstandsfähig gegen Krankheiten und Wettereinflüsse ist, gibt diese Eigenschaften an die durch Veredlung erhaltene Pflanze weiter.

17

durch, also zwischen Ende Februar/ Anfang März und September, wenn die Pflanze im Saft steht.

Der optimale Zeitpunkt ist je nach gewählter Veredlungsmethode und Baum- oder Strauchart verschieden. Sie finden bei den in diesem Buch vorgestellten Arten auch die Angabe der für eine Veredlung günstigsten Periode.

Die wichtigsten Veredlungsmethoden

Es ist nicht möglich, hier alle bekannten Veredlungsmethoden detailliert zu beschreiben; deshalb beschränkt sich dieser Abschnitt darauf, eine Einführung in diese Thematik zu bieten. Für alle Gehölzarten, für die wir die Vorgehensweise beim Veredeln schildern, haben wir die einfachste und zuverlässigste Methode ausgewählt.

Man unterscheidet im Großen und Ganzen drei Verfahrensweisen:

Ablaktieren (Krautige Veredlung)

Zwei nebeneinander wachsende junge Pflanzen werden so miteinander verbunden, dass die Saft führenden Teile verwachsen; eine der Pflanzen spielt dabei die Rolle der Unterlage, die andere die des Pfropfreises. Dieses Edelreis trennt man erst dann von den eigenen Wurzeln, wenn man erkennt, dass sich die Unterlage gut von dem Eingriff erholt hat. Die Methode ist für einen Anfänger schwierig und erfordert viel Platz. Andere Veredlungsmethoden versprechen dem Hobbygärtner wesentlich mehr Erfolg.

Veredlung durch Edelreis

Das Edelreis ist ein Zweigstück, das man mit dem jungen Stamm der Unterlage verbindet. Für die Verbindung gibt es mehrere mögliche Methoden zur Auswahl: durch Spaltpfropfen, Geißfußpfropfen, Rindenpfropfen und Kopulation.

SPALTPFROPFEN

Diese Methode setzt man bei frei stehenden Bäumen ein, wenn der Durchmesser der Unterlage größer ist als der des Edelreises. Die Unterlage wird auf die gewünschte Höhe von 40 cm bis 2 m gekürzt. Dann wird die Schnittfläche quer gespalten. Zum Pfropfen nimmt man ein Edelreis von etwa 10 cm Länge (etwa Bleistiftdicke und -länge) mit mindestens drei gut sichtbaren Knospen. Dieses Reis wird unten keilförmig angeschnitten und dann der Länge nach in den Längsschnitt der Unterlage gesteckt; es sollte genau hineinpassen.

Der Frühling ist die beste Zeit für diese Art der Pfropfung. Das Edelreis sollte sich noch in der Ruhephase befinden, also keine Blätter tragen. Bei Steinobstsorten sollte man die Spaltpfropfung auf den Spätsommer oder Frühherbst verlegen (August bis Oktober), damit durch den Schnitt des Pfropfreises der Mutterpflanze keine größeren Mengen an Pflanzensaft verloren gehen.

GEISSFUSSPFROPFEN

Auch diese Methode wendet man in den Fällen an, in denen der Durchmesser der Unterlage größer ist als der des Edelreises. Das Edelreis wird unten eckig angeschnitten und in eine Kerbe eingepasst, die man in einigen Zentimetern Höhe über dem Boden am Stamm der Unterlage angebracht hat. Diese Methode erfordert Präzision und Geschick, denn das Edelreis muss sich genau in die Kerbe der Unterlage einfügen lassen. Diese Art der Veredlung beansprucht die Unterlage nicht so stark wie die Spaltpfropfung. Sie ist für Steinobstarten vorzuziehen, da dabei keine größeren Verluste an Saft eintreten können.

Die beste Zeit für diese Veredlung ist der Frühling, wenn die Mutterpflanze des Edelreises noch ruht. Bei Steinobstarten sollte man sie allerdings auf das Ende des Sommers verschieben, sie also zwischen August und Oktober vornehmen.

RINDENPFROPFEN

Diese Technik wendet man an, wenn Mutterpflanze und Unterlage in etwa den gleichen Durchmesser haben. Sie besteht darin, ein Edelreis, flach und schrägkantig geschnitten, auf eine Seite der Unterlage aufzubringen. Zuvor wurde bei der Unterlage die Rinde in passender Größe zum Edelreis eingeschnitten. Rindenpfropfung wird vorzugsweise bei immergrünen Sträuchern, wie z. B. Kamelien, eingesetzt sowie bei Nadelgehölzen.

Man nimmt den Eingriff entweder im Freien oder im Gewächshaus vor. Er kann im Frühling, im April und Mai, mit Edelreisern aus dem Vorjahr durchgeführt werden, oder gegen Ende des Sommers, im August und September, im Gewächshaus mit Pfropfreisern aus dem gleichen Jahr. Die Edelreiser schneidet man immer erst kurz vor Beginn der Veredlungsmaßnahme von dem Baum oder Strauch, den man vermehren will, der so genannten Mutterpflanze.

KOPULATION

Diese Methode ist nur geeignet, wenn das Edelreis und die Unterlage den gleichen Durchmesser haben. Sie wird vor allem beim Veredeln von Weinreben eingesetzt. Für die Kopulation werden Unterlage und Pfropf entgegengesetzt schräg geschnitten, sodass die Schnittflächen die gleiche Größe haben. Beim Aufeinanderlegen achtet man darauf, dass die Schnittflächen einander genau abdecken.

Für diese Methode ist der Frühling die günstigste Zeit, vorausgesetzt das Edelreis befindet sich noch in der Ruhephase (d. h. die Blätter sind noch nicht ausgetrieben).

Augenveredlung

Bei dieser Art der Veredlung wird nur ein einziges Auge, eine Knospe, mit einem Stück Rinde an der Unterlage angebracht. Diese Technik wird bei der bekannteren Veredlung durch Okulation angewandt oder bei der Ring- und Plattenokulation.

OKULATION

Ein Auge mit etwas Rinde von der Mutterpflanze wird unter ein Stück abgelöste Rinde der Unterlage geschoben. Die betreffende Stelle sollte am zweckmäßigsten in 10 bis 15 cm Höhe über dem Boden sein, da das Auge dort am schnellsten anwächst. Diese Art der Okulation kann auch von weniger erfahrenen Hobbygärtnern durchgeführt werden.

Auch wenn man das Okulieren im Frühling durchführen kann, ist es doch empfehlenswert, je nach Art in der Zeit zwischen Mitte Juli und Ende August zu okulieren; die Unterlagen sollten dann im vorhergegangenen Herbst gepflanzt worden sein. Die Augen sollten erst kurz vor dem Eingriff von der Mutterpflanze entnommen werden.

RING- UND PLATTENOKULATION

Diese Methode wird nur noch bei Edelkastanien oder bei Walnussbäumen angewandt, bei denen auf andere Weise eingesetzte Edelreiser nicht anwachsen. Das Rindenstück, das man zusammen mit dem Auge von der Mutterpflanze entnimmt, ist bei dieser Technik ein Rindenstreifen. Von der Unterlage wird ein Rindenstreifen in entsprechender Größe entfernt; dann wird das veredelnde Auge mit seiner Rinde auf die entrindete Stelle gelegt und dort befestigt. Veredlungen dieser Art kann man im Frühling (Ende März bis Anfang April) oder im Herbst (Ende August bis Anfang September) durchführen. Vor der Veredlung sollte man etwas mehr als ein Drittel des Astwerks der Unterlage entfernen, damit der Saft auf der Höhe des Pfropfpunktes bleibt und die Heilung rasch vonstatten geht.

Die Ausrüstung

Außer den bekannten Schnittwerkzeugen, die wir bereits vorgestellt haben, benötigt man für die Veredlung kaum eine besondere Ausrüstung: Ein Okuliermesser, Baumwachs und Bast genügen.

Wichtig: das Okuliermesser

Dieses Messer besteht aus einem kurzen Griff mit einer leicht geschwungenen Klinge an einem Ende und einem abgerundeten starren oder beweglichen Spatel am anderen zum Ablösen der Rinde. Die Klinge muss so scharf wie die eines Rasiermessers sein.

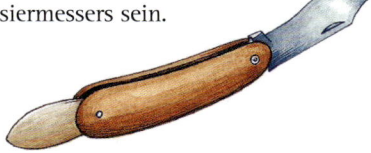

Damit der Bast gut hält, sollten Sie eine Schlaufe knüpfen, durch die Sie das Ende der Faser stecken.

nicht wieder entfernen, außer bei Okulationen. Damit der Bast Edelreis und Unterlage schön fest zusammenhält, sollten Sie ihn anfeuchten, bevor Sie die betreffende Stelle damit umwickeln.

Baumwachs

Die meisten Aufpfropfungen müssen nach dem Umwickeln mit Bast mit Baumwachs bestrichen werden. Dadurch wird die Veredlungsstelle vor dem Eindringen von Krankheitskeimen oder Parasiten geschützt. Außerdem verhindert die Versiegelung die Verdunstung. Nur Okulationen werden nicht mit Baumwachs bestrichen; von ihnen muss der Bast auch sofort entfernt werden, sobald man sehen kann, dass die aufgesetzte Knospe angewachsen ist.

Bast richtig verwenden

Das Umwickeln und Binden mit Bast verstärkt den Kontakt zwischen dem Gewebe des Edelreises und dem der Unterlage. Bei den meisten Veredlungsmethoden ist Bast daher unerlässlich.
Natürlicher Bast ist elastisch und widerstandsfähig und schnürt die veredelte Stelle nicht ab, da er mit der Zeit verrottet. Man muss die Bastumwickelung nach der Veredlung also

Die Pflege des Werkzeugs

Ebenso wie die Schnittwerkzeuge müssen auch die Geräte, die bei der Veredlung verwendet werden, sauber gehalten und vor jedem Gebrauch desinfiziert werden. Auch regelmäßiges Schleifen ist wichtig. Glatte Schnitte gewährleisten eine rasche und störungsfreie Heilung, fördern das Anwachsen des Edelreises und tragen so zum Gelingen der Veredlung bei.

Gehölzschnitt
bei den einzelnen Arten –
Schritt für Schritt

Acer campestre, Acer negundo

Feldahorn, Eschenahorn

Sowohl Feldahorn wie Eschenahorn lieben die Sonne. Sie wachsen in allen Böden, auch wenn sie Kalk enthalten, und vertragen den Schnitt gut. Für Hochstammformen ist dieser allerdings nicht jedes Jahr erforderlich.

 ## Wann und wie schneiden

Beim Einpflanzen

Entfernen Sie im November die Äste, die unten am Stamm wachsen.

Kürzen Sie im Februar die höchsten Äste um zwei Drittel, um eine dichte Krone zu erhalten.

Blätter: sommergrün
Höhe: 8 bis 15 m
Form: Hochstamm oder Buschbaum

Wann schneiden?
- Zwischen November und Februar

Warum schneiden?
- Um gegebenenfalls totes Holz zu entfernen
- Um die Bildung von Zweigen anzuregen

Die ersten Jahre

Der Mitteltrieb sollte sich frei entwickeln können. Kürzen Sie im Februar aber die Enden der Seitenäste um einige Zentimeter.

Entfernen Sie gegebenenfalls Triebe, die aus dem Stamm herauswachsen.

Erziehung eines Feldahorns zum Buschbaum

BEIM EINPFLANZEN

Schneiden Sie zwischen November und März die junge Pflanze in etwa zehn Zentimeter Höhe über dem Boden ab, um die Bildung mehrerer Seitentriebe anzuregen.

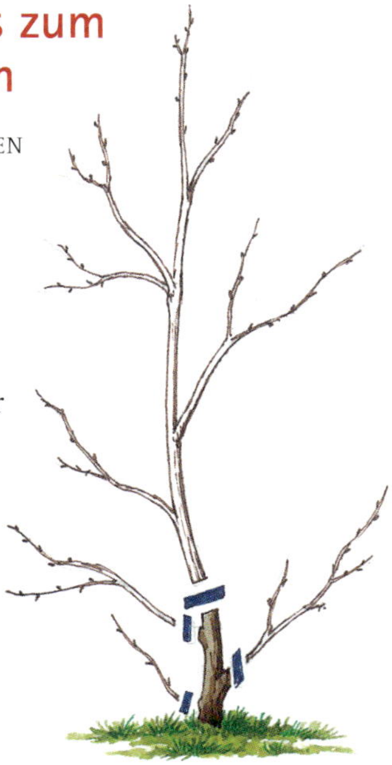

IM FOLGENDEN JAHR

Kürzen Sie die Spitzen der neuen Zweige im September um einige Zentimeter.

JEDES JAHR ▲

Kappen Sie jedes Jahr im September die Spitzen der jungen Äste um einige Zentimeter. Entfernen Sie gegebenenfalls totes Holz.

Japanische Ahornarten

Neben dem Feldahorn und dem Eschenahorn, die wir hier besprechen, gibt es zahlreiche japanische Arten, die viel kleiner sind und ungefähr 2 m hoch werden. Sie gedeihen nur in saurem Boden und werden meist zu Buschbäumen geschnitten.

Schneiden Sie Hochstammbäume alle zehn Jahre zwischen November und Februar aus. Entfernen Sie totes Holz, Äste, die die Silhouette stören oder unten aus dem Stamm herauswachsen. Auf diese Weise wird Ihr Ahorn seine beeindruckende Form behalten.

Einführung in die Veredlung

Veredeln Sie Ihren Ahorn durch Okulation

Warum veredeln?

Es gibt viele verschiedene Ahornarten. Die Veredlung ist die schnellste Methode, um neue Bäume unterschiedlicher Arten zu erhalten.

Wann veredeln?

Im Juli bis August.

Womit veredeln?

Mit einem Auge der gewünschten Art, das zusammen mit einem Stück Rinde übertragen wird (Edelauge).

Welche Unterlage?

Ein Feldahorn (*Acer campestre*) von zwei bis drei Jahren (Unterlage), der spätestens im vorhergehenden Herbst in Ihren Garten gepflanzt wurde.

DAS EDELAUGE

Schneiden Sie von dem Ahorn, den Sie vermehren wollen, einen gesunden Zweig von mittlerer Stärke, der bereits begonnen hat, zu verholzen. Entfernen Sie die Blätter, doch lassen Sie die Blattstiele am Zweig.

1

Entnehmen Sie aus der Mitte des Edelreises das Auge für die Okulation: Halten Sie das Reis mit einer Hand. Markieren Sie mit dem Okuliermesser die abzunehmende Rinde, die oben und unten jeweils etwa 1 cm über das Auge hinausreichen sollte.

Lassen Sie die leicht schräg gehaltene Messerklinge auf der Höhe der oberen Markierung unter die Rinde gleiten. Ziehen Sie die Klinge mit einer kräftigen Bewegung nach unten. Wichtig ist dabei, das Auge mit einem einzigen Schnitt von der Unterlage zu trennen, damit keine Holzsplitter daran hängen bleiben, die den Erfolg der Veredlung gefährden.

Entnehmen Sie das Auge erst, kurz bevor Sie die Veredlung durchführen.

2

DIE UNTERLAGE

Schneiden Sie in die Rinde der Unterlage an einer glatten und sauberen Stelle und in etwa 5 cm Höhe über dem Boden einen T-förmigen Schnitt; Schnittlänge ist jeweils 1 bis 2 cm. Heben Sie mit dem Spatel des Okuliermessers die Rinde an den Schnitträndern an, um sie vom Holz zu lösen.

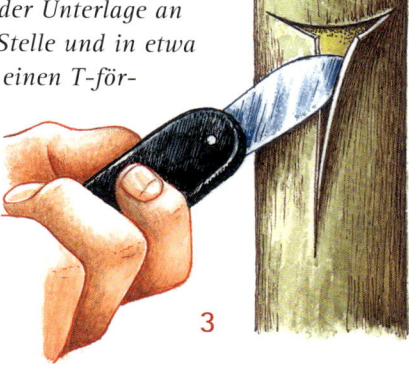

3

Veredeln durch Okulieren

Diese Veredlungsmethode, die sich für Anfänger eignet, gelingt vor allem auf jungen Unterlagen, deren Rinde sich leicht ablöst. Sie kann, mit besten Erfolgsaussichten, im Spätsommer vorgenommen werden (Okulation auf das schlafende Auge) oder im Frühling (Okulation auf das treibende Auge).

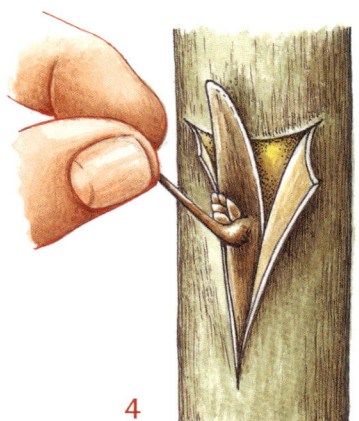

4

DIE VERBINDUNG

Schieben Sie das Edelauge vorsichtig unter die Rinde; halten Sie es dabei am Blattstiel fest, der nach oben gerichtet sein sollte. Drücken Sie das Auge dann nach unten, bis es unter dem waagerechten Schnitt zu liegen kommt.

Schneiden Sie gegebenenfalls das zum Auge gehörende Rindenstück an der Kante des waagerechten T-Schnitts ab, um den Kontakt zwischen dem Edelauge und der Unterlage zu verbessern.

Die Veredlung ist gelungen, wenn das Auge zu wachsen beginnt und erste Blätter entwickelt. Das Abfallen des Blattstiels ist ein weiteres Zeichen für den Erfolg, ist aber an Obstbäumen deutlicher sichtbar. Schneiden Sie nun die Unterlage einige Zentimeter über der Veredlungsstelle ab und entfernen Sie den Bast.

Umwickeln Sie die Veredlungsstelle mit Bast, der weder zu eng anliegen noch das Auge bedecken sollte.

Entfernen Sie den Bast ungefähr zehn Tage später, wenn die Unterlage sehr kräftig ist.

5

Aucuba japonica

Aukube

Die Aukube muss in unseren Breiten vor Frost geschützt werden. Sie benötigt gute, nährstoffreiche Gartenerde, in der sich im Sommer etwas Feuchtigkeit hält, und fühlt sich im Halbschatten am wohlsten. Sie sollte alljährlich im Frühling leicht ausgeschnitten werden.

Wann und wie schneiden

Beim Einpflanzen

Kürzen Sie zwischen Februar und März alle Äste des jungen Strauches um etwa ein Drittel, um die Bildung neuer Zweige zu fördern.

Im Sommer nach dem Einpflanzen werden sich zahlreiche Verzweigungen entwickeln. Der Strauch wird zusehends buschiger (siehe Zeichnung unten).

Blätter: immergrün

Höhe: 2 bis 3 m

Form: Strauch

Blüte: März bis April (unbedeutend); später Bildung roter Beeren

Wann schneiden?

• Im Februar (Solitärsträucher)
• Ende September (Hecke)

Warum schneiden?

• Um totes Holz zu entfernen
• Um die Verzweigung kahler Äste anzuregen

Jedes Jahr

Entfernen Sie von Beginn an jedes Jahr im Februar alle Äste und Zweige, die vertrocknet sind oder nach innen wachsen.

Kappen Sie auch alte oder zu stark verzweigte Äste, die an der Basis verkahlt sind, um das Innere des Strauchs auszulichten. Schneiden Sie, falls erforderlich, auch die Astspitzen an der Außenseite zurück.

Eine Hecke aus Aukuben wird erst Ende September auf gleiche Art wie Solitärstauden mit einer Gartenschere geschnitten. Eine Heckenschere verletzt die Blätter.

So erhalten Sie die Panaschierung der Blätter

Wie bei allen Sträuchern mit panaschierten Blättern kann es auch bei der Aukube passieren, dass sie Zweige mit grünen Blättern hervorbringt, die nicht gelb gefleckt sind wie die übrigen. Entfernen Sie diese Zweige, denn sonst nehmen sie überhand und ihre Aukube verliert ihre Panaschierung.

Berberis x stenophylla, Berberis thunbergii

Berberitze oder Sauerdorn

Die Berberitze gedeiht in guter Gartenerde, die noch in einiger Tiefe feucht ist, und an sonnigen Standorten am besten. Sie muss regelmäßig jedes Jahr gründlich geschnitten werden und eignet sich für niedrige Schnitthecken ebenso wie für frei wachsende Hecken.

Blätter: immergrün (B. x stenophylla) bzw. sommergrün (B. thunbergii)

Höhe: 2 bis 4m

Form: Strauch

Blüte: April

Wann schneiden?
- Ende April, Anfang Mai nach der Blüte
- Juli bis August (Schnitthecke)

Warum schneiden?
- Um den Strauch auszuputzen
- Um der Hecke eine Form zu geben und diese zu erhalten

Wann und wie schneiden

Beim Einpflanzen

Kürzen Sie die Äste zwischen November und Anfang März um die Hälfte, um die Bildung neuer Zweige anzuregen.

Verwenden Sie eine scharfe Gartenschere; so werden die Schnitte glatter und verheilen schneller.

Ein Jahr später

Kürzen Sie die neuen Äste, die sich im Vorjahr gebildet haben, um die Hälfte. Schneiden Sie die stärkeren Äste ruhig auch stärker zurück, besonders wenn sie die Harmonie der Form stören. Entfernen Sie die schwachen Triebe oder diejenigen, die in das Innere des Strauches wachsen.

Jedes Jahr

Kürzen Sie jedes Jahr nach der Blüte (Ende April bis Anfang Mai) die längsten Zweige um ein gutes Drittel.

Entfernen Sie Zweige und Äste, die zur Mitte hin wachsen, sowie alle, die tot oder zu schwach sind.

Schneiden Sie am Fuß des Strauches von Zeit zu Zeit einen Ast oder zwei ab, um zu verhindern, dass der Wuchs im Inneren allzu dicht wird.

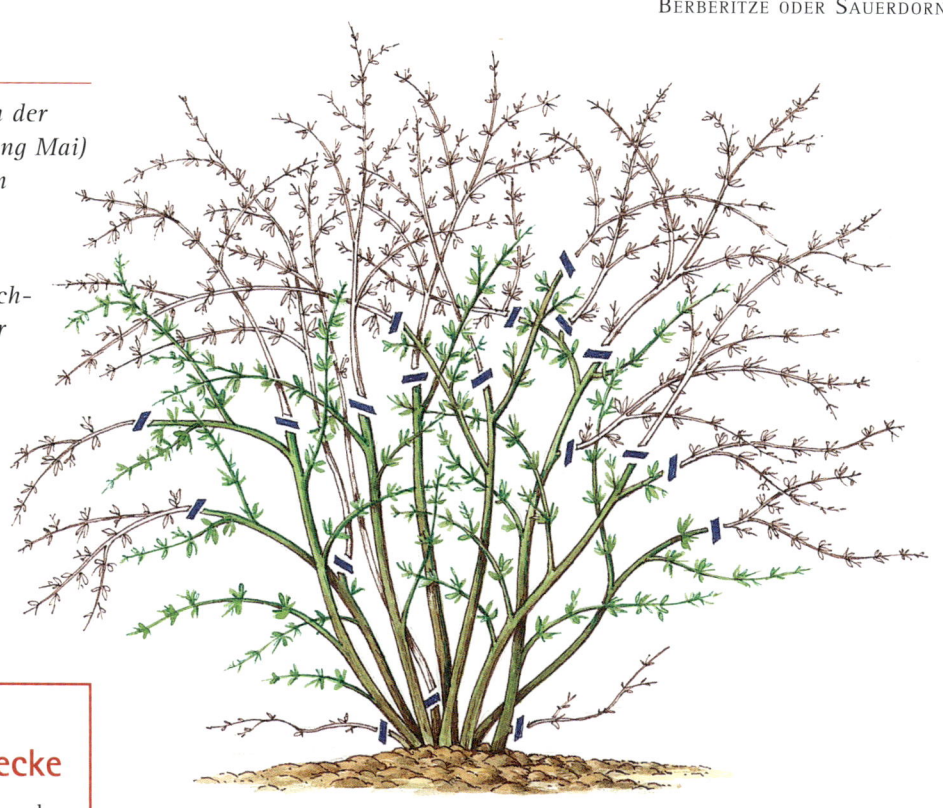

So schneidet man eine Berberitzenhecke

- Schneiden Sie frei wachsende Hecken nach der Blüte auf die gleiche Weise wie Solitärsträucher.
- Hecken mit geradem oder rundem Abschluss werden zweimal im Jahr mit der Heckenschere geschnitten: Ende April bis Anfang Mai (nach der Blüte) und im Juli bis August.
- Beginnen Sie beim Schneiden mit dem Abschluss, den sie auf die gewünschte Höhe bringen. Machen Sie an den Seiten weiter. Halten Sie dabei die Messer der Schere immer parallel zu der zu schneidenden Oberfläche. Schneiden Sie die Hecke so, dass sie unten breiter als oben ist, damit sie sich unten weiter verzweigt und schön dicht bleibt.

Buddleja davidii
Sommerflieder

Der Sommerflieder oder Schmetterlingsstrauch liebt viel Sonne. Was den Boden angeht, so ist er nicht sehr wählerisch und wächst auch auf leicht kalkhaltigen Böschungen. Er muss jedes Jahr rigoros zurückgeschnitten werden.

> Lassen Sie die niedrigsten Triebe beim Schneiden etwas länger, damit alle Zweige in etwa die gleiche Höhe haben.

Blätter: sommergrün
Höhe: 2 bis 3 m
Form: Strauch
Blüte: Juni bis September
Wann schneiden?
• Im März
Warum schneiden?
• Um die Bildung von Zweigen anzuregen

✂ Wann und wie schneiden

Beim Einpflanzen

Kürzen Sie die dicksten Äste des Strauches zwischen November und März um die Hälfte; schneiden Sie dabei knapp oberhalb eines Augenpaares. Entfernen Sie die schwachen Zweige an der Basis.

Wenn Sie einen Sommerflieder ohne Ballen gekauft haben, sollten Sie diese ebenfalls um einige Zentimeter kappen.

Ein Jahr später

Entfernen Sie ab März die Äste, die ins Innere des Strauches wachsen. Schneiden Sie die Verzweigungen, die sich im Vorjahr gebildet haben, in 5 oder 6 cm Höhe über ihrem Ansatz am Hauptast ab; schneiden Sie dabei immer oberhalb eines Augenpaares.

Jedes Jahr

Schneiden Sie im März alle Triebe des Vorjahrs auf eine Länge von 5 bis 6 cm, vom Ansatz am Hauptast gerechnet, zurück. Entfernen Sie Äste und Zweige, die nach innen wachsen, und krankes oder totes Holz.

Entfernen Sie regelmäßig die verblühten Blütenstände.

31

Buxus sempervirens
Buchs

Buchs wächst auf je-
dem Boden. Er mag
Sonne, gedeiht aber
auch an schattigeren
Standorten. Den häufig
wiederholten Schnitt
verträgt er sehr gut
und eignet sich deshalb
für Schnitthecken und
den Formschnitt.

Wann und wie schneiden

Beim Einpflanzen

*Kürzen Sie zwischen November
und März alle Äste um die Hälfte.*

*Wenn Sie den Buchs mit nackten
Wurzeln erhalten haben, nehmen
Sie von deren Enden jeweils ein
paar Zentimeter weg.*

Blätter: immergrün
Höhe: 3 bis 5 m
Form: Strauch

Wann schneiden?
- Februar bis März
- Mai bis Juni (Hecke)
- August bis September
  (Hecke)

Warum schneiden?
- Um eine kompakte Gestalt zu
  erhalten
- Um eine Hecke oder eine
  Form zu bilden

Ein Jahr später

*Schneiden Sie im
Februar bis März
wieder alle Äste um
die Hälfte zurück.*

*Lassen Sie den Busch
im darauf folgenden
Jahr sich frei entwickeln.*

Jedes Jahr

Schneiden Sie im Februar bis März die allzu langen Äste oberhalb von jungen Verzweigungen ab, um die gerundete Form des Buschs zu erhalten.

Entfernen Sie bei dieser Gelegenheit auch totes Holz.

Gartenschere oder Heckenschere?

Für den Schnitt einer Hecke von kleinblättrigen Sträuchern, wie Buchs oder Geißblatt, ist eine mechanische Gartenschere das geeignete Werkzeug. Halten Sie die Schere beim Schneiden immer parallel zu der Fläche, die Sie beschneiden.

Für großblättrige Sträucher, wie Aukube oder Lorbeerkirsche, eignet sich eine Gartenschere besser, denn eine Heckenschere würde die Blätter beschädigen und die Hecke würde, bis neue Blätter gewachsen sind, nicht sehr schön aussehen.

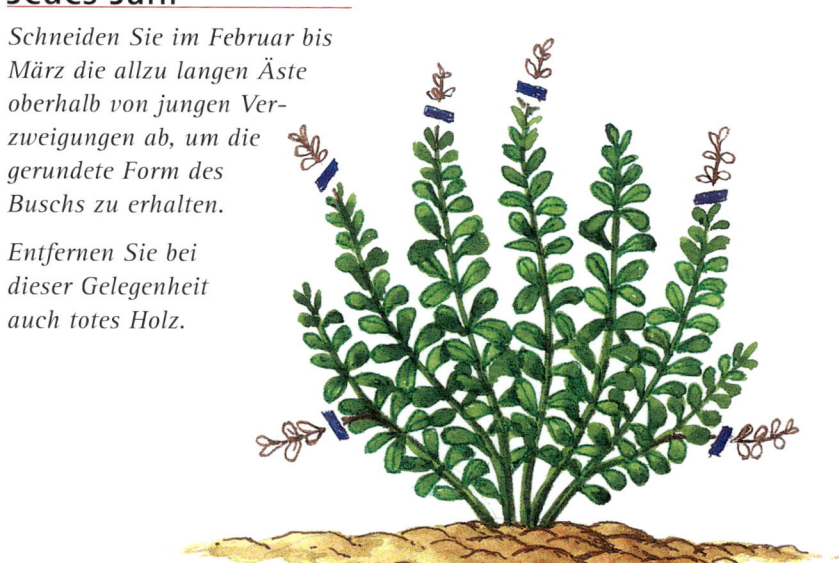

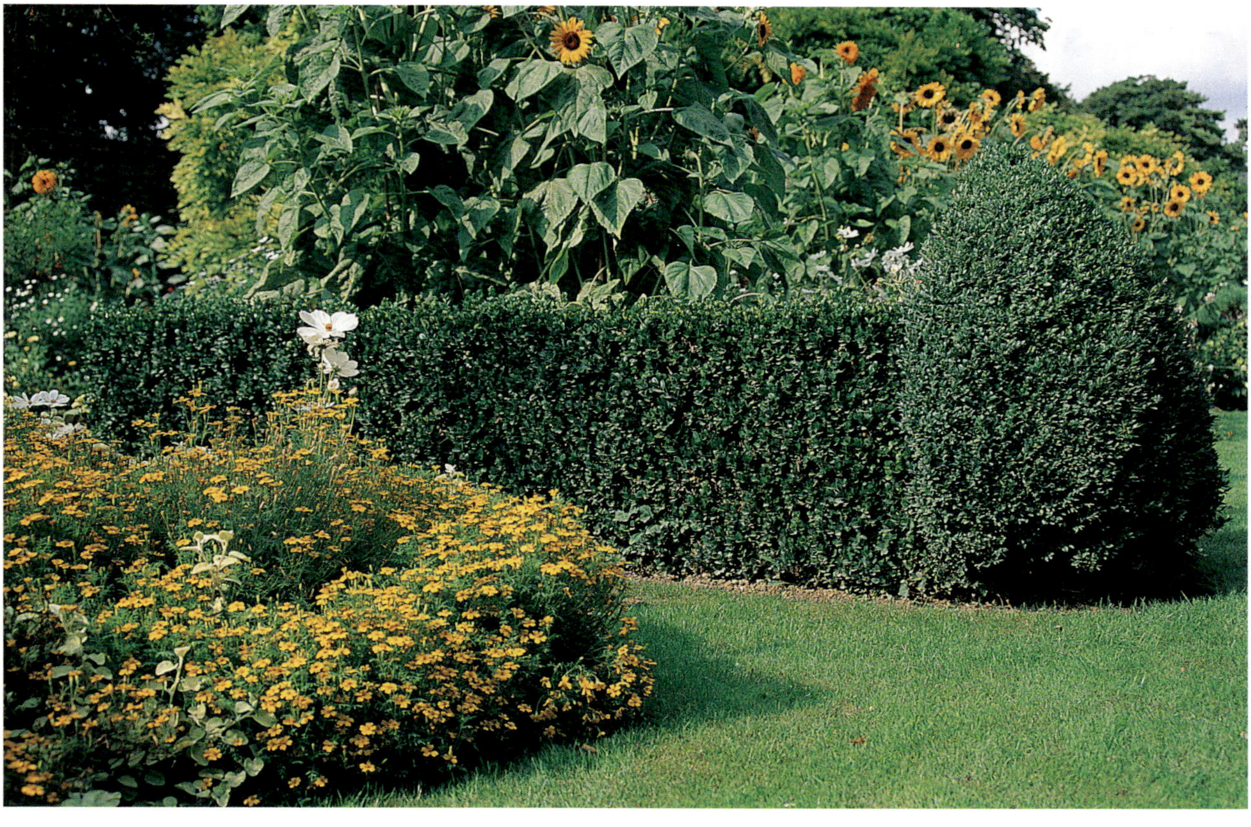

Eine Buchshecke schneiden

BEIM EINPFLANZEN

Schneiden Sie die Zweige zwischen November und März in 25 bis 30 cm Höhe über dem Boden ab, um die Verzweigung an der Basis der Sträucher zu fördern.

IM FOLGENDEN SOMMER

Schneiden Sie im Juni bis Juli erneut die Zweige, dieses Mal 50 bis 60 cm über dem Boden. Kürzen Sie sie auch in der Breite; auf diese Weise wird die Hecke noch vor dem Wintereinbruch dichter.

JEDES JAHR

Schneiden Sie die Zweige jedes Jahr mit der Heckenschere etwas höher über dem Boden ab, zunächst im Mai bis Juni, wenn sich die neuen Triebe zeigen, und dann noch einmal im August bis September. Dabei sollten die Büsche jedes Jahr je nach Stärke 5 bis 10 cm in der Höhe wachsen dürfen, bis sie die gewünschte endgültige Größe erreicht haben.

Buchs zur Kugel schneiden

BEIM EINPFLANZEN

Schneiden Sie zwischen November und März
die Zweige in 25 bis 30 cm Höhe über dem
Boden zur Kugelform. Schneiden Sie ein
zweites Mal im Juni oder Juli.

IN DEN VIER BIS FÜNF FOLGENDEN JAHRE

Schneiden Sie den Busch weiter zur Kugel
zu – im Mai bis Juni, wenn die ersten
Triebe sichtbar werden, und im August bis
September. Lassen Sie die Zweige dabei
jedes Jahr gleichmäßig in alle Richtungen ein paar Zentimeter länger werden,
bis die gewünschte Größe erreicht ist.

JEDES JAHR

Schneiden Sie den Busch jedes Jahr ab Mai mehrmals,
und zwar immer wenn die jungen Triebe 5 cm länger
geworden sind, damit er die Kugelform behält.

Camellia japonica

Kamelie

Die Kamelie ist bei uns nur als Kübelpflanze kultivierbar. Sie gedeiht an einem schattigen Standort und in eher neutralem, silikat-, aber nicht kalkhaltigem Boden am besten. Der Schnitt besteht im Ausputzen des Strauches, der dabei von totem Holz und verwelkten Blüten befreit wird.

 ## Wann und wie schneiden

Beim Einpflanzen

Kürzen Sie zwischen November und März die Äste um die Hälfte, um die Verzweigung nahe der Mitte des Strauches anzuregen. Schneiden Sie immer knapp oberhalb eines Blattes, das nach außen gerichtet ist.

Aus der Knospe am Ansatz dieses Blattes wächst ein Zweig nach außen, wodurch die Pflanze buschiger erscheint.

Blätter: immergrün
Höhe: 3 bis 6 m
Form: Strauch
Blüte: März bis April

Wann schneiden?
- Februar bis März (Verjüngung)
- Ende April, nach der Blüte

Warum schneiden?
- Um ein gepflegtes Aussehen zu erhalten
- Um eine verkahlte Kamelie zu verjüngen

Ein Jahr später

Kürzen Sie im März wieder alle Äste ungefähr um die Hälfte, auch jene Äste, die aus dem Fuß des Strauches wachsen und nicht verzweigt sind.

Sie können allzu kräftige Äste, die unschön herausstehen, ruhig noch kürzer schneiden.

Jedes Jahr

Schneiden Sie nach der Blütezeit (Ende April) die Spitzen der Zweige mit den welken Blüten ab.

Schneiden Sie die toten, kahlen oder nach innen wachsenden Zweige heraus, die den anderen das Licht wegnehmen. Belässt man sie an der Pflanze, dann wird diese zu dicht und verliert als Reaktion darauf die Blätter im Inneren und am unteren Teil der Äste.

Verjüngung einer alten Kamelie

Wenn die Kamelie älter wird, verliert sie ihre Blätter und bildet nur noch auf den Zweigenden Blüten aus. Ein rigoroser Schnitt verschafft Abhilfe.

- Schneiden Sie im Februar oder März die dicksten Äste in etwa 30 cm Höhe über dem Boden ab, knapp über einer jungen Verzweigung oder einer Verdickung im Holz, aus der sich ein junger Zweig entwickeln wird.

- Der starke Rückschnitt führt im folgenden Sommer zur Entwicklung zahlreicher junger Triebe. Es werden jedoch mehr sein, als der Pflanze gut tut. Deshalb sollten Sie im Februar oder März des nachfolgenden Jahres je nach Größe des Strauches die besten fünf bis zehn jungen Äste auswählen; sie sollten gut entwickelt sein und in die richtige Richtung wachsen. Kürzen Sie sie um die Hälfte und entfernen Sie alle anderen.

Entfernen Sie beim Schnitt auch alle Blätter, die im Winter gelb oder rot geworden sind, damit Ihre Kamelie rundherum gesund und gepflegt wirkt.

Einführung in die Veredlung
Veredeln Sie Kamelien durch Rindenpfropfen

Warum veredeln?

Es gibt zahlreiche verschiedene Kameliensorten, aber
man kann die Sträucher
nur schlecht durch Ableger
vermehren. Die Veredlung
stellt die beste Möglich-
keit dar, von einer be-
stimmten Kamelie iden-
tische Nachkommen zu
erhalten.

Wann veredeln?

Anfang März.

Womit veredeln?

Mit einem ruhenden Edel-
reis, das drei Knospen
trägt.

Welche Unterlage?

Eine zwei- oder dreijäh-
rige Kamelie, die Sie selbst
aus Samen gezogen haben.

DAS EDELREIS

*Schneiden Sie Anfang
März von der als Mutterpflan-
ze gewählten Kamelie einen
ruhenden Zweig. Entnehmen Sie
aus seinem mittleren Teil einen
Abschnitt, der drei gut entwickelte
Knospen aufweist: das Edelreis.
Schneiden Sie eines seiner
Enden oberhalb der untersten
Knospe schräg ab. Entfernen
Sie das Blatt, das neben die-
ser Knospe wächst.*

*Um ein Gelingen zu garantie-
ren muss der Schnitt so glatt und sauber wie
möglich sein. Schneiden Sie daher mit einem
einzigen schnellen Schnitt.*

1

DIE UNTERLAGE

*Schneiden Sie die Rinde der
Unterlage (eine etwa zweijährige Kamelie, die Sie
im Kübel gezogen haben)
T-förmig ein. Der Schnitt
muss bis aufs Holz gehen,
wobei der waagrechte
Schnitt 2 cm und der
senkrechte etwa 5 cm
lang sein sollte.*

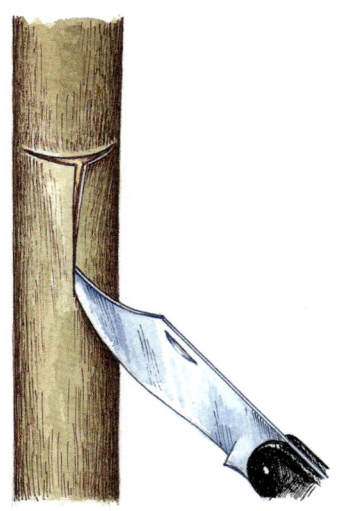

2

Veredlung durch Rindenpfropfen

Für immergrüne Sträucher, die keine eigent-
liche Ruhephase kennen, ist dies die geeignets-
te Veredlungsmethode. Der Winter stellt für
diese Pflanzen nur eine Periode verlangsamten
Wachstums dar.

Bei dieser Art der Veredlung besteht die Unterlage als vollständige Pflanze weiter und wird
weiterwachsen. Der im Stamm fließende Saft
begünstigt das Zusammenwachsen von Unterlage und Pfropfen.

DIE VERBINDUNG

*Führen Sie das Edelreis vorsichtig in den
Rindenschnitt ein; dabei soll die abgeschnit-
tene Seite das Holz der Unterlage berühren.
Die aufgeschnittene Rinde gibt nach;
stecken Sie das Edelreis so weit hinein,
dass die unterste Knospe von der Rinde
der Unterlage bedeckt wird.*

3

Die Veredlung ist geglückt, wenn
das Edelreis angewachsen ist und
Blätter ausgetrieben hat. Schneiden Sie etwa zwei Wochen später
die Unterlage knapp über der
Veredlungsstelle ab. Die Bastum-
wicklung brauchen Sie nicht auf-
zuschneiden, da die Unterlage
nicht an Durchmesser zunehmen
und daher auch nicht platzen wird.

*Umwickeln Sie die Ver-
edlungsstelle fest mit
feuchtem Bast, ohne sie
aber einzuschnüren, und
bestreichen Sie sie groß-
zügig mit Baumwachs.*

4

Campsis (Tecoma)

Trompetenblume

Die Trompetenblume hält sich ähnlich wie der Efeu mit den Haftwurzeln ihrer Ranken an einem leichten Rankgerüst (Gitter oder Spalier) fest. Sie fühlt sich in tiefen, wasserdurchlässigen Böden wohl und an warmen und sonnigen Standorten. Schneiden Sie sie jedes Jahr zurück, damit sie eine üppige Blütenpracht entfaltet.

Blätter: sommergrün
Höhe: 5 bis 10 m
Form: Kletterstrauch
Blüte: Juni bis September
Wann schneiden?
• Im März
Warum schneiden?
• Um kräftige Blütenbildung anzuregen

Wann und wie schneiden

Beim Einpflanzen

Schneiden Sie zwischen November und März die schwächsten Ranken an der Basis heraus.

Befestigen Sie die Ranken an dem Gerüst, das die Pflanze bedecken soll.

Kürzen Sie nicht die Ranken, die vom Vorjahr erhalten geblieben sind.

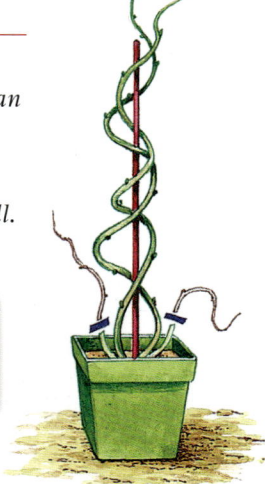

Im folgenden Jahr

Die Ranken der Klettertrompete tragen Haftwurzeln wie die des Efeus; allerdings sind diese zu schwach, um sich selbst an eine Unterlage zu heften. Man muss ihnen dabei behilflich sein.

Binden Sie die wachsenden Ranken am Gerüst an und verteilen Sie sie dabei gleichmäßig über die Fläche, die sie bedecken sollen.

Sie können auch während des Sommers die schwachen Triebe an der Basis entfernen.

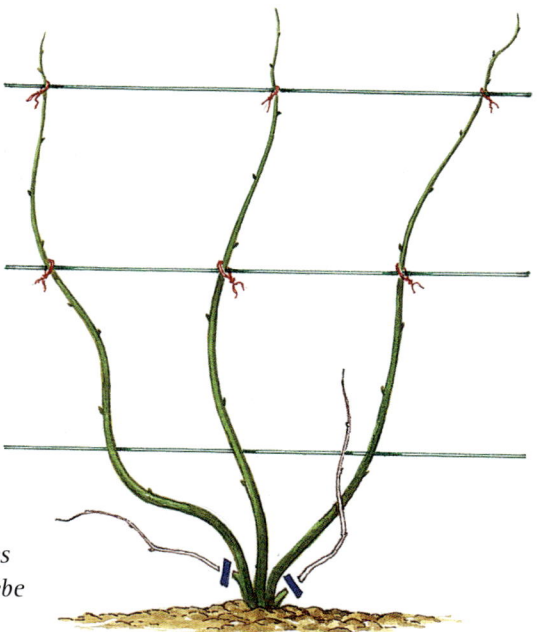

Jedes Jahr

Entfernen Sie die Wasserschosse: alle sehr kräftigen Ranken, die sich an der Basis bilden und die Sie nicht als Leitäste – als die Äste also, die der Pflanze ihre Form geben – nutzen wollen.

Nehmen Sie im März einige der Ranken weg, die im vorhergehenden Jahr ausgebildet wurden: ungefähr eine von dreien.

Schneiden Sie die Ranken, die an der Pflanze verbleiben sollen, immer über dem zweiten Auge (vom Ansatz am Hauptast aus gezählt).

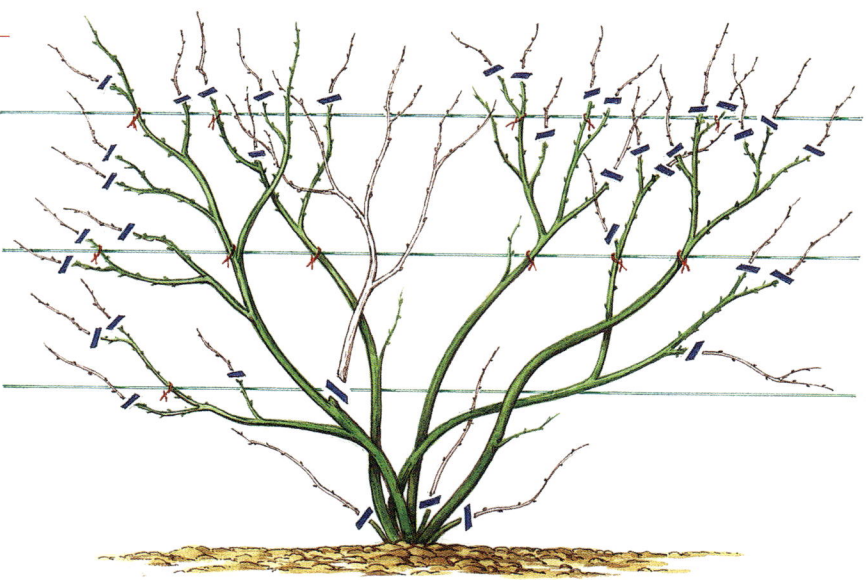

Entfernen Sie im März jeweils eine von drei jungen Ranken, damit an alle Teile Ihrer Trompetenblume genug Licht und Luft kommt; die Blütenpracht wird sich umso üppiger bilden.

Castanea sativa
Esskastanie

Esskastanien mögen kalkhaltige Böden nicht und ziehen neutrale Werte (pH 7) vor. Dafür gedeihen sie in fast allen Lagen. Wenn der Baum seine endgültige Form erreicht hat, sollte man nur dann schneiden, wenn ein Ast zu kräftig ist oder mehr Licht und Luft an die Krone kommen soll.

 # Wann und wie schneiden

Alle fünf bis zehn Jahre

Entfernen Sie in der Ruheperiode der Pflanzen, zwischen November und Februar, alle Äste, die der Krone eine spitz zulaufende Form verleihen, sowie alle, die zur Kronenmitte hin wachsen, schwach sind, nach unten wachsen oder aus dem Fuß oder dem Stamm des Baumes ausgetrieben haben. Schneiden Sie auch alles tote Holz heraus und die Äste, die sich überkreuzen oder berühren.

Vorher   Nachher

Blätter: sommergrün
Höhe: bis 30 m
Form: Hochstamm
Fruchtreife: Oktober bis November

Wann schneiden?
• Dezember bis Februar

Warum schneiden?
• Um die Äste zu verjüngen
• Um das Wachstum des Baums einzuschränken

Ceanothus x delilianus

Säckelblume

✂ Wann und wie schneiden

Beim Einpflanzen

Schneiden Sie zwischen November und März die Äste um zwei Drittel zurück. Wenn Sie den Strauch mit nackten Wurzeln erworben haben, kürzen Sie deren Spitzen um einige Zentimeter.

> Einen Schnitt können Sie beruhigt auslassen, aber nicht mehr, da sonst bei Ihrer Säckelblume die Blütenbildung zurückgehen würde.

Die Säckelblume zieht leichte Böden vor, die reich an Nährstoffen, aber nicht kalkhaltig sind. Bieten Sie Ihr ein warmes und geschütztes Plätzchen. Ihr Schnitt bereitet keinerlei Schwierigkeiten: Die Äste werden jedes Jahr zu Beginn des Frühjahrs um ein Drittel gekürzt. Um Frostschäden zu beseitigen, kann man die Äste aber auch kurz über dem Boden abschneiden.

Ein Jahr später

Entfernen Sie im Februar bis März alle Äste, die zu schwach sind oder in die falsche Richtung wachsen. Schneiden Sie die jungen Triebe des letzten Sommers, die sich an der Basis gebildet haben, um zwei Drittel zurück. Kürzen Sie die Zweige an den alten Ästen um 10 cm.

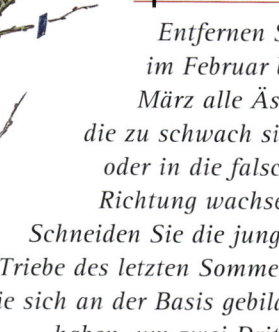

Blätter: sommergrün
Höhe: 1 bis 1,50 m
Form: Strauch
Blüte: Juli bis September
Wann schneiden?
• Februar bis März
Warum schneiden?
• Um die Bildung von Zweigen anzuregen

43

Jedes Jahr

Schneiden Sie im Februar oder März die Hauptäste in 10 cm Höhe über dem Boden ab. Schneiden Sie auch alle Zweige auf den verbliebenen Ästen auf 10 cm Länge (ab dem Ansatz gerechnet) ab.

Kappen Sie die Zweige immer oberhalb einer nach außen gerichteten Knospe. Dann wird der neue, nach außen wachsende Zweig dazu beitragen, dass Ihr Strauch buschiger und voller wirkt.

Wenn die geschnittenen Zweige einen Durchmesser von mehr als 3 cm hatten, sollten Sie die Schnittflächen mit Wundverschlussmittel behandeln.

Chaenomeles japonica
Japanische Zierquitte

Wann und wie schneiden

Beim Einpflanzen

Kürzen Sie zwischen November und März alle Äste um die Hälfte, damit die Pflanze viele Zweige entwickelt.

Entfernen Sie schwache Triebe an der Basis des Strauches.

Vergessen Sie nicht, Ihre Arbeitsgeräte vor und nach Gebrauch mit Alkohol, Spiritus oder Chlor gut zu desinfizieren.

Die Japanische Zierquitte benötigt gute Gartenerde, die leicht und etwas kalkhaltig sein sollte, sowie einen sonnigen Standort. Um eine gute Blütenbildung zu erzielen, sollte man sie häufig schneiden. Man kann sie wie einen Spalierbaum halten, damit sie im Garten nicht zuviel Platz wegnimmt.

Ein Jahr später

Schneiden Sie im März alle Zweige, die keine Blütenknospen tragen, um die Hälfte zurück. Kürzen Sie alle kräftigen Äste, die optisch die Form des Strauches stören. Entfernen Sie schwache Zweige, die an der Basis des Strauches ausgetrieben haben.

Blätter: sommergrün
Höhe: 1 bis 2 m
Form: Strauch, auch Spalier
Blüte: April, danach Früchte (September bis Dezember)
Wann schneiden?
• Ende April bis Anfang Mai, nach der Blüte
Warum schneiden?
• Um die Blütenbildung zu fördern

Jedes Jahr

Entfernen Sie Ende April bis Anfang Mai (nach der Blüte) einige Zweige von Hauptästen, an denen sich allzu viele Verzweigungen gebildet haben, vor allem jene, die ins Innere des Strauches wachsen, sowie abgestorbene oder schwache Äste.

Lassen Sie die Zweige, die Blüten getragen haben, an der Pflanze: Sie werden im Herbst und Winter dekorative Früchte tragen.

Die Japanische Quitte als Spalierstrauch

Führen Sie diesen Schnitt nach der Blüte durch.

- Kürzen Sie die jungen Triebe an der Basis um die Hälfte. Schneiden Sie die alten Äste, an denen sich keine Blüten mehr bilden, auf Bodenhöhe ab.

- Schneiden Sie alle Nebenäste oberhalb der zweiten oder dritten Knospe, vom Ansatz aus gezählt, zurück.

46

Citrus sinensis

Orange

Wann und wie schneiden

Jedes Jahr

Entfernen Sie nach der Ernte totes Holz. Schneiden Sie Äste, die wenig Früchte tragen, oberhalb der ersten jungen Verzweigung ab (vom Ansatz aus gezählt).

Entfernen Sie zwischendurch senkrecht wachsende Wasserschosse, sobald sie austreiben, indem Sie sie unmittelbar am Ast abschneiden. Sie können allerdings auch einige von ihnen am Baum lassen, weil sie nach einem geeigneten Schnitt alte Äste ersetzen können, die verkahlen oder keine Früchte mehr tragen.

Orangenbäume sind nicht winterhart und können daher nur im Mittelmeerraum das ganze Jahr über im Freien gedeihen. Bei uns kann man sie aber gut als Kübelpflanze halten, die man im Winter im Haus oder Gewächshaus aufstellt. Die Erde sollte leicht und nicht kalkhaltig sein. Die Krone wird jährlich ausgelichtet.

Blätter: immergrün
Höhe: 4 bis 9 m
Form: Hoch-, Halb-, Viertel-stamm, Buschbaum
Blüte: April bis Juni
Früchte: Dezember bis Juni

Wann schneiden?

• Zwischen Dezember und Juni, nach der Ernte
• Das ganze Jahr (Wasser-schosse)

Warum schneiden?

• Um die Leitäste zu begrenzen
• Für eine lichte Krone

Verjüngung eines älteren Orangenbäumchens

Ein ungepflegtes Orangenbäumchen, das jahrelang nicht ausgeschnitten wurde, neigt dazu, zahlreiche Leitäste zu bilden, die sich gegenseitig behindern. Die Wasserschosse entwickeln sich auf Kosten der Fruchtproduktion, und zahlreiche abgestorbene Äste und Zweige nehmen der Krone Licht weg. Durch einen gründlichen Schnitt können Sie Ihr Orangenbäumchen retten!

- Schneiden Sie im Februar bis März die Leitäste, d.h. die Äste mit dem stärksten Durchmesser, auf 40 cm Länge zurück. Bestreichen Sie die Schnittflächen mit Wundverschlussmittel.

- Kürzen Sie in den folgenden Jahren im Februar oder März die neuen Zweige über dem dritten oder vierten Blatt, vom Ansatz aus gerechnet.

Zwei oder drei Jahre nach dem Rückschnitt können Sie mit einer neuen Ernte rechnen.

Der Erziehungsschnitt eines Orangenbaums erfordert zahlreiche Eingriffe, die im Laufe des Winters und der Wachstumsphase erfolgen müssen. Deshalb ist es für die Amateure unter den Gartenfreunden einfacher, fertig ausgebildete Bäume zu kaufen.

Clematis
Clematis oder Waldrebe

Wann und wie schneiden

Beim Einpflanzen

Schneiden Sie zwischen November und März nur die schwachen und ungünstig platzierten Triebe heraus. Befestigen Sie die übrigen am Rankgerüst.

Jedes Jahr

Sorten mit Sommerblüte auf jungen Zweigen

Kürzen Sie im Februar bis März, vor Beginn der Wachstumsperiode, in 30 cm Höhe über dem Boden alle Triebe des Vorjahrs, die zwischen Juni und Oktober geblüht haben.

Die Pflanze treibt dann, von der Basis ausgehend, neue Zweige, die ab Juni Blüten tragen.

Die Clematis fühlt sich in den meisten Böden wohl und liebt mäßig sonnige bis halbschattige Standorte. Großblütige Arten ziehen nährstoffreiche Erde vor, die leicht drainiert sein und nicht zuviel Kalk enthalten sollte. Die einzelnen Arten und Sorten werden unterschiedlich geschnitten.

Blätter: sommergrün
Höhe: 2 bis 10 m
Form: Kletterstrauch
Blüte: Mai bis Juni oder Juli bis September, je nach Sorte

Wann schneiden?

- Ende Februar bis Anfang März
- Eventuell Ende Juni, nach der Blüte

Warum schneiden?

- Um die Pflanze auszuputzen
- Um die Blütenbildung zu fördern

Sorten mit Frühjahrsblüte (Mai bis Juni) auf den Zweigen des Vorjahrs

Entfernen Sie nach der ersten Blüte Ende Juni und vor der Fruchtbildung die Zweige, die Blüten getragen haben, damit die Zweige, die sich nach dem Beginn der Wachstumsphase entwickelt haben, nicht erst im folgenden Frühling, sondern bereits im September und Oktober Knospen für eine zweite, allerdings schwächere Blüte bilden können. ▶

Lichten Sie die Pflanze im Laufe des Winters aus, indem Sie totes Holz entfernen sowie jene Zweige, die Ende des Sommers Blüten getragen haben.

Wenn die Zweige bei diesen Clematis-Sorten allzu dicht und durcheinander wachsen, sodass die Pflanze vernachlässigt wirkt, sollte man sie im Februar auf eine Höhe von 30 bis 40 cm über dem Boden zurückschneiden; auf diese Weise entgeht einem zwar ein ganzes Jahr lang die Blüte, aber man erhält eine schöne, kräftige Pflanze, die junge Triebe entwickeln kann.

Je nach Blütezeit und Wachstumsphase der jeweiligen Art muss der Schnitt gegen Ende des Winters stärker oder weniger stark durchgeführt werden. Außerdem müssen Sie die Pflanze nach jeder Blüte auslichten.

Cornus alba

Tatarischer Hartriegel

Wann und wie schneiden

Beim Einpflanzen

Schneiden Sie zwischen November und März die Äste um zwei Drittel zurück und kürzen Sie die Spitzen nackter Wurzeln um einige Zentimeter.

> Als reizvollen Blickfang können Sie Hartriegelsträucher mit unterschiedlicher Rindenfärbung nebeneinander stellen.

Der Hartriegel benötigt einen gesunden, leichten Boden und einen sonnigen bis halbschattigen Standort. Im Winter ist sein buntes Holz ein schöner Blickfang im Garten. Damit sich die intensiv gefärbten jungen Zweige bilden, muss der Strauch regelmäßig zurückgeschnitten werden.

Ein Jahr später

Schneiden Sie die Äste im Februar oder März um etwa ein Drittel ihrer Länge zurück und entfernen Sie schwache Äste.

Blätter: sommergrün
Höhe: 2 bis 3 m
Form: Strauch
Blüte: Mai bis Juni
Wann schneiden?
• Februar bis März
Warum schneiden?
• Um die Zweigbildung zu fördern

Jedes Jahr

Schneiden Sie im Februar bis März etwa die Hälfte der Äste (z.B. einen von zweien) knapp über dem Boden ab. Im darauf folgenden Jahr werden dann die stehen gebliebenen Äste auf diese Weise herausgeschnitten.

Wenn man den Strauch klein halten will, kann man ihn auch jedes Jahr vollständig auf 5 bis 10 cm Höhe über dem Boden zurückschneiden.

Vorher   Nachher

Corylus avellana

Haselnuss

 ## Wann und wie schneiden

Alle fünf Jahre

Entfernen Sie im Februar oder März ältere Äste, die keine Nüsse mehr tragen, und lassen Sie am Strauch etwa zehn Äste, die jünger als zehn Jahre sind.

Entfernen Sie bei dieser Gelegenheit auch totes Holz sowie Äste, die ins Innere des Strauches wachsen, und schwache Triebe.

Haselnusssträucher sind sehr anspruchslos und wachsen auf allen Böden und an fast allen Standorten. Außerdem sind sie pflegeleicht: Es genügt, sie alle fünf Jahre auszuschneiden, um sie von alten Ästen zu befreien.

Vergessen Sie nicht, große Wunden mit Wundverschlussmittel zu bestreichen, vor allem, wenn sie in Bodennähe sind.

Blätter: sommergrün
Höhe: 2 bis 3 m
Form: Strauch
Fruchtreife: Ende August bis September

Wann schneiden?
• Februar bis März

Warum schneiden?
• Um den Strauch von totem Holz zu befreien und zu verjüngen

Es ist möglich, Haselnusssträucher als frei wachsende Hecke zu pflanzen. Lassen Sie zwischen den jungen Sträuchern jeweils 3 m Abstand. Der Schnitt der Pflanzen ist der gleiche wie bei Solitärsträuchern.

Cotoneaster lacteus

Zwergmispel

Zwergmispeln gedeihen in allen normalen Böden und bevorzugen sonnige Standorte. Nur bei Heckenpflanzen ist ein alljährlicher Schnitt erforderlich.

Flach wachsende Zwergmispeln (*Cotoneaster horizontalis*) schneidet man wenig. Lassen Sie die Pflanze ihre natürliche Gestalt entwickeln. Schneiden Sie nur Äste, die zu weit herausragen.

Blätter: immergrün
Höhe: bis 4 m
Form: Strauch
Blüte: Juni bis Juli, danach Früchte

Wann schneiden?
- März bis April
- Im Februar (Hecke)
- Im Juni (Hecke)

Warum schneiden?
- Um den Strauch von totem Holz zu befreien
- Um die Form einer Hecke zu erhalten

Wann und wie schneiden

Beim Einpflanzen

Schneiden Sie zwischen November und März die schwachen Äste an der Basis des Strauches ab. Kürzen Sie die anderen etwa um die Hälfte.

Ein Jahr später

Kürzen Sie die Zweige, die aus den beim Pflanzschnitt gekürzten Ästen gewachsen sind, um die Hälfte, ebenso die Triebe am Fuß des Strauches.

Entfernen Sie Äste, die zu schwach sind oder in die falsche Richtung, also ins Innere des Strauches, wachsen.

Jedes Jahr

Schneiden Sie im März oder April die schwachen oder ungünstig gewachsenen Äste heraus (jene, die ins Innere des Strauches gerichtet sind).

Dieser Schnitt muss nicht unbedingt jedes Jahr erfolgen; hin und wieder vorgenommen, trägt er zu einer harmonischen Form der Pflanze bei.

Vorher   Nachher

So schneidet man eine Hecke aus Zwergmispeln

Beim Einpflanzen

Schneiden Sie die Äste zwischen November und März in 25 bis 30 cm Höhe über dem Boden ab, um bei den Sträuchern die Verästelung an der Basis zu fördern.

Im folgenden Sommer

Kürzen Sie im Juni die Äste in 50 bis 60 cm Höhe über dem Boden.

Beschneiden Sie die Zweige oben und an den Seiten; dadurch wird die Hecke noch vor dem Winter dichter.

Jedes Jahr

Schneiden Sie die Hecke im Juni immer etwas höher über dem Boden; lassen Sie die Hecke dabei je nach Stärke der Sträucher jedes Jahr 5 bis 10 cm an Höhe zunehmen, bis die gewünschte Höhe erreicht ist.

Hat die Hecke einmal die vorgesehene Größe erreicht, werden nur noch oben und seitlich abstehende Zweige gekappt.

Schneiden Sie mit der Schere oder der elektrischen Heckenschere. Die kleinen Blätter überstehen den Eingriff mit diesem Werkzeug gut.

Deutzia
Deutzie

 ## Wann und wie schneiden

Beim Einpflanzen

Entfernen Sie zwischen November und März die schwachen Äste und kürzen Sie die übrigen um ein Drittel, indem Sie sie oberhalb eines Knospenpaars abschneiden.

Kappen Sie leicht die Spitzen, wenn Sie den Strauch ohne Ballen erworben haben.

Dank des Pflanzschnitts wird die Pflanze ab dem zweiten Jahr im Mai und Juni reichlich Blüten tragen.

Die Deutzie gedeiht in allen gut drainierten Böden und verträgt Sonne ebenso gut wie Halbschatten. Nur junge Zweige bringen Blüten hervor, und der Schnitt ist unerlässlich, um eine gute Blütenbildung und eine schöne Form der Pflanze zu erhalten.

Ein Jahr später

Lichten Sie den Strauch im Februar bis März aus, indem sie schwache oder zu dicht wachsende Zweige herausnehmen.

Lassen Sie die übrigen Zweige intakt, denn sie werden im Frühjahr Blüten tragen.

Blätter: sommergrün
Höhe: 2 bis 3 m
Form: Strauch
Blüte: Mai bis Juni
Wann schneiden?
• Ende Juni, nach der Blüte
Warum schneiden?
• Um die Blütenbildung zu fördern
• Um eine kompakte Form zu erhalten

Jedes Jahr

Schneiden Sie Ende Juni nach der Blüte alle Zweige, die Blüten getragen haben, oberhalb einer jungen Verzweigung ab. Nach Möglichkeit sollte diese Stelle oberhalb von Zweigen liegen, die nach außen wachsen, weil diese den Strauch buschiger erscheinen lassen.

Entfernen Sie Triebe, die schwach sind oder die Silhouette des Strauches stören.

Schneiden Sie von Zeit zu Zeit ein paar alte Äste an der Basis ab.

Vorher   Nachher

Elaeagnus pungens
Dornige Ölweide

Wann und wie schneiden

Beim Einpflanzen

Kürzen Sie zwischen November und März die Hauptäste um die Hälfte, indem Sie immer oberhalb einer nach außen gerichteten Knospe schneiden, damit die jungen Zweige in diese Richtung wachsen.

Entfernen Sie schwache Triebe.

Die bedingt winterharte, aus Südeuropa stammende Ölweide wächst am besten in nährstoffreichen, frischen und leicht sauren Böden und liebt die Sonne. Außer als Heckenstrauch muss sie nicht alljährlich geschnitten werden.

In den ersten vier bis fünf Jahren ihres Lebens wächst die Ölweide nur langsam. Danach wächst sie schneller und sollte regelmäßig geschnitten werden.

Blätter: immergrün
Höhe: 2 bis 4 m
Form: Strauch
Blüte: Oktober bis November

Wann schneiden?
- Anfang März
- Mai bis Juni (Hecke)
- August bis September (Hecke)

Warum schneiden?
- Um eine kompakte Form zu erhalten

Ein Jahr später

Schneiden Sie im Februar oder März all jene Zweige um die Hälfte zurück, die aus Ästen wachsen, die beim Pflanzschnitt gekürzt wurden.

Jedes Jahr

Nehmen Sie Anfang März alle Äste heraus, die die Silhouette des Strauches stören.

Entfernen Sie totes Holz sowie Zweige, die grüne Blätter tragen, wenn Ihre Ölweide panaschiert ist.

Sie müssen diesen Schnitt nicht jedes Jahr durchführen; wenn Sie Ihre Ölweide aber ohne weitere Eingriffe wachsen lassen, wird sie unten an der Basis verkahlen.

Vorher   Nachher

Elaeagnus pungens ›Maculata‹, die von den Gärtnereien überwiegend angeboten wird, weist stark gefleckte Blätter auf.

So erhält man panaschiertes Laub

An Sträuchern mit panaschierten Blättern wachsen manchmal auch Äste mit einfarbig grünen Blättern. Diese Äste sind meistens kräftiger als die mit panaschierten Blättern. Wenn sie nicht rasch entfernt werden, nehmen sie bald überhand und der Strauch verliert seinen aparten dekorativen Charakter.

Schnitt einer Ölweidenhecke

BEIM EINPFLANZEN

Schneiden Sie zwischen November und März die Äste in 25 bis 30 cm über dem Boden ab, um eine dichte Zweigbildung an der Basis der Sträucher anzuregen.

Kürzen Sie die Zweige im Juni um 20 bis 25 cm.

EIN JAHR SPÄTER

Schneiden Sie im Februar bis März die kräftigsten Äste stark zurück, indem sie ungefähr die Hälfte der Länge wegnehmen.

Kappen Sie, wie im ersten Jahr, im Juni die Zweigspitzen.

JEDES JAHR

Erlauben Sie der Hecke ein langsames Wachstum, indem sie jedes Jahr im Mai bis Juni und dann wieder im August oder September so schneiden, dass sie je nach Stärke der Sträucher jährlich 5 bis 10 cm höher wird, bis sie die gewünschten Maße hat.

Wenn diese erreicht sind, sollten Sie nur noch die oben und an beiden Seiten abstehenden Zweigspitzen kappen.

Schneiden Sie mit der Hecken- oder besser noch mit der Gartenschere, die den langen Blättern der Ölweide weniger Schaden zufügt.

Escallonia macrantha

Eskallonie

Die Eskallonie ist frost-
empfindlich und muss
daher im Winter ge-
schützt werden. Sie be-
nötigt eine gut drainierte,
leicht saure Gartenerde
und einen sonnigen, vor
kaltem Wind geschützten
Standort. Sie muss nicht
jedes Jahr geschnitten
werden; man kann damit
warten, bis sie sich zu
stark ausbreitet.

 ## Wann und wie schneiden

Beim Einpflanzen

*Kürzen Sie zwischen November und
März die Hauptzweige um die Hälfte;
schneiden Sie dabei immer über einer
nach außen gerichteten Knospe, damit der junge Zweig, der sich daraus
entwickelt, nach außen wächst und
den Strauch dichter erscheinen lässt,
anstatt zur Verkahlung der Mitte
beizutragen.*

Blätter: sommergrün
Höhe: 2 bis 3 m
Form: Strauch
Blüte: Juni bis September
Wann schneiden?
• Anfang März
Warum schneiden?
• Um den Strauch von totem
Holz und schlecht platzier-
ten Ästen zu befreien

Ein Jahr
später

*Schneiden Sie im
Februar oder März
die Zweige an der
Basis und an den
beim Pflanzschnitt
gekürzten Ästen um
die Hälfte zurück.*

*Entfernen Sie
schwache Triebe.*

Jedes Jahr

Entfernen Sie im September bis Oktober die verwelkten Blüten.

Schneiden Sie im März, falls erforderlich, die alten Zweige heraus; setzen Sie die Schere dabei immer oberhalb junger Zweige an.

Verwenden Sie eine gut geschliffene Gartenschere, damit die Schnitte glatt sind und leichter verheilen.

Vorher   Nachher

Erziehungsschnitt und Instandhaltungsschnitt

Der neu gekaufte junge Strauch ist noch nicht vollständig entwickelt. Wenn Sie ihn einpflanzen, geben Sie ihm durch einen Schnitt die Form, die er weiterhin beibehalten soll; das nennt man Erziehungsschnitt.

Wenn der Strauch nach zwei bis drei Jahren ausgewachsen ist, wird er weiterhin geschnitten, z. B. um die Blütenbildung zu fördern oder damit er die gewünschte Form beibehält; dies ist der Instandhaltungsschnitt.

Schnitt einer Eskallonien-Hecke

BEIM EINPFLANZEN

Schneiden Sie zwischen November und März die Äste in 25 bis 30 cm Höhe über dem Boden ab, um die Verzweigung an der Basis anzuregen.

Kürzen Sie die Zweige im Juni wieder um 20 bis 25 cm.

EIN JAHR SPÄTER

Nehmen Sie von den kräftigsten Ästen im Februar bis März die Hälfte weg.

Kappen Sie im Juni die Spitzen der neuen Triebe.

JEDES JAHR

Schneiden Sie die Hecke im Februar oder März, aber lassen Sie sie dabei jedes Jahr, je nach Stärke der Sträucher, um 5 bis 10 cm höher werden, bis sie die gewünschte Größe erreicht hat.

Wenn die Hecke so hoch ist wie geplant, muss sie nicht mehr im Februar oder März geschnitten werden, um das Wachstum der Sträucher anzuregen. Kürzen Sie nun zweimal im Jahr (im Mai bis Juni und im September) die abstehenden Zweige, damit die Schnitthecke ihre Form behält, oder nur einmal im Jahr, wenn es eine frei wachsende Hecke sein soll. In diesem Fall wird die Blüte reichlicher ausfallen.

Schneiden Sie die Hecke mit der manuellen oder der elektrischen Heckenschere. Die kleinen Blätter der Eskallonie vertragen diese Behandlung gut.

Euonymus japonica

Japanischer Spindelstrauch

Wann und wie schneiden

Beim Einpflanzen

Kürzen Sie zwischen November und März die Hauptäste um die Hälfte; schneiden Sie dabei immer oberhalb eines Knospenpaars.

Die jungen Zweige, die sich an dieser Stelle entwickeln werden, tragen dazu bei, dass die Pflanze höher und auch breiter wächst.

Der Japanische Spindelstrauch gedeiht bei uns am besten als Kübelpflanze in nährstoffreicher Gartenerde, die viel Humus enthält. Die Sträucher neigen dazu, sehr kräftige Zweige zu entwickeln; deshalb ist ein alljährlicher Schnitt unverzichtbar. Auch starkes Zurückschneiden wird gut vertragen.

Blätter: immergrün
Höhe: 0,50 bis 1,50 m
Form: Strauch
Wann schneiden?
- Februar bis März
- Im Juni (Hecke)
- August bis September (Hecke)

Warum schneiden?
- Damit sich die Sträucher harmonisch entwickeln

Ein Jahr später

Schneiden Sie im Februar oder März die Zweige an den mit dem Pflanzschnitt gekürzten Ästen sowie alle Triebe, die aus der Basis des Strauchs gewachsen sind, um die Hälfte zurück. Entfernen Sie schwache Triebe.

Jedes Jahr

Kappen Sie im Februar oder März die Spitzen der Äste oberhalb einer neuen Verzweigung; nehmen Sie jedes Mal nur wenige Zentimeter weg.

Entfernen Sie totes Holz und alle Äste und Zweige, die nach innen wachsen.

Wenn Sie Ihren Spindelstrauch in einem Jahr gar nicht ausgeschnitten haben, sollten Sie dafür im darauf folgenden Jahr gründlicher vorgehen und die Äste um mindestens ein Drittel ihrer Länge kürzen, weil der Strauch sonst an der Basis kahl wird.

Vorher   Nachher

Erziehungsschnitt und Instandhaltungsschnitt

Der gekaufte junge Strauch ist noch nicht vollständig entwickelt. Wenn Sie ihn einpflanzen, geben Sie ihm durch einen Schnitt die Form, die er weiterhin behalten soll; das nennt man Erziehungsschnitt.

Wenn der Strauch nach zwei bis drei Jahren ausgewachsen ist, wird er weiterhin geschnitten, z. B. um die Blütenbildung zu fördern oder damit er die gewünschte Form beibehält; dies ist der Instandhaltungsschnitt.

Schnitt einer Hecke

BEIM EINPFLANZEN

Schneiden Sie zwischen November und März die Äste 25 bis 30 cm über dem Boden ab, um die Zweigbildung an der Basis der Sträucher anzuregen.

Kappen Sie im Juni die Zweige in 50 bis 60 cm Höhe über dem Boden. Schneiden Sie die Hecke auch in der Breite zurück, damit sie noch vor dem Winter dichter wächst.

NACH EINEM JAHR

Kürzen Sie im Februar oder März die Hauptzweige des vorangegangenen Jahres um die Hälfte. Schneiden Sie die Seitenzweige auf 15 cm Länge (vom Ansatz aus gerechnet) zurück.

Kappen Sie im Juni bis Juli die Spitzen der Hauptäste und schneiden Sie die Seitenäste stärker zurück.

JEDES JAHR

Ein Rückschnitt ist im Mai bis Juni, wenn sich die neuen Triebe zeigen, sowie im August oder September erforderlich; erlauben Sie der Hecke dabei ein jährliches Wachstum von 5 bis 10 cm (je nach Stärke der Sträucher), bis die Hecke die geplante Größe erreicht hat.

Da die Blätter des Spindelstrauches relativ klein sind, können Sie für den Schnitt problemlos eine manuelle oder elektrische Heckenschere verwenden.

Ficus carica
Feige

Feigenbäume können bei uns nur als Kübelpflanze gehalten werden und sollten im Herbst und Winter im Haus oder in einem Gewächshaus aufgestellt werden. Ein Instandhaltungsschnitt alle zwei Jahre, bei dem alte Äste entfernt werden, hält die Pflanze jung.

> Denken Sie daran, auf die Schnittflächen Wundverschlussmittel aufzutragen.

> **Blätter:** sommergrün
> **Höhe:** bis ca. 2 m (als Kübelpflanze
> **Form:** Buschbaum
> **Fruchtreife:** je nach Art zwischen Juli und September
> **Wann schneiden?**
> • Im März
> **Warum schneiden?**
> • Um totes Holz zu entfernen und die Pflanze zu verjüngen

 # Wann und wie schneiden

Beim Einpflanzen

Entfernen Sie im Frühling, wenn Sie die Pflanze ins Freie gestellt haben und kein Frost mehr zu befürchten ist, ältere Äste, die keine Früchte mehr tragen. Lassen Sie ungefähr ein Dutzend Äste am Baum.

Entfernen Sie auch totes Holz und schwache Äste.

Forsythia x intermedia
Forsythie

Wann und wie schneiden

Beim Einpflanzen

Schneiden Sie zwischen November und März die Hauptäste um zwei Drittel zurück. Setzen Sie die Schere dabei immer oberhalb eines Knospenpaars an, um die Bildung neuer Zweige anzuregen. Entfernen Sie auch schwache oder beschädigte Äste. Auf diese Weise opfern Sie zwar die erste Blüte, doch zugunsten einer besseren Verwurzelung.

Die Forsythie gedeiht auf jeder guten Gartenerde, an sonnigen Standorten ebenso wie an halbschattigen. Nur bei alljährlichem Schnitt entwickelt sie die beliebte üppige Blütenpracht.

Sie können mit dem ersten Schnitt Ihrer Forsythie bis nach der Blüte warten. Im April können Sie die verwelkten Blüten entfernen und die Hauptäste auf die Hälfte zurückschneiden.

Ein Jahr später

Entfernen Sie im April, nach der Blüte, die verwelkten Blüten; schneiden Sie dabei immer über einem jungen Zweig.

Entfernen Sie schwache Äste und solche, die ins Innere des Strauches wachsen.

Blätter: sommergrün
Höhe: 2 m und höher
Form: Strauch
Blüte: März bis April
Wann schneiden?
• Im April nach der Blüte
Warum schneiden?
• Um eine reiche Blütenbildung anzuregen

Jedes Jahr

Schneiden Sie den Strauch nach der Blüte zurück, indem Sie älteren Äste stark und die jüngeren Äste ungefähr um die Hälfte kürzen.

Es ist möglich, eine Forsythie an einer Wand oder einem Rankgerüst als Spalierstrauch wachsen zu lassen. Der Schnitt erfolgt dann ebenfalls im April nach der Blüte.

Vorher   Nachher

Hibiscus syriacus
Hibiskus oder Eibisch

Wann und wie schneiden

Beim Einpflanzen

Schneiden Sie zwischen November und März den Hauptstamm des Eibischs in ungefähr 20 cm Höhe über dem Boden ab, oberhalb des dritten Auges (von unten her gezählt). Im Laufe des Sommers werden sich drei Triebe entwickeln.

Kürzen Sie bei einer Pflanze, die Sie ohne Ballen gekauft haben, deren Spitzen um einige Zentimeter.

Der Eibisch liebt die Sonne und wasserdurch-lässige, auch kalkhaltige Böden. Sein Schnitt ist unkompliziert, sollte jedoch regelmäßig, und zwar alljährlich, durch-geführt werden, um die Blütenbildung zu unterstützen.

Während des Schneidens sollten Sie Ihre Gartenschere immer wie-der desinfizieren, um keine Krank-heiten zu übertragen.

Blätter: sommergrün
Höhe: 2 bis 3 m
Form: Busch oder Stämmchen
Blüte: August bis Ende September

Wann schneiden?
• Ende Februar bis Anfang März

Warum schneiden?
• Um eine junge und dichte Zweigbildung zu fördern

Ein Jahr später

Entfernen Sie gegen Ende Februar oder Anfang März die Verzwei-gungen des Hauptstamms oberhalb des zweiten Auges (von der Basis aus gezählt), um die Bildung von Zweigen zu fördern. Schneiden Sie immer oberhalb eines Auges, das nach außen gerichtet ist.

Jedes Jahr

Kappen Sie Ende Februar oder Anfang März die Nebenzweige oberhalb des zweiten oder dritten Auges (vom Zweigansatz aus gezählt). Entfernen Sie gegebenenfalls tote Äste, kranke Zweige und Zweige, die zur Mitte des Strauches hin wachsen. Schneiden Sie immer oberhalb einer Knospe, die nach außen hin gewandt ist.

Die Ausbildung der Buschform

Der Eibisch bildet einen spindelförmiger Strauch und entwickelt sich auf natürliche Weise zum Busch. Diese Form ist am leichtesten zu erhalten. Auch wenn man in einem Jahr nicht schneidet, wirkt sich dies nicht nachteilig auf die Blütenbildung aus.

72

Erziehung zum Stämmchen

Dieser Schnitt ist nicht weiter schwierig, erfordert aber Geduld. Sie können ihn schon beim Einpflanzen durchführen, aber auch bei einem Eibisch, der mehrere Jahre lang nicht ausgeschnitten wurde: Kürzen Sie ihn auf 1,20 bis 1,30 m Höhe und wählen Sie den geradesten und kräftigsten Stamm aus.

Sie können den Schnitt zur Bildung eines Stämmchens durch einen Eingriff im Sommer ergänzen. Schneiden Sie in den beiden ersten Jahren im Mai und dann wieder im Juli die vom Stamm ausgehenden Äste und Zweige ab. Dieser Schnitt ist aber nicht unbedingt erforderlich.

BEIM EINPFLANZEN

Schneiden Sie zwischen November und März beim jungen Eibisch die Verzweigungen des Hauptstamms über dem zweiten oder dritten Auge ab.

Kürzen Sie den Hauptstamm nicht, damit die Pflanze an Höhe gewinnt.

EIN JAHR SPÄTER

Entfernen Sie gegen Ende Februar oder Anfang März die seitlichen Verzweigungen oberhalb des ersten Auges.

Ist der Stamm höher als 1,20 bis 1,30 cm, dann schneiden Sie ihn in gewünschter Höhe oberhalb des dritten Auges über der höchsten Verzweigung ab.

Wenn der Stamm schwach ist oder niedriger als 1,20 bis 1,30 cm, lassen Sie ihm vor dem Schnitt noch ein Jahr Zeit.

Erziehung zum Stämmchen

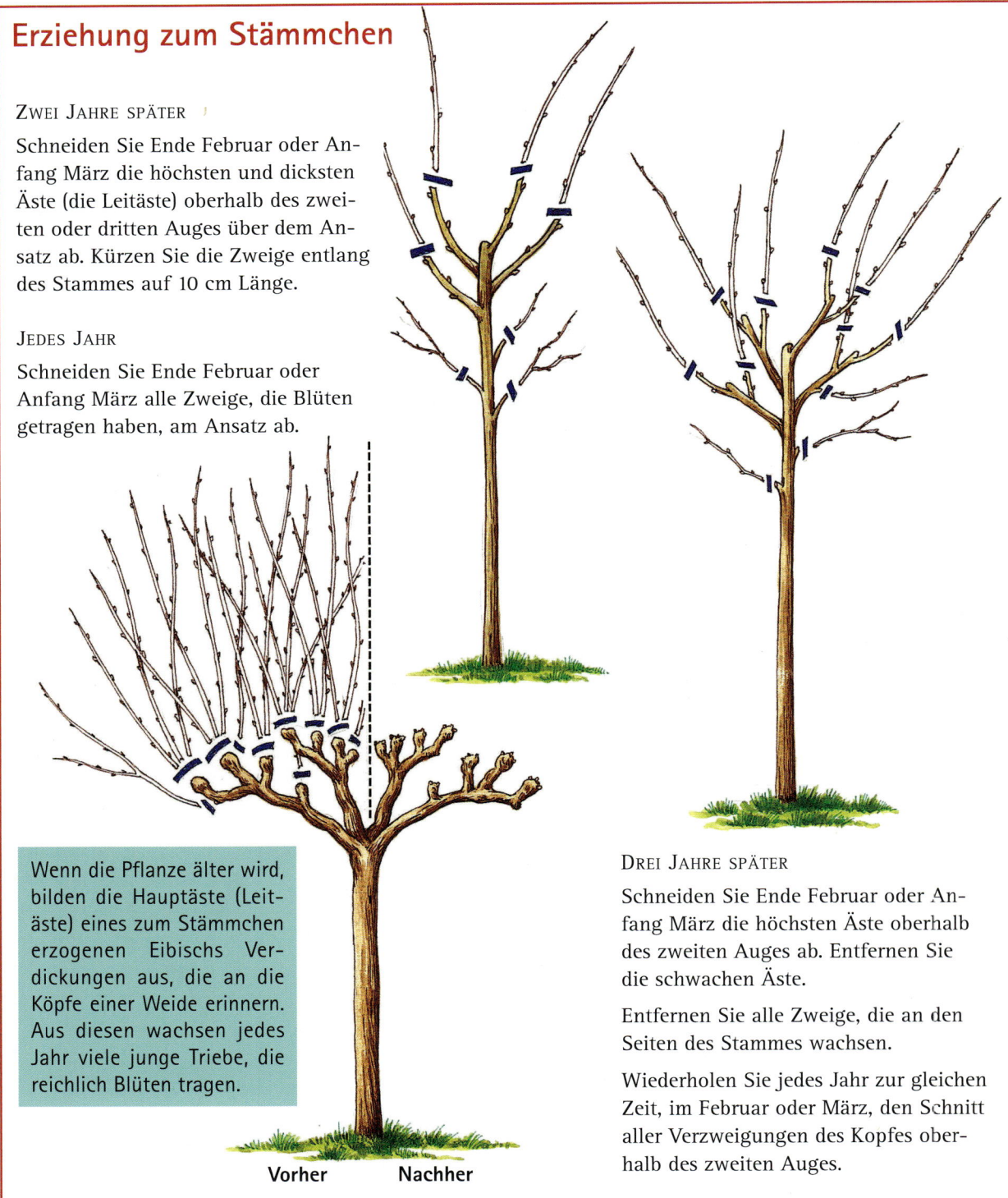

Zwei Jahre später

Schneiden Sie Ende Februar oder An-fang März die höchsten und dicksten Äste (die Leitäste) oberhalb des zwei-ten oder dritten Auges über dem An-satz ab. Kürzen Sie die Zweige entlang des Stammes auf 10 cm Länge.

Jedes Jahr

Schneiden Sie Ende Februar oder Anfang März alle Zweige, die Blüten getragen haben, am Ansatz ab.

Wenn die Pflanze älter wird, bilden die Hauptäste (Leit-äste) eines zum Stämmchen erzogenen Eibischs Ver-dickungen aus, die an die Köpfe einer Weide erinnern. Aus diesen wachsen jedes Jahr viele junge Triebe, die reichlich Blüten tragen.

Vorher   **Nachher**

Drei Jahre später

Schneiden Sie Ende Februar oder An-fang März die höchsten Äste oberhalb des zweiten Auges ab. Entfernen Sie die schwachen Äste.

Entfernen Sie alle Zweige, die an den Seiten des Stammes wachsen.

Wiederholen Sie jedes Jahr zur gleichen Zeit, im Februar oder März, den Schnitt aller Verzweigungen des Kopfes ober-halb des zweiten Auges.

Hydrangea macrophylla

Bauernhortensie

Wann und wie schneiden

Beim Einpflanzen

Entfernen Sie beim Einpflanzen zwischen November und März schwache und beschädigte Äste und Zweige.

Nehmen Sie nach der Blüte im September die verwelkten Blüten ab. Am unteren Teil der Äste haben sich Triebe entwickelt, die im folgenden Jahr Blüten tragen werden. Sie können diesen Schnitt aber auch später, während des ersten Instandhaltungsschnitts Ende März bis Anfang April, vornehmen.

Ein Jahr später

Schneiden Sie Ende März bis Anfang April alle Zweige, die im Jahr zuvor geblüht haben, oberhalb eines jungen Seitentriebs ab.

Beschneiden Sie die kräftigen Äste an der Basis nicht, denn sie tragen bereits Blütenknospen.

Entfernen Sie schwache Triebe.

Die Hortensie liebt silikathaltige, frische und kalkfreie Böden und gedeiht auch in Torferde. Am wohlsten fühlt sie sich im Halbschatten. Sie blüht besonders schön, wenn sie jedes Jahr zurückgeschnitten wird.

Es gibt zwei große Familien von Hortensien:
- Arten mit großen, ballförmigen Rispen;
- Arten mit flachen, schirmförmigen Rispen.

Blätter: sommergrün
Höhe: je nach Klima 1,50 bis 2,50 m
Form: Strauch
Blüte: Juli bis September
Wann schneiden?
- Im März

Warum schneiden?
- Um verwelkte Blüten zu entfernen
- Um die Bildung junger Zweige anzuregen

Jedes Jahr

Schneiden Sie Ende März oder Anfang April alle Äste, die Blüten getragen haben, oberhalb einer neuen Verzweigung ab. Die älteren Äste werden noch stärker gekürzt, da sie dazu neigen, im unteren Bereich kahl zu werden.

Entfernen Sie totes Holz und schwache Triebe, die kein Licht an das Innere des Strauches lassen und keine Blüten tragen.

Die kräftigen, an der Basis ausgetriebenen Äste bleiben erhalten, da sie fertig ausgebildete Blütenknospen tragen.

Vorher   Nachher

Sie können die verwelkten Blüten im September nach der Blüte abnehmen oder damit bis zum Schnittzeitpunkt im Frühling warten.

Verfahren Sie auf gleiche Weise mit *Hydrangea quercifolia* und *Hydrangea serrata* sowie mit der Rispenhortensie (*Hydrangea paniculata*), die, etwas später als die anderen, im August und September blüht.

Hypericum calycinum

Wintergrünes Johanniskraut

Wann und wie schneiden

Das Johanniskraut reagiert empfindlich auf strenge Kälte. Es gedeiht am besten in nährstoffreicher und gut drainierter Gartenerde an sonnigen Standorten. Pflanzen Sie es rund um einen Felsblock oder in einen Steingarten. Johanniskraut muss nicht jedes Jahr geschnitten werden; ein Schnitt alle zwei oder drei Jahre genügt.

Beim Einpflanzen

Schneiden Sie zwischen November und März ausschließlich abgebrochene Zweige ab. Weitere Maßnahmen sind unnötig, da sich die Pflanze von selbst verzweigt.

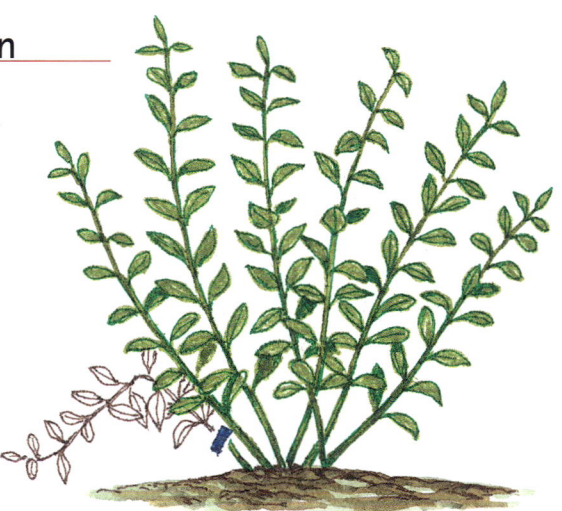

Ein Jahr später

Entfernen Sie im Februar oder März alle Zweige, die zu lang geworden sind und zu weit von der Pflanze abstehen.

Blätter: immergrün
Höhe: 0,30 m
Form: Bodendecker
Blüte: Juli bis September
Wann schneiden?
• Februar bis März
Warum schneiden?
• Um die Bildung junger Zweige anzuregen

Jedes Jahr

Entfernen Sie im Februar oder März alle Zweige, die die kompakte, ausgewogene Form der Pflanze beeinträchtigen.

Alle zwei bis drei Jahre

Schneiden Sie im Februar oder März alle Zweige knapp über dem Boden ab, um das Johanniskraut zur Bildung neuer kräftiger Triebe anzuregen.

Auch ohne alljährlichen Schnitt blüht Johanniskraut sehr schön. Der gründliche Rückschnitt in größeren Abständen hält die Pflanzen jung und erneuert ihre Blühkraft.

Juglans regia

Walnuss

Wann und wie schneiden

Beim Einpflanzen

Schneiden Sie während der Ruhephase, zwischen November und Februar, die Spitzen der Hauptäste mit dem stärksten Durchmesser um einige Zentimeter zurück und kürzen Sie ihre kräftigsten Zweige um zwei Drittel ihrer Länge.

(Fortsetzung auf Seite 82)

Walnussbäume können auf allen Bodenarten wachsen. Wenn es in Ihrer Gegend im Frühling noch Frost gibt, sollten Sie Ihren Baum an einen geschützten Ort pflanzen, damit die frühe Blüte vor Kälte geschützt ist. Der Schnitt besteht in einem Instandhaltungsschnitt, der allerdings selten durchgeführt werden sollte, weil Walnussbäume einen Schnitt nicht gut vertragen.

Blätter: sommergrün

Höhe: bis 20 m

Form: Hochstamm

Fruchtreife: September bis Oktober

Wann schneiden?

• Im Februar

Warum schneiden?

• Um die Krone auszulichten

Einführung in das Veredeln
Veredeln Sie einen Walnussbaum durch

Warum veredeln?

Dank der Veredlung erhält man schnell Nachkommen der Mutterpflanze, die sehr kräftig und widerstandsfähig gegen Krankheiten sind. Es dauert lange, bis Walnussbäume aus Sämlingen Früchte tragen; durch die Veredlung kann man diese Entwicklung beschleunigen.

Wann veredeln?

Im März bis April.

Womit veredeln?

Mit einer Zweigspitze der ausgewählten Mutterpflanze (Edelreis).

Welche Unterlage?

Ein junger Sämling des Walnussbaums (*Juglans regia*) oder einer amerikanischen Schwarznuss (*Juglans nigra*), ein bis zwei Jahre alt und 1,50 bis 1,80 m hoch.

DAS EDELREIS

Entnehmen Sie im Februar die Spitze eines jungen Zweigs der Mutterpflanze und bewahren Sie ihn an einem kühlen Ort auf, um zu verhindern, dass er austreibt.

Schneiden Sie die Zweigspitze, unmittelbar bevor Sie die Veredlung vornehmen, unterhalb der dritten Knospe (von der Spitze aus gezählt) auf zwei Seiten auf einer Länge von etwa 5 cm keilförmig zu.

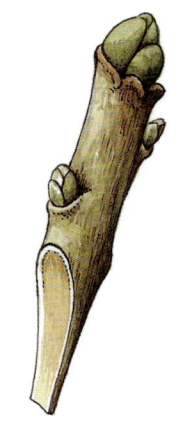

1

DIE UNTERLAGE

Spalten Sie im März oder April den Haupttrieb des Walnusssämlings mit einem Okuliermesser oder einer Hippe; die Länge des Schnitts sollte 4 bis 5 cm, von der Spitze aus gemessen, betragen.

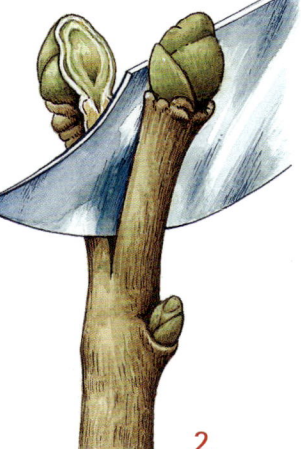

2

Das Anschäften in den Haupttrieb

Diese Methode wird bei frei stehenden Bäumen angewandt, die man auf den Kopf bzw. in die Krone veredelt, d. h. an der Spitze des Haupttriebs, der den Stamm des neuen Baumes bilden wird.

Anschäften in den Haupttrieb

DIE VERBINDUNG

Führen Sie das angeschäftete Edelreis behut-
sam in die Spalte der Unterlage ein; drücken
Sie die Spalte dabei vorsichtig auseinander.
Die Rinden des Edelreises und der Unterlage
müssen dabei mindestens an einer Seite des
Edelreises engen Kontakt haben.

Die Veredlung ist gelungen,
wenn sich aus der Knospe des
Edelreises Blätter entwickeln.
Entfernen Sie nun den Bast,
damit der Trieb nicht einge-
engt wird. Schneiden Sie die
jungen Zweige ab, die aus der
Unterlage wachsen.

3

Umwickeln Sie die Veredlungsstelle
straff mit Bast. Bestreichen Sie das
Ganze mit Baumwachs; allerdings
sollte kein Wachs an die Knospen
des Edelreises kommen.

4

Die Wahl der Unterlage

Auf einer Schwarznuss veredelte Walnussbäume bleiben
kleiner und benötigen nährstoffreiche, tiefe Böden. Sie
bringen bereits vier Jahre nach der Veredlung Früchte hervor. Ihre Lebenserwartung beträgt höchstens 50 Jahre.
Wählt man eine Walnuss als Unterlage, so wird der Baum
wesentlich kräftiger und gedeiht auch auf kalkhaltigem
Boden. Er trägt erst acht bis zwölf Jahre nach der Veredlung
Nüsse, wird aber bis zu 100 Jahre alt.

Alle fünf bis zehn Jahre

Schneiden Sie den Baum so wenig wie möglich, denn bei Walnussbäumen ist das Holz hohl, und Schnitte und andere Verletzungen schaffen Schwachstellen, an denen Parasiten oder Krankheiten Angriffspunkte finden. Von hier aus können sich diese bald über den ganzen Baum ausbreiten.

Entfernen Sie im Oktober bis November die sehr kräftigen jungen Triebe, die senkrecht zur Krone hinauf wachsen und die man als Wasserschosse bezeichnet.

> Vergessen Sie nicht, grundsätzlich alle Schnitte mit Wundverschlussmittel zu bestreichen.

Die Tintenkrankheit

Diese Krankheit wird durch einen Pilz verursacht, der sich zuerst in den Wurzeln einnistet und dann zum Fuß des Stammes aufsteigt. Danach bilden sich Geschwüre, die eine schwarze Flüssigkeit absondern. Die Krankheit ist unheilbar, aber man kann das Leben des Walnussbaums verlängern, indem man die Geschwüre mit einem Okuliermesser herausschneidet und die behandelten Stellen mit Wundverschlussmittel bestreicht. Wird ein erkrankter Baum entfernt, sollte man nur einen veredelten Nussbaum pflanzen, dessen Unterlage gegen diese Krankheit immun ist.

Kerria japonica

Kerrie oder Ranunkelstrauch

Wann und wie schneiden

Die Kerrie verträgt Sonne ebenso gut wie Halbschatten und kann auch als Spalierstrauch an einer Wand gehalten werden. Sie wird nur dann regelmäßig und üppig blühen, wenn Sie sie jedes Jahr ausschneiden.

Beim Einpflanzen

Entfernen Sie zwischen November und März schwache und vertrocknete Äste. Lassen Sie die kräftigsten Triebe intakt: Sie werden im folgenden Frühling Blüten tragen.

Schneiden Sie einen neu gekauften Strauch mit nackten Wurzeln (ohne Ballen) auf 25 bis 30 cm Höhe über dem Boden zurück; allerdings wird er dann in diesem Jahr nicht blühen.

Blätter: sommergrün
Höhe: 1,50 bis 2 m
Form: Strauch, auch Spalier
Blüte: Mai bis Juli
Wann schneiden?
• Im Juli, nach der Blüte
Warum schneiden?
• Um die Blütenbildung zu fördern

Im ersten Jahr

Entfernen Sie nach der Blüte alle Zweige, die Blüten getragen haben, indem Sie sie weit unten oberhalb einer jungen Verzweigung oder am Ansatz abschneiden. Kappen Sie nochmals die schwachen Triebe an der Basis.

Jedes Jahr

Nehmen Sie nach der Blüte (im Mai) tote oder allzu schwache Äste heraus.

Entfernen Sie alle Äste, die Blüten getragen haben, oberhalb einer jungen Verzweigung, aber so nah wie möglich am Ansatz.

Schneiden Sie immer oberhalb eines Zweigs, der nach außen wächst, denn dieser wird den Strauch dichter erscheinen lassen und verhindert eine Verkahlung der Strauchmitte.

Beschneiden Sie nicht die stärksten, aus der Basis wachsenden Äste, die noch keine Blüten getragen haben.

Man kann einen Kerrie-Strauch auch als Spalierpflanze halten. Binden Sie die Äste im Zuge ihres Wachstums regelmäßig am Rankgerüst an. Der Spalierstrauch erreicht die gleiche Höhe wie ein frei stehender Strauch.

Laurus nobilis
Lorbeerbaum

Wann und wie schneiden

Beim Einpflanzen

Kürzen Sie zwischen November und März alle Äste; lassen Sie die unteren dabei etwas länger als die oberen, sodass die Pflanze eine Kegelform erhält.

Der Lorbeerbaum gedeiht am besten in leichten, sandigen Böden und an sehr sonnigen Standorten. Da er kälteempfindlich ist, wird er bei uns nur als Kübelpflanze gehalten. Der Schnitt dient dazu, ihm eine Form – z. B. die einer Pyramide oder einer Kugel auf Hochstämmchen – zu geben und diese zu erhalten.

Blätter: immergrün
Höhe: 1 bis 3 m
Form: Busch, Pyramide oder Hochstamm
Blüte: April bis Mai (unauffällig)
Wann schneiden?
- Im März
- Zwischen Mai und September

Warum schneiden?
- Um die dichte Bildung junger Zweige anzuregen

Frühling und Sommer des folgenden Jahres

Schneiden Sie Ende Mai oder Juni die Astspitzen wieder auf die oben beschriebene Weise. Wiederholen Sie diesen Schnitt Ende August.

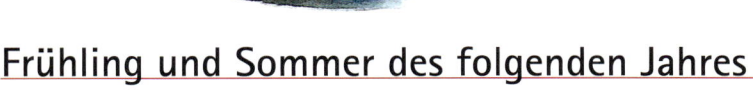

Jedes Jahr

Entfernen Sie im März die Zweige, die gegen Ende der letzten Wachstums- periode ausgetrieben haben.

Kürzen Sie zwischen Mai und September die Astspitzen, sobald neue Triebe um einige Zentimeter von der Kegelform abstehen; ungefähr alle vier bis sechs Wochen ist ein solcher Nachschnitt notwendig.

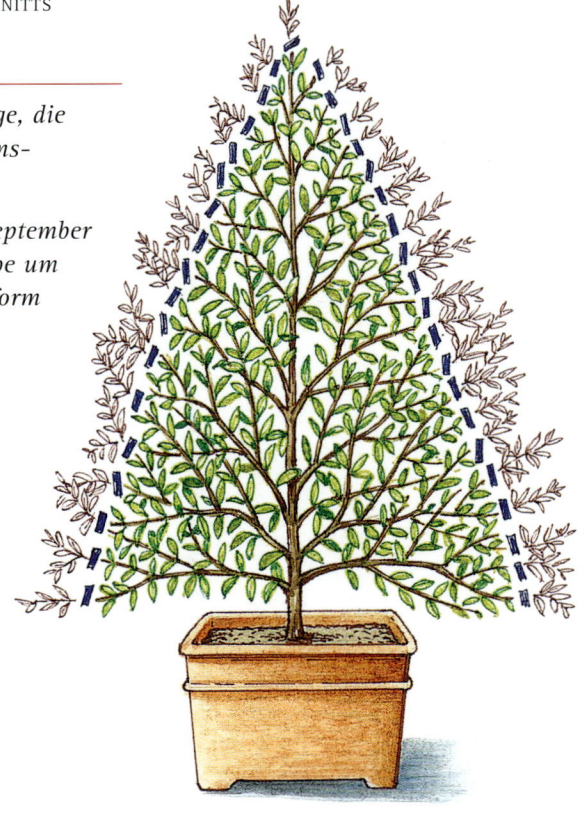

Schützen Sie den Lorbeer vor Kälte

Lorbeerbäume sind frostempf- findlich, besonders wenn sie als Kübelpflanze gehalten werden. Schützen Sie die Wurzeln, indem Sie den Kübel isolieren, z. B. mit Luftpolsterfolie. Stellen Sie die Pflanze an einen windgeschütz- ten Ort, etwa an eine Haus- wand. Decken Sie den Lorbeer bei Frostgefahr mit einer Decke oder Folie ab.

Erziehung des Lorbeers zum Hochstamm

Es ist nicht schwierig, einen Lorbeerstrauch in einen Hochstammbusch zu verwandeln; allerdings dauert dies sechs Jahre.

BEIM EINPFLANZEN

Der Lorbeer sollte zwischen November und März eingepflanzt werden. Schneiden Sie dabei alle Zweige, die vom Haupt-trieb abzweigen, ober-halb des zweiten Blattes ab (vom Ansatz aus ge-zählt). Kürzen Sie den Haupt-trieb nicht.

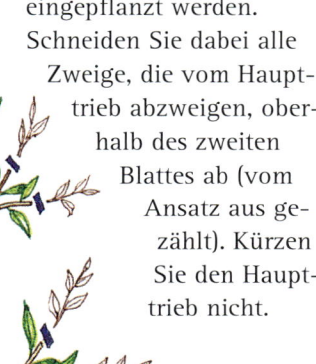

IN DEN ERSTEN BEIDEN JAHREN

Kappen Sie im Mai und dann wie-der im Juli nach dem Einpflanzen alle Zweige, die sich am Haupt-trieb gebildet haben, oberhalb des zweiten Blattes, damit der Stamm dicker wird.

Wiederholen Sie diese Maßnahme im folgenden Jahr.

IM DRITTEN JAHR

Wenn der Haupttrieb höher als 1,50 m geworden ist, sollte er im März auf diese Höhe zurückgeschnitten werden, und zwar oberhalb des dritten Blattes der höchsten Verzweigung.

Entfernen Sie am unteren Teil des Haupttriebs einen Zweig von zweien und kürzen Sie die übrigen oberhalb des zweiten Blattes, vom Ansatz aus gezählt.

Schneiden Sie im Laufe des Sommers diese aus dem Stamm wachsenden Zweige immer wieder über dem zweiten Blatt ab.

Erziehung des Lorbeers zum Hochstamm

IM VIERTEN JAHR

Schneiden Sie im März die drei höchsten Äste jeweils über dem dritten Blatt (vom Ansatz aus gezählt) ab.

Kappen Sie die Triebe am Stamm jeweils oberhalb des ersten Blattes und halten Sie sie den ganzen Sommer lang durch regelmäßigen Schnitt in dieser Länge.

IM FÜNFTEN JAHR

Schneiden Sie im März die oberen Zweige des Haupttriebs so zurecht, dass sie eine Kugelform bilden. Entfernen Sie alle Triebe längs des Stammes.

Schneiden Sie die Astspitzen und Zweige der Krone dann wieder im Mai und im Juli bis August zur Kugel.

JEDES JAHR

Kürzen Sie im März immer die Triebe, die sich Ende der letzten Wachstumsphase entwickelt haben, um wieder die Kugelform zu erhalten.

Wiederholen Sie diesen Schnitt zur Kugel zwischen Mai und September jedes Mal, wenn es Ihnen notwendig erscheint, d. h. ungefähr alle vier bis sechs Wochen.

Lavandula officinalis
Lavendel

Wann und wie schneiden

Beim Einpflanzen

Kürzen Sie zwischen November und März die Äste um die Hälfte, um die Bildung von Zweigen anzuregen.

Berücksichtigen Sie die natürliche Kugelform des Lavendels und schneiden Sie die äußeren Äste etwas kürzer als die mittleren.

Nach der ersten Blüte

Entfernen Sie im September alle Zweige, die Blüten getragen haben, knapp unter der Blüte oder drei Blätter tiefer.

Der genügsame Lavendel kommt auch mit nährstoffarmen, trockenen und kalkhaltigen Böden aus. Er liebt Sonne und viel Wärme. Man kann ihn auf Balkon und Terrasse auch in Töpfen und Blumenkästen halten. Der Schnitt ist einfach, muss aber regelmäßig jedes Jahr erfolgen, da der Strauch sonst im Inneren kahl wird.

Blätter: immergrün
Höhe: 0,50 bis 1 m
Form: Strauch
Blüte: Juli bis September
Wann schneiden?
• März bis April
Warum schneiden?
• Um die Bildung dicht wachsender junger Zweige anzuregen

Jedes Jahr

Kürzen Sie die Äste im März oder April um ein paar Zentimeter; achten Sie dabei darauf, die runde Form der Pflanze zu erhalten. Der Schnitt soll einer Verkahlung des Inneren entgegenwirken.

Auf diese Weise regen Sie den Strauch außerdem dazu an, die Blüten nahe der Mitte zu bilden.

Schneiden Sie nie bis auf das trockene Holz der Strauchmitte zurück.

Vorher Nachher

Der Verjüngungsschnitt

Wenn Ihr Lavendel an der Basis kahl wird, können Sie versuchen, ihn stark zurückzuschneiden. Allerdings ist diese Maßnahme nicht immer erfolgreich, weil Lavendel aus alten Zweigen keine jungen Äste bildet. Kürzen Sie im März oder April alle Äste oberhalb junger Verzweigungen oder gut sichtbarer Knospen möglichst nahe an der Basis. Entfernen Sie dann im September, nach der Blüte, alle Zweige, die Blüten getragen haben.

Ligustrum ovalifolium

Wintergrüner Liguster

Wann und wie schneiden

Beim Einpflanzen

Kürzen Sie zwischen November und März alle Zweige um die Hälfte, damit die Pflanze von der Basis her eine dichte Ver- ästelung bildet. Kürzen Sie die Wurzelspitzen um einige Zentimeter, wenn Sie die Pflanze mit nackten Wurzeln erworben haben.

Liguster gedeiht in allen Böden und an allen Standorten, mögen sie sonnig oder schattig sein. Damit er an der Basis nicht kahl wird, sollte man ihn regel- mäßig zurückschneiden. Liguster eignet sich gut als Schnittheckenstrauch.

Ein Jahr später

Entfernen Sie im Februar oder März alle Zweige, die zu schwach sind oder ins Innere des Strauches wachsen. Schneiden Sie die übrigen um ungefähr ein Drittel ihrer Länge zurück.

Blätter: wintergrün

Höhe: 2 bis 3 m, selten 5 m

Form: Strauch

Blüte: Juni bis Juli

Wann schneiden?

- Februar bis März (Solitär- sträucher)
- Im Mai (Hecken)
- August bis September (Hecken)

Warum schneiden?

- Damit der Fuß nicht verkahlt
- Um die gewünschte Schnitt- form zu erhalten

Jedes Jahr

Schneiden Sie im Februar bis März alle alten, allzu stark verzweigten Äste oberhalb einem möglichst niedrig platzierten jungen Ast ab.

Vorher   Nachher

Schneiden Sie immer oberhalb eines Blattpaares oder eines jungen Zweigs, der nach außen wächst. Dies trägt dazu bei, dass der Liguster fülliger wird.

Erziehungsschnitt und Instandhaltungsschnitt

Ein junger Strauch, wie Sie ihn im Fachhandel kaufen, hat sich noch nicht vollständig entwickelt. Deshalb ist es wichtig, ihn während seines Wachstums immer wieder zu schneiden, damit er die gewünschte Form bekommt. Diesen Schnitt nennt man Erziehungsschnitt.

Nach zwei oder drei Jahren ist der Strauch erwachsen; nun schneidet man ihn immer wieder zurück, z.B. damit er sich nicht allzu stark ausbreitet. Dies ist der Instandhaltungsschnitt.

Schnitt einer Ligusterhecke

BEIM EINPFLANZEN

Schneiden Sie die Zweige zwischen November und März 25 bis 30 cm über dem Boden ab. Das ist wichtig, um eine bessere Verästelung von der Basis her zu erzielen.

IM FOLGENDEN SOMMER

Kürzen Sie im Juni die Zweige noch einmal, dieses Mal in 50 bis 60 cm Höhe. Schneiden Sie dabei auch die Kanten, damit die Hecke noch vor dem Winter buschiger wird.

IN DEN FOLGENDEN JAHREN

Kürzen Sie die Zweige im Februar oder März und dann wieder im Juni um ungefähr zwei Drittel. Lassen Sie die Hecke dabei je nach Wuchskraft der Sträucher jedes Jahr 5 bis 10 cm höher werden, bis sie die gewünschte Höhe erreicht hat.

Wenn die Hecke ihre endgültige Höhe hat, schneiden Sie im Mai und dann wieder im August oder September die jungen Triebe oben und an den Seiten ab.

Verwenden Sie zum Schnitt eine manuelle oder eine elektrische Heckenschere. Der Liguster verträgt durchaus einen kräftigen Schnitt; er wächst dann rascher.

Lonicera caprifolium
Jelängerjelieber

Dieses kletternde Geiß-blatt-Gewächs, das als Jelängerjelieber bekannt ist, verträgt starke Son-neneinstrahlung ebenso gut wie Halbschatten. Es liebt leichte, nährstoff-reiche und etwas feuchte Böden. Ein Schnitt, bei dem das tote Holz regel-mäßig entfernt wird, tut ihm zwar gut, ist aber nicht unbedingt not-wendig.

Blätter: sommergrün
Höhe: 3 bis 4 m
Form: Kletterstrauch
Blüte: Juni bis Oktober
Wann schneiden?
• Zwischen November und Januar; dann wieder im März
Warum schneiden?
• Um totes Holz zu entfernen

Wann und wie schneiden

Beim Einpflanzen

Schneiden Sie zwischen November und März die Spitzen der längsten Äste ab, um die Bildung von Wurzeln und Zweigen zu fördern.

Befestigen Sie die wachsenden jungen Triebe im ersten Jahr regelmäßig am Rankgerüst.

Jedes Jahr

Entfernen Sie zwischen November und März das tote Holz. Schneiden Sie beschädigte Äste so ab, dass mindestens zwei oder drei Knospen, vom Astansatz aus gezählt, an der Pflanze verbleiben.

Lichten Sie zu Beginn des Frühlings überflüssige Äste aus.

Verjüngung einer älteren Pflanze

Wenn ihr Jelängerjelieber weniger Blüten hervorbringt und totes Holz den Zweigen zu viel Licht wegnimmt, ist es Zeit für einen scharfen Rückschnitt.

- Schneiden Sie zwischen November und Januar alle Äste in ungefähr 10 cm Höhe über dem Boden ab.

Vergessen Sie nicht, Schnitte von mehr als 3 cm Durchmesser mit einem Wundverschlussmittel zu bestreichen.

Schneiden Sie Ihre Bäume und Sträucher immer außerhalb der Frostperioden aus.

Verfahren Sie auf gleiche Weise mit
- dem halb-immergrünen Japanischen Geißblatt, *Lonicera japonica* ›Haliana‹.
- dem sommergrünen Geißblatt, *Lonicera x heckrottii*, mit bläulich angehauchten Blättern.

Lonicera nitida

Strauchheckenkirsche

Der immergrüne Geiß-blatt-Strauch begnügt sich mit normalen, gut drainierten Böden und bevorzugt sonnige Stand-orte. Die kleinen Blätter und der schnelle Wuchs machen sie zu einer Pflanze, die sich gut für Hecken und Formschnitte eignet. Leicht beschnitten ist sie aber auch als Soli-tärstrauch sehr dekorativ.

Blätter: immergrün
Höhe: 1 bis 1,50 m
Form: Strauch

Wann schneiden?
- Februar bis März
- Zwischen April bis Mai und September alle sechs Wochen (Hecke)

Warum schneiden?
- Um eine für den Garten geeignete Form und Größe zu erhalten
- Um eine bestimmte Form zu erhalten

Wann und wie schneiden

Beim Einpflanzen

Entfernen Sie beim Erzie-hungsschnitt die schwachen Äste im unteren Teil des Bäumchens und kürzen Sie kräftige Äste, die dem Hauptstamm Konkurrenz machen könnten.

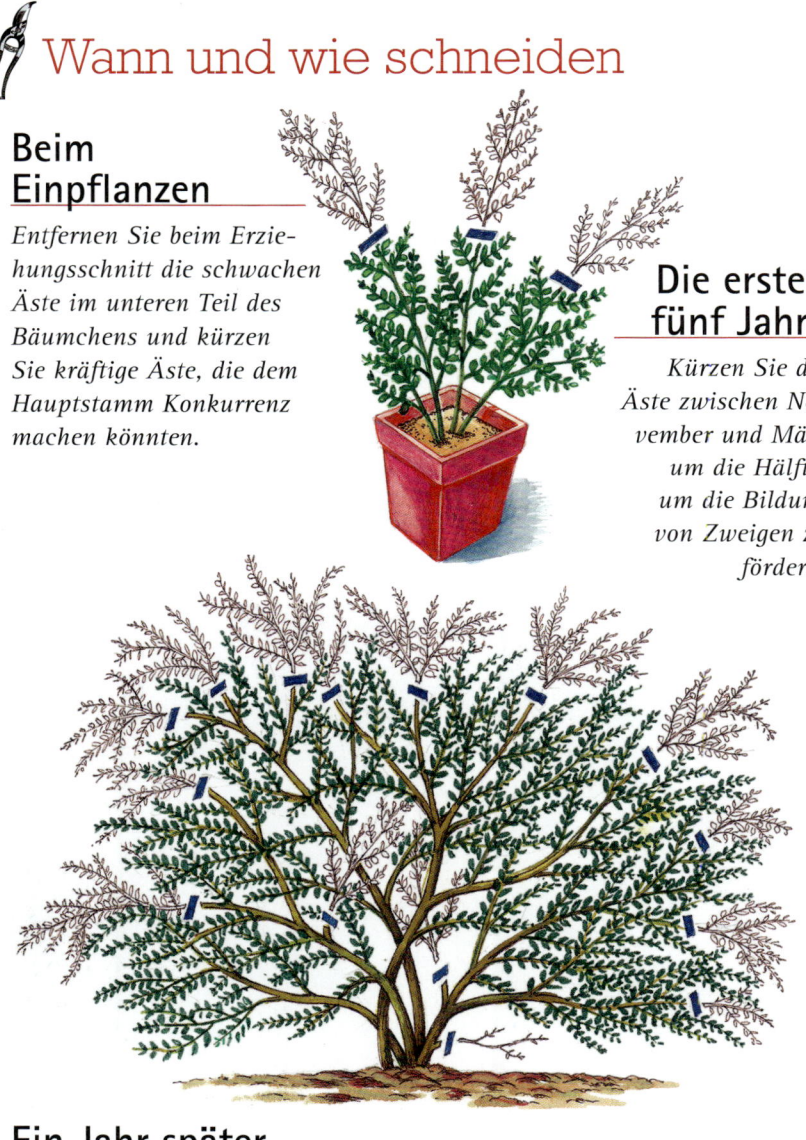

Die ersten fünf Jahre

Kürzen Sie die Äste zwischen No-vember und März um die Hälfte, um die Bildung von Zweigen zu fördern.

Ein Jahr später

Kürzen Sie die Äste im Februar oder März um ein Drittel; schneiden Sie dabei immer oberhalb eines jungen Zweigs. Entfernen Sie Zweige, die ins Innere des Strauches wachsen, und alle, die schwach erscheinen.

Jedes Jahr

Schneiden Sie im Februar bis März die Zweige jeweils etwa um ein Drittel zurück; der Schnitt sollte oberhalb eines jungen Zweigs liegen, der die Stelle des entfernten Zweigs einnehmen wird und durch sein Wachstum den Strauch dichter erscheinen lässt. Entfernen Sie Zweige, die ins Innere des Strauches wachsen, und alle, die schwach wirken.

Vorher   Nachher

So schneidet man eine Hecke

BEIM EINPFLANZEN

Schneiden Sie die Äste zwischen November und März in 20 bis 30 cm Höhe über dem Boden ab.

Kürzen Sie die Äste im Juni in 50 cm Höhe über dem Boden und auch leicht an den Seiten, sodass die Hecke noch vor dem Winter dichter wächst.

JEDES JAHR

Schneiden Sie die jungen Zweige jeweils im Februar oder März und dann wieder im Juni und August so zurück, dass die Hecke jedes Jahr je nach Stärke der Sträucher um 5 bis 10 cm wächst, bis die gewünschte Höhe erreicht ist. Schneiden Sie sie auch an den Seiten zurück.

Ist die vorgesehene Höhe erreicht, dann sollten nur noch die überstehenden Zweige gekappt werden. Schneiden Sie die Hecke in der Zeit zwischen Mai und September alle sechs Wochen mit der Heckenschere zurück.

Magnolia x soulangiana
Tulpenmagnolie

Die Tulpenmagnolie, die in unseren Gärten verbreitetste Art, liebt silikathaltige, saure und frische Böden, verträgt aber auch einen leichten Kalkgehalt in der Erde. Pflanzen Sie sie in humusreiche Erde und wählen Sie einen Standort im Halbschatten.

Blätter: sommergrün
Höhe: 3 bis 5 m
Form: Kleiner Baum
Blüte: April bis Mai

Wann schneiden?
- Ende April nach der Blüte
- Dezember bis Januar zur Verjüngung

Warum schneiden?
- Um gegebenenfalls totes Holz zu entfernen
- Um verwelkte Blüten zu entfernen

Wann und wie schneiden

Beschneiden Sie die Pflanze nicht beim Einpflanzen, sondern lassen Sie sie ihre natürliche Form entwickeln.

Jedes Jahr

Schneiden Sie Ende April, nach der Blüte, die Astspitzen mit den verwelkten Blüten ab, und zwar unterhalb des zweiten oder dritten Blattes, von der Blüte aus gezählt.

Entfernen Sie alte, kahle Äste über einer möglichst niedrig gelegenen jungen Verzweigung.

Sie können die Äste, die keine Blüten getragen haben, ebenfalls um ein paar Zentimeter kürzen.

Verjüngung einer Magnolie

Wenn Ihre Magnolie an der Basis kahl wird und insgesamt weniger Blüten hervorbringt, können Sie versuchen, ihr durch einen gründlichen Schnitt zu einer zweiten Jugend zu verhelfen.

- Schneiden Sie im Dezember bis Januar, in einer frostfreien Periode, alle Äste 60 bis 80 cm über dem Boden ab.

Die großblütige Immergrüne Magnolie *(Magnolia grandiflora)* wächst sehr langsam und wird praktisch nie zurückgeschnitten. Beschränken Sie sich darauf, gegebenenfalls totes Holz zu entfernen und allzu kräftige Äste zu kürzen, die die optische Wirkung der Pflanze stören.

Malus domestica
Apfel

Apfelbäume gedeihen in gesunden und tiefen Böden am allerbesten. Das Zurückschneiden, das vor allem verhindern soll, dass sie zu hoch werden und sich allzu weit ausbreiten, vertragen sie gut. Deshalb passen Sie in fast alle Gärten.

Blätter: sommergrün
Höhe: 3 m und höher
Form: frei stehend oder Spalier
Blüte: April bis Mai
Fruchtreife: Juli bis November, je nach Sorte

Wann schneiden?
- Im Winter, wenn die Blätter gefallen sind
- Im Sommer

Warum schneiden?
- Um die Fruchtproduktion anzuregen
- Damit der Baum eine schöne Form behält

Wann und wie schneiden

Beim Einpflanzen

Wenn Ihr junger Baum drei einjährige Hauptäste hat, sollten Sie sie um 25 bis 30 cm kürzen. Schneiden Sie sie auf gleicher Höhe über einer nach außen gerichteten Knospe ab.

Ist der Apfelbaum bereits weiter entwickelt (zweijährige Äste, siehe Zeichnung unten), kürzen Sie die sechs höchsten Äste um 25 bis 30 cm und kappen die untersten Äste oberhalb der zweiten Knospe.

Wenn Sie den Baum ohne Ballen gekauft haben, kürzen Sie auch die Wurzelspitzen um einige Zentimeter.

Alle fünf bis sechs Jahre

Schneiden Sie ab dem fünften Jahr nach dem Einpflanzen zwischen November und Februar die Krone um ungefähr ein Drittel zurück, damit der Baum seine Früchte nahe der Kronenmitte entwickelt. Dadurch werden die Früchte größer. Entfernen Sie Äste, die gegabelt sind, die sich kreuzen und die schlecht platziert sind, weil sie z.B. ins Innere der Krone wachsen, sowie Wasserschosse.

Vorher   Nachher

Frei stehende Bäume sollen sich natürlich entwickeln dürfen. Für die Förderung der Fruchtbildung ist es nicht notwendig, sie regelmäßig jedes Jahr nachzuschneiden.

Die wichtigsten Apfelbaumformen und geeignete Sorten

FREI STEHENDER BAUM

Er benötigt keine Stütze für seine Äste. Sein Stamm ist mehr oder weniger hoch: 1,80 bis 2 m beim **Hochstamm**; 1,20 bis 1,50 m beim **Halbstamm**; 0,30 bis 0,70 m beim **Viertelstamm**. Diese Baumformen eignen sich vor allem bei sehr stark wachsenden Sorten wie ›Melrose‹, ›Schöner aus Boskoop‹ oder ›Kanadische Renette‹.

Der **Buschbaum** mit einem 30 bis 50 cm kurzen Stamm ist ebenfalls ein frei stehender Baum, der durch das Veredeln auf einer schwach wachsenden Unterlage entstanden ist; anders als die anderen Formen frei stehender Apfelbäume benötigt diese einen regelmäßigen Fruchtholzschnitt.

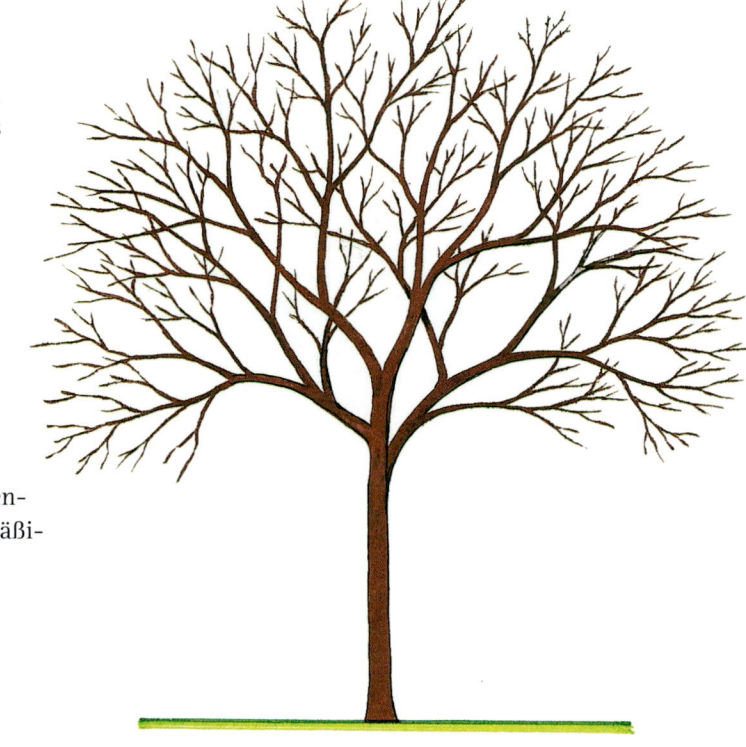

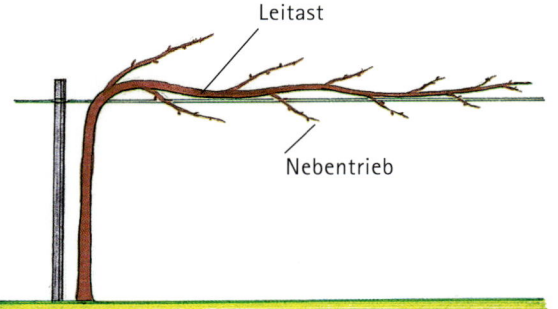

Leitast

Nebentrieb

EINSEITIG ODER DOPPELT WAAGERECHT GEZOGENER KORDON

Der Haupttrieb des Apfelbaums wird in 40 bis 80 cm Höhe über dem Boden im rechten Winkel gebogen. Zwei Haupttriebe werden in entgegengesetzte Richtungen gebogen, sodass der Baum die Form eines T erhält. Diese Spalierform eignet sich für mittel bis schwach wachsende Sorten wie ›Königin der Renetten‹, ›Renette von Mans‹ oder ›Royal Gala‹.

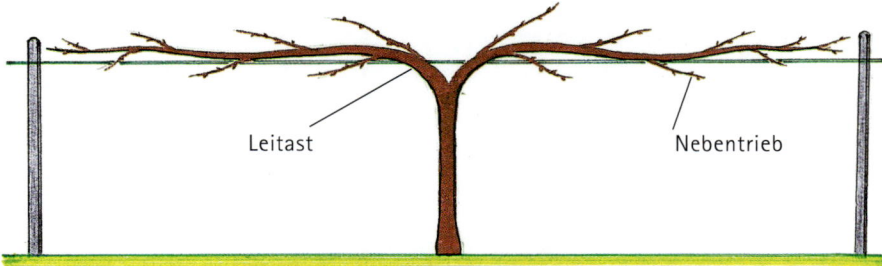

Leitast

Nebentrieb

KLEINER SPALIERBAUM

Die einfache U-Form ist die gebräuchlichste Spalierbaumform. Sie eignet sich für Sorten mit schwacher bis mittlerer Wuchskraft, wie ›Königin der Renetten‹, ›Renette von Mans‹ oder ›Royal Gala‹. Der Baum besitzt zwei auf völlig gleiche Weise geschnittene Leitäste.

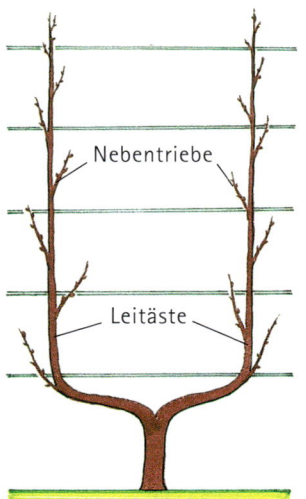

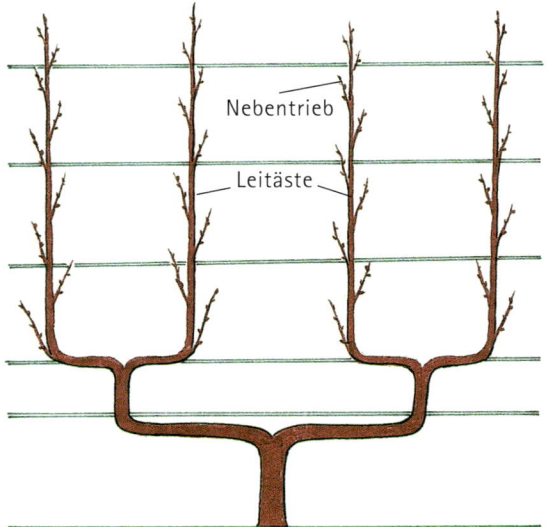

GROSSER SPALIERBAUM

Die **doppelte U-Form** besteht aus zwei kurzen Leitästen, die sich nahe dem Ansatz gabeln. Sie trägt vier gleich starke Leitäste und eignet sich für Sorten von schwacher bis mittlerer Wuchskraft wie ›Königin der Renetten‹, ›Renette von Mans‹ oder ›Royal Gala‹.

Verrier-Palmette: Auch diese Form besteht aus vier Leitästen, die symmetrisch angeordnet sind. Sie eignet sich für Sorten von schwacher bis mittlerer Wuchskraft, wie z. B. ›Königin der Renetten‹, ›Renette von Mans‹ oder ›Royal Gala‹.

Es gibt auch Spalierformen, bei denen die Äste längs des Haupttriebs im 45° Winkel fischgrätenartig nach oben gebogen sind, und, allerdings noch seltener, Spalierformen mit waagerecht zur Achse des Haupttriebs gebogenen Ästen, die jedoch schwieriger instand zu halten sind.

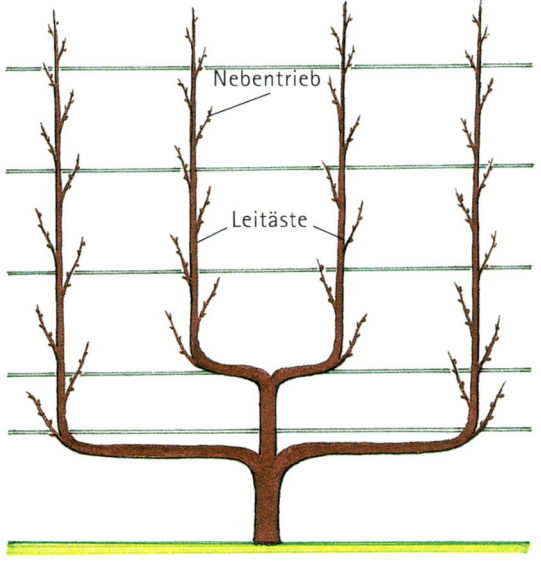

Wann und wie schneiden
Ein Apfelspalier

Als Spalier nehmen Apfelbäume im Garten wenig Platz weg, da sie entlang einer Mauer stehen oder in der Form von Schnurbäumen als Abgrenzung dienen. Spalierformen haben auch den Vorteil, dass man sie leicht abernten und ebenso leicht pflegen (schneiden, behandeln usw.) kann. Um jedes Jahr eine zufriedenstellende Ernte zu liefern, benötigen die Bäume einen regelmäßigen, alljährlichen Schnitt.

Beim Einpflanzen

Es ist nicht einfach, einen jungen Apfelschössling zu einem Spalierbaum zu erziehen, aber zum Glück findet man inzwischen im Handel fertig ausgebildete zweijährige und ältere Spalierbäume verschiedener Sorten, bei denen ein leichter Pflanzschnitt genügt.

SCHNURBÄUME

Schneiden Sie den Leitast oder die Leitäste zwischen November und März auf 20 cm Länge (ab der Biegung gemessen) zurück.

Schneiden Sie immer über einer Knospe, die zum Boden gerichtet ist. Entfernen Sie auf jeder Seite des Kordons das erste Auge. Kappen Sie die Wurzelspitzen, wenn Sie den Baum ohne Ballen gekauft haben.

Vor dem Einpflanzen von Spalierbäumen in U-Form, doppelter U-Form oder von Verrier-Palmetten wird das Gerüst aus waagerecht gezogenen Drähten aufgebaut. Der Abstand zwischen den Drähten sollte jeweils 50 cm betragen, die Höhe des Gerüsts der gewünschten Endhöhe des Spaliers entsprechen. Die Drähte werden für frei stehende Spaliere zwischen Pfosten gespannt bzw. für Wandspaliere an Wandhalterungen befestigt. An den Drähten werden dann in Abständen von 30 cm Spalierlatten befestigt.

SPALIER IN U-FORM

Schneiden Sie zwischen November und März die Enden der Leitäste um 25 bis 30 cm so zurück, dass sie beide gleich lang sind. Schneiden Sie oberhalb einer Knospe, die Ihnen oder, wenn nicht vorhanden, der Seite zugewandt ist.

Die doppelte U-Form wird auf gleiche Weise zurückgeschnitten, sodass die beiden U genau gleich sind.

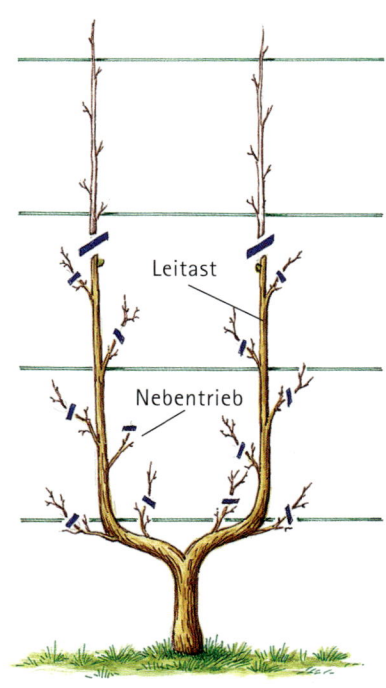

Leitast

Nebentrieb

Wo entstehen die Früchte?

- **Die Leitäste** sind die dicksten Äste des Baumes. Sie geben ihm seine Form und tragen keine Früchte.

- Der Baum bildet seine Früchte zuerst im unteren Bereich, auf kurzen Ästen von geringerem Durchmesser, die aus den Leitästen wachsen: **den Nebentrieben**.

- Der Schnitt soll zunächst bewirken, dass der Baum zur Bildung dieser Nebentriebe angeregt wird (es sollten ungefähr 20 je Meter des Leitasts entstehen) und dass diese Blüten und später Früchte tragen. Die Nebentriebe sollten möglichst kurz sein.

- Wenn der Nebentrieb alt geworden ist (nach etwa fünf Jahren), bildet er keine Früchte mehr. Deshalb soll der Schnitt die stetige Neubildung von Nebentrieben fördern.

Verlängerung

In diesem Bereich werden Nebentriebe hervorgebracht (der Schnitt soll die Verzweigung anregen)

In diesem Bereich werden Nebentriebe zu Fruchtholz (der Schnitt soll die Blütenbildung anregen)

In diesem Bereich soll der Baum Früchte tragen

Nebentriebe

Leitast

Stamm

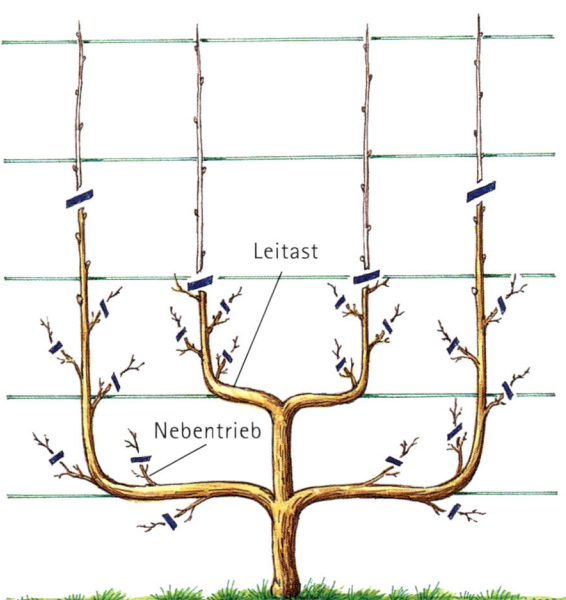

Leitast

Nebentrieb

VERRIER-PALMETTE

Kürzen Sie die Enden der Leitäste zwischen November und März um jeweils 20 bis 30 cm. Schneiden Sie dabei immer über einer Knospe, die Ihnen zugewandt oder, falls nicht vorhanden, zur Seite gerichtet ist. Schneiden Sie die beiden mittleren Äste, die dazu neigen, stärker zu werden, etwas kürzer.

Was man wissen sollte, bevor man mit dem Schnitt beginnt

Ein nach außen gerichteter Nebentrieb erhält immer mehr Licht und mehr Luft als ein Trieb, der zum Inneren des Baumes hin gerichtet ist. Der äußere Zweig trägt besser entwickelte Früchte, weil er mehr Sonnenlicht bekommt.

DER FRUCHTHOLZSCHNITT: DIE WICHTIGSTEN REGELN

Man schneidet einen Spalierbaum aus, damit er sich in ausgewogener Weise entwickelt und in zufriedenstellendem Umfang Blüten und Früchte hervorbringt. Dabei geht es darum, Holztriebe auszuwählen (Zweige ohne Blütenknospen) und sie durch den Schnitt anzuregen, Blüten und Früchte zu entwickeln.

Welche Form der jeweilige Apfelbaum auch haben soll: Die Regeln für den Fruchtholzschnitt bleiben immer die gleichen. Beginnen Sie mit dem Kürzen der Leitäste, wobei Sie immer oberhalb einer Ihnen zugewandten Knospe (Auge) schneiden sollten oder, falls nicht anders möglich, oberhalb einer zur Seite gerichteten Knospe. Der Leitast sollte je nach Stärke des Baums jedes Jahr um 25 bis 30 cm länger werden. Anschließend kommen die Nebentriebe an die Reihe. Im Idealfall, den wir Ihnen hier vorstellen, dauert es drei Jahre, um einen Holztrieb in einen Zweig zu verwandeln, der Früchte trägt.

Im ersten Jahr

Kürzen Sie den Holztrieb über dem dritten Auge, das gut entwickelt und daher deutlich sichtbar ist.

Spross

Drittes gut ausgebildetes Auge

Im zweiten Jahr

Der Zweig hat sich weiter entwickelt: Das Auge an seinem Ende hat einen sterilen Zweig ausgetrieben (Holztrieb); das Auge genau darunter einen Spross, das unterste nicht. Daher bezeichnet man es als schlafendes Auge.

Trennen Sie den sterilen Zweig (Holztrieb) über dem zweiten gut ausgebildeten Auge (vom Ansatz aus gezählt) ab.

Holztrieb

Erstes gut ausgebildetes Auge

Schlafendes Auge

Spross

Im dritten Jahr

Das äußerste Auge hat einen sterilen Zweig ausgetrieben (Holztrieb); aus dem Spross ist eine Blütenknospe geworden; das schlafende Auge hat sich in einen Spross verwandelt.

Schneiden Sie den Zweig über der Blütenknospe ab.

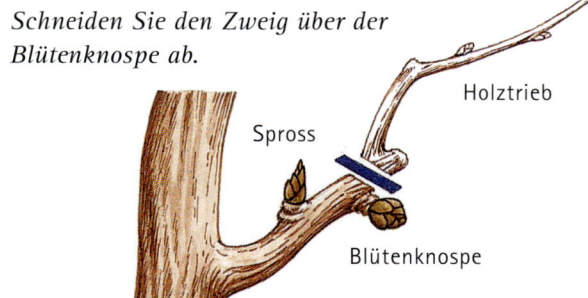

Holztrieb

Spross

Blütenknospe

Der richtige Zeitpunkt für den Schnitt

Der Fruchtholzschnitt wird im Winter, also zwischen Dezember und März, jedoch außerhalb der Frostperioden durchgeführt, wenn die Bäume eine Ruhephase durchmachen. Wenn Sie Bäume gegen Ende des Winters ausschneiden – im Februar oder März – können Sie die Knospen, aus denen Holztriebe wachsen werden, leicht von den wesentlich dickeren Blütenknospen unterscheiden.

Im vierten Jahr

Im vorhergehenden Sommer hat die Blütenknospe eine Frucht gebildet und sich am Ansatz zu einem Fruchtkuchen verdickt. Aus dem Spross wurde eine Blütenknospe.

Trennen Sie den darüber befindlichen Ast ab.

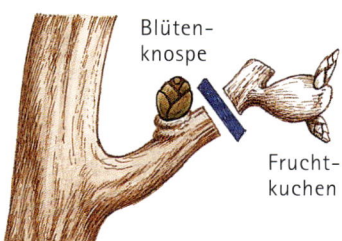

Blüten-
knospe

Frucht-
kuchen

Im folgenden Jahr

Nachdem die Blütenknospe eine Frucht produziert hat, wird aus ihrem Stiel ein Fruchtkuchen; diesen Nebentrieb braucht man nicht zu entfernen.

Jedes Jahr werden sich nun neue Fruchtkuchen bilden, die fruchtbare Sprosse oder Blütenknospen tragen. Nach fünf Jahren muss dieser Nebentrieb entfernt werden, weil er dann keine Früchte mehr trägt. Ein schlafendes Auge an seinem Ansatz kann jedoch an seine Stelle treten und eine neue Verzweigung austreiben.

Frucht-
kuchen

Bestimmung der Zweige eines Apfelbaums

Apfelbäume haben fruchtbare Zweige, die Früchte tragen, und andere Zweige, die für das Wachstum des Baumes zuständig sind: die sterilen Zweige. Der Schnitt soll für ein Gleichgewicht zwischen diesen beiden Typen von Zweigen sorgen.

DIE STERILEN ZWEIGE

Die Holztriebe wachsen im Jahr um 25 bis 60 cm und haben an den Seiten und der Spitze schlanke, spitz zulaufende Knospen **(Triebknospen)**, aus denen sich weitere Zweige entwickeln werden. Durch einen geeigneten Schnitt lassen Sie sich in fruchtbare Knospen verwandeln. Sehr kräftige Triebe, die in einem Jahr 1 m lang werden können, nennt man **Wasserschosse**. Einen sehr zierlichen, zwischen 15 und 20 cm langen Trieb bezeichnet man als **Reis**.

DIE FRUCHTBAREN ZWEIGE

Die **Blütenknospen** sind Knospen, die, wie der Name schon sagt, blühen und Früchte hervorbringen werden. Sie sind rundlich bis kugelig angeschwollen und vorne etwas spitz zulaufend. Die Blütenblätter werden von sechs oder mehr schützenden Hüllblättern umgeben. Alle Zweige, die Blütenknospen tragen, werden vom Schnitt verschont.

Auch ein Reis kann an seinem Ende eine Blütenknospe tragen; man bezeichnet es dann als **Ringelspieß**.

Der **Fruchtkuchen** ist eine Verdickung am Zweig, die sich nach der Ernte an der Narbe des entfernten Fruchtstiels bildet. An ihr befinden sich Ansätze, die fruchtbar werden können, wie Ringelspieße oder Sprosse, und häufig auch Blütenknospen.

Der **Spross** ist spitz, am Ansatz ziemlich breit und wird von einer Rosette von zwei oder drei Blättern umgeben. Seine Entwicklung hängt von der Art des Schnitts ab: Er kann sich zur Blütenknospe entwickeln oder einen Holztrieb hervorbringen.

Schließlich gibt es auch Augen oder Knospen, aus denen nichts austreibt. Man bezeichnet sie als **schlafende Augen**. Ein geeigneter Schnitt kann sie zum Austreiben eines Sprosses, Holztriebs oder einer Blütenknospe anregen.

DER FRUCHTHOLZSCHNITT: EINIGE SONDERFÄLLE

Auch Apfelbäume haben manchmal ihre Launen, und es kann durchaus vorkommen, dass sich eine sorgfältig ausgeschnittene Krone nicht so entwickelt wie gewünscht. Oder aber Ihnen sind bei der Bestimmung der Knospen, die Sie im vorangegangenen Jahr vor dem Schnitt vorgenommen haben, Fehler unterlaufen. Hier zeigen wir die am häufigsten vorkommenden Sonderfälle und welche Schnittmaßnahmen sie erfordern.

Der Nebentrieb wächst schwach

SCHNEIDEN SIE NICHT ...

Der Nebentrieb endet mit einer Blütenknospe. Ohne Eingriff wird sich eine Knospe dieses Nebentriebs im folgenden Jahr in einen Spross und dann in eine Blütenknospe verwandeln. Die Fruchtbildung ist gewährleistet. ▶

Blüten-
knospe

Schlafen-
des Auge

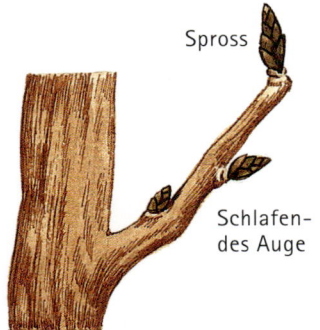

Spross

Schlafen-
des Auge

▲ *Am Ende des Nebentriebs sitzt ein Spross. Aus ihm wird sich im folgenden Jahr eine Blütenknospe entwickeln, und aus einem der schlafenden Augen wird ein Spross.*

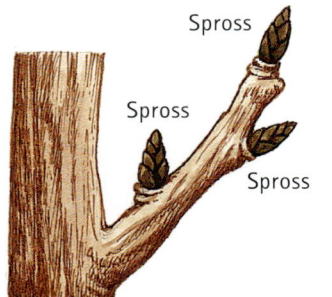

Spross

Spross

Spross

◀ *Es gibt zwei Sprosse: Einer sitzt am Zweigende und der andere darunter. Sie werden sich von alleine zu Blütenknospen entwickeln. Das Gleiche geschieht, wenn sich auf dem Zweig drei Sprosse befinden.*

Die richtige Länge

Wenn sich die Nebentriebe, die man für die Fruchterzeugung ausgewählt hat, als sehr schwach herausstellen, ist es ratsam, sie noch einmal zu kürzen, und zwar über dem zweiten gut sichtbaren Auge.

Wenn sie dagegen zu kräftig werden, sollte man sie weniger stark kürzen und jeweils vier oder fünf Augen am Baum lassen, da sich sonst alle Augen in Triebknospen verwandeln.

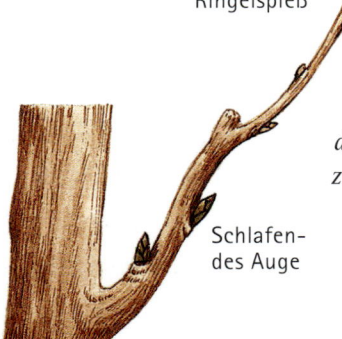

Ringelspieß

Schlafen-
des Auge

Der äußere Zweig endet mit einer ***Blütenknospe:*** *Darunter werden sich zwei Sprosse bilden.* ▶

◀ *Das dünne Reis am Ende des Nebentriebs endet in einer Blütenknospe: Es ist ein* ***Ringelspieß.*** *Die beiden schlafenden Augen nahe dem Ansatz des Reises werden sich zu Sprossen entwickeln.*

Blüten-
knospe

Spross

Der Nebentrieb trägt drei Holztriebe

IM ERSTEN JAHR

Entfernen Sie die beiden Zweige, die vom Leitast aus gesehen am weitesten außen sitzen, und kappen Sie den dritten Zweig oberhalb des fünften sichtbaren Auges.

Holztriebe

Holztriebe

IM ZWEITEN JAHR

Aus den drei oberen Knospen haben sich drei Holztriebe entwickelt. Entfernen Sie die beiden oberen Zweige und schneiden Sie den dritten oberhalb des dritten gut sichtbaren Auges ab. Darunter haben sich zwei Sprosse entwickelt.

Holztriebe

Sprosse

Holztriebe

Spross

Blüten-
knospe

IM DRITTEN JAHR

Der weiter außen liegende Spross ist zu einer Blütenknospe geworden. Schneiden Sie den Zweig darüber ab; die Knospe wird blühen und sich zu einer Frucht entwickeln.

Sicherheit beim Schneiden

Wenn Sie einen Ast absägen, sollten Sie ihn zuerst an der Unterseite mit der Säge einige Millimeter tief einschneiden. Sägen Sie dann lotrecht über dieser Stelle an der Oberseite des Asts. Auf diese Weise wird der Ast nicht durch sein eigenes Gewicht abbrechen. Glätten Sie die Schnittfläche anschließend sorgfältig mit der Hippe.

- Desinfizieren Sie Ihre Geräte mit Spiritus, bevor Sie von einem Baum zum nächsten übergehen.
- Lassen Sie schwere Äste nicht einfach zu Boden stürzen. Schlingen Sie ein Seil um den Ast, bevor Sie ihn absägen, und lassen sie ihn danach vorsichtig herunter.
- Wenn Sie bei der Arbeit auf eine Leiter steigen müssen, sollten Sie vorher ihre Standfestigkeit überprüfen. Bitten Sie einen Helfer, die Leiter zu halten, wenn Sie auf ihr arbeiten. Lehnen Sie sie nicht gegen den Baum; verwenden Sie lieber eine Stützleiter.

Am Seitentrieb wachsen Sprosse und Holztriebe

Am Seitentrieb befinden sich zwei Sprosse und ein schwaches Reis. Schneiden Sie das Reis oberhalb des ersten gut sichtbaren Auges ab. Im folgenden Jahr wird sich mindestens einer der Sprosse zu einer Blütenknospe entwickeln, über der Sie den Zweig dann zum zweiten Mal einkürzen müssen. ▶

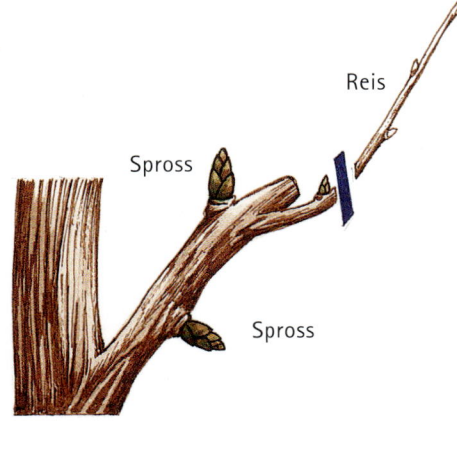

Der Nebentrieb endet in einem Reis und trägt darunter zwei Blütenknospen. Schneiden Sie oberhalb der äußersten Blütenknospe oder, wenn der Baum jung und schwachwüchsig ist, oberhalb der unteren Blütenknospe.

▼

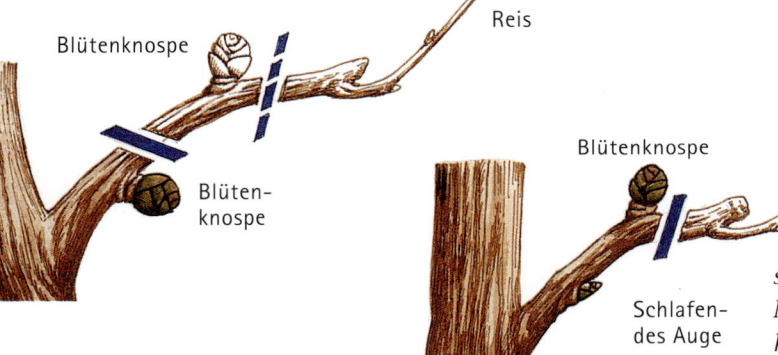

◀ *Der Neben- trieb trägt am Ende ein Reis, darunter eine Blütenknospe sowie einen weiteren Holztrieb oder ein schlafendes Auge. Kappen Sie den Nebentrieb oberhalb der Blüten- knospe. Schneiden Sie gegebenen- falls den unteren Holztrieb auf Astring, d. h. ungefähr 2 mm ober- halb der Ringe, die sich an seinem Ansatz zeigen.*

Der Nebentrieb trägt am Ende ein Reis (mit oder ohne Endknospe), einen Spross oder einen Holztrieb direkt darüber und unten eine Blütenknospe. Kürzen Sie ihn oberhalb der Blütenknospe.

▼ ▶

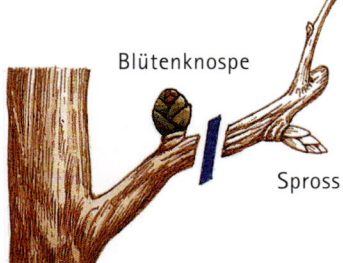

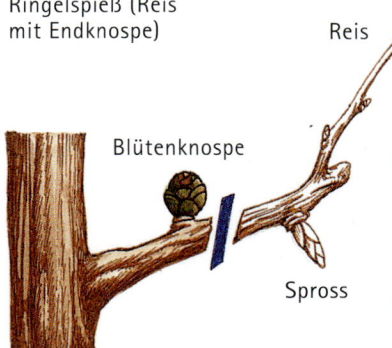

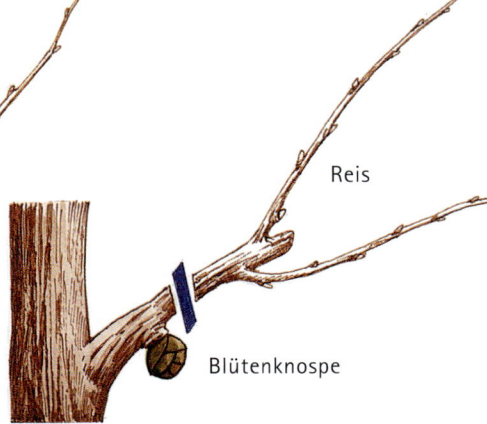

Der Nebentrieb trägt am Ende einen Holztrieb, darunter einen Spross und möglicherweise unten an seinem Ansatz einen schwachen Zweig. Dies ist der weiter oben in ›Die wichtigsten Regeln‹ beschriebene Idealfall. Nehmen Sie den Schnitt so vor, wie er für das zweite Jahr beschrieben ist (siehe Seite 166). Schneiden Sie das obere Reis über einem gut sichtbaren Auge ab und kürzen Sie den schwachen Zweig auf Astring ein. ▶

APFEL

Holztrieb

Reis

Spross

Ringelspieß

Holztrieb

Spross

◀

Der Nebentrieb trägt an seinem Ende einen Holztrieb und darunter einen Ringelspieß; am Ansatz sitzt ein Spross. Kürzen Sie den Ast oberhalb des Ringelspießes, sodass der Holztrieb entfernt wird. Aus dem Spross wird im folgenden Jahr eine Blütenknospe, und die Frucht wird auf diese Weise nahe bei den Leitästen gebildet.

Verjüngung eines alten Apfelbaums

Ein Baum, der lange nicht mehr ausgeschnitten worden ist, trägt zunehmend weniger Früchte. Er wächst unkontrolliert, und die kräftigen Zweige entwickeln sich auf Kosten der anderen.

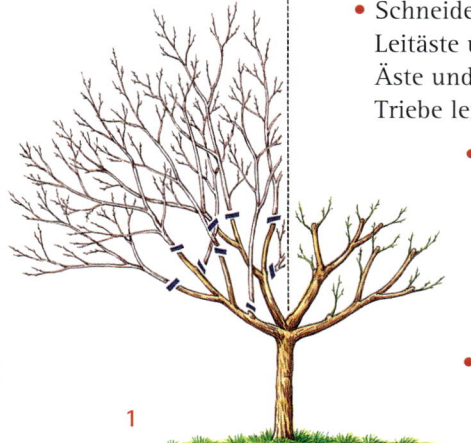

1

- Schneiden Sie bei **frei stehenden Apfelbäumen** (Zeichnung 1) im Herbst die Leitäste um die Hälfte zurück. Entfernen Sie alle ungünstig wachsenden Äste und das tote Holz. Schneiden Sie im folgenden Herbst die jungen Triebe leicht zurück, um dem Baum eine ausgewogene Form zu geben.

- Wählen Sie, ebenfalls im Herbst, bei **geschnittenen Formen** (z. B. bei Buschbäumen), die sechs stärksten und am besten platzierten Äste in Stammnähe aus. Schneiden Sie sie auf 20 bis 30 cm Länge zurück. Wiederholen Sie dies in den folgenden Jahren. Wählen Sie stets Äste aus, die Sie erhalten wollen. Berücksichtigen Sie dabei die ursprüngliche Baumform.

- Bei **Spalierbäumen** werden, ebenfalls im Herbst, lange Nebentriebe entweder auf Astring zurückgeschnitten, wenn sie am Ansatz keinen schwachen Zweig aufweisen (Zeichnung 2), oder

aber knapp über einer bestehenden Verzweigung (Zeichnung 3). Der verbleibende Zweig wird nun oberhalb des zweiten gut sichtbaren Auges gekürzt. Führen Sie diesen Rückschnitt am gesamten Baum durch, damit er sich gleichmäßig entwickeln kann.

2

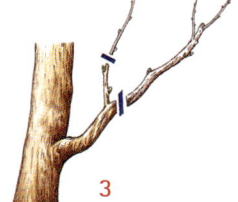

3

Der Nebentrieb ist gebogen

Ein gebogener Nebentrieb entwickelt von allein Blütenknospen. Die Augen am Scheitelpunkt der Biegung werden am besten mit Saft versorgt und treiben deshalb Holztriebe aus. Die übrigen, weniger gut ernährten Augen verwandeln sich in Sprosse oder Blütenknospen.

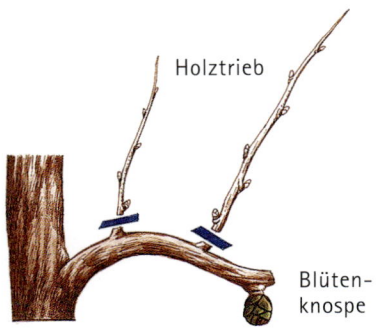

Holztrieb

Blüten-
knospe

Wenn sich die Endknospe zur Blütenknospe entwickelt, sollten Sie die Holztriebe, die sich oben gebildet haben, 1 oder 2 cm über ihrem Ansatz abschneiden. Lassen Sie einen Ringelspieß, falls vorhanden, stehen.

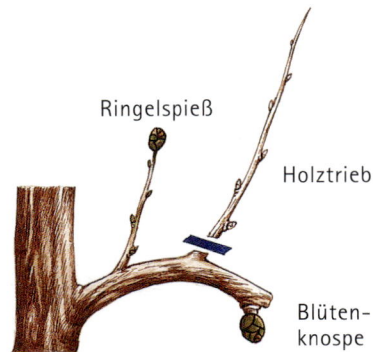

Ringelspieß

Holztrieb

Blüten-
knospe

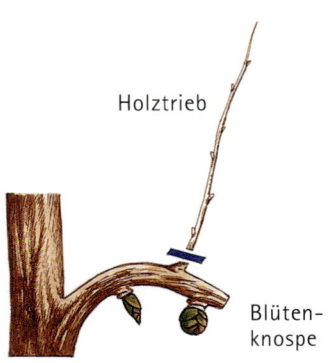

Holztrieb

Blüten-
knospe

Man sagt ›auf **Astring schneiden**‹, wenn man einen Zweig ungefähr 2 mm oberhalb der Ringe an seinem Ansatz abtrennt. An dieser Stelle befinden sich kaum sichtbare schlafende Augen. Durch diesen Schnitt werden sie angeregt schwache Zweige auszutreiben, die Früchte hervorbringen können.

Die **Verlängerung** ist der einjährige Trieb, der sich an den dickeren Ästen (den Leitästen) bildet, die der Krone ihre Form geben.

Die Scheitelpunktförderung

- Bei Schnurbäumen lässt sich das Wachstumsprinzip eines gebogenen Triebs für die Fruchtproduktion nutzen: Im März werden die langen Äste gebogen und an den waagerechten Leitästen, den Kordons, befestigt.

- Die Versorgung der verschiedenen Augen mit Baumsaft hängt von ihrer Position am Trieb ab. Je höher ein Auge sitzt, desto besser wird es ernährt und desto kräftiger wird es: Aus ihm wird sich ein Holztrieb entwickeln. Dagegen entsteht aus dem schwachen, weil schlecht ernährten, niedrig sitzenden Auge ein Spross oder eine Blütenknospe.

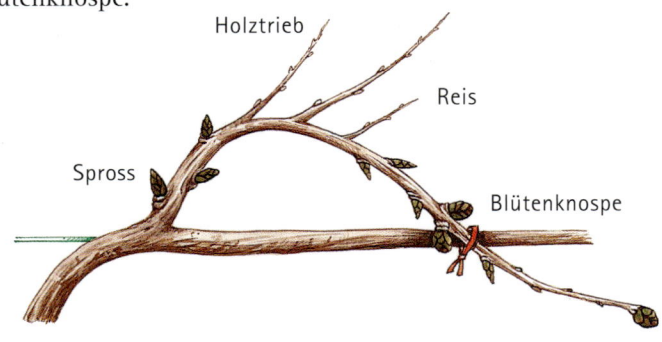

Holztrieb

Reis

Spross

Blütenknospe

- Auf diese Weise kann man Holztriebe ohne Schnitt in fruchtbare Zweige verwandeln. Solch ein gebogener Nebentrieb wird zwei Jahre hintereinander Früchte tragen. Danach muss man ihn am Ansatz abschneiden und durch andere Triebe ersetzen.

Wenn das Auge, das dem Ansatz am nächsten ist, zur Blütenknospe geworden ist, sollten Sie den Zweig knapp darüber einkürzen. Auf diese Weise entstehen die Früchte näher bei den Leitästen. ▼

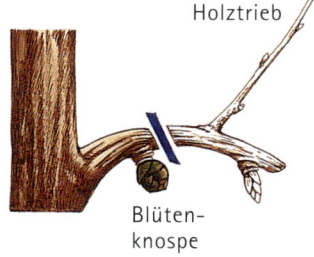

Holztrieb

Blütenknospe

Holztrieb

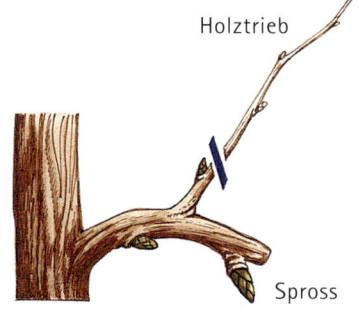

Spross

Wenn sich eines oder zwei Augen zu Sprossen entwickelt haben, sollten Sie den Holztrieb oberhalb des ersten gut sichtbaren Auges entfernen. Wenn auch ein Reis vorhanden ist, sollten Sie es auf Astring kürzen. ▼

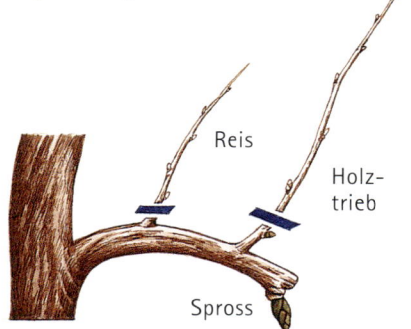

Reis

Holztrieb

Spross

Gepflegte Bäume dank Sommerschnitt

Um größere Früchte zu erhalten, kann man die Apfelbäume zusätzlich im Sommer schneiden. Der Sommerschnitt ist nicht zwingend nötig und ersetzt auch nicht den Schnitt im Februar oder März. Entfernen Sie beim Sommerschnitt zwischen Ende April und Anfang Mai alle Knospen, die sich auf der Seite der Wand oder des Rankgerüsts gebildet haben. Diesen Eingriff nennt man **Entknospung**.

1

2

3

- Kürzen Sie zwischen Mai und Mitte Juli alle sehr kräftigen Holztriebe oberhalb des fünften Blattes ein, vor allem die vier oder fünf höchsten, die unter den Verlängerungen der Leitäste wachsen und die länger als diese zu werden drohen. Diese Maßnahme bezeichnet man als **Einspitzen** (Zeichnung 1).

- Schneiden Sie die Zweige oberhalb einer Gruppe von Früchten über dem zweiten oder dritten Blatt ab (Zeichnung 2). Dadurch werden die Äpfel größer.

- Es ist ganz normal, dass ein Teil der Früchte einige Wochen, nachdem sie sich gebildet haben, abfällt. Dies ist ein natürlicher Vorgang, bei dem die schwächeren Früchte zugunsten der stärkeren abgestoßen werden. Unterstützen Sie bei kleinen Bäumen diese natürliche Auslese, indem sie von jeder Gruppe von Früchten die kleineren entfernen und nur einen oder zwei schöne Äpfel am Ast lassen (Zeichnung 3). Diesen Eingriff nennt man **Ausdünnen am Baum**.

Einführung in die Veredlung
Veredeln Sie Apfelbäume durch Okulation

Warum veredeln?

In unseren Gärten wird nur eine kleine Auswahl von Sorten gehalten. Durch Veredlung können Sie alte, in Vergessenheit geratene Sorten kennen lernen, die wohlschmeckende Früchte tragen, aber im Handel nicht erhältlich sind.

Wann veredeln?

Im August bis September.

Womit veredeln?

Mit einem Auge der gewünschten Art, das man zusammen mit einem Rindenstück überträgt (Edelauge).

Welche Unterlage?

Ein zweijähriger, im vorangegangenen Herbst oder Winter gepflanzter Apfelbaum (s. Kasten ›Die Auswahl der Unterlage‹.).

Die Auswahl der Unterlage

Bei der Veredlung eines Apfelbaums können Sie zwischen verschiedenen Unterlagen wählen, je nachdem, ob Sie einen langlebigen Baum wollen – Bäume mancher Sorten werden bis zu 100 Jahre alt – oder einen Baum, der früh Früchte trägt oder der klein ist.

Unterlage	Wuchsstärke	Boden	Form	Erste Ernte (*)
MM 106	Mittelstark	Tief, reich und leicht	Buschbaum und große Spalierformen	Früh
M 26	Schwach	Reich und leicht	Spalier und Schnurbaum	Sehr früh
M 9	Schwach	Reich, leicht und im Sommer etwas feucht	Schnurbaum und kleine Spalierformen	Sehr früh
Pajam 1	Schwach	Reich, leicht und im Sommer etwas feucht	Schnurbaum und kleine Spalierformen	Sehr früh
M 27	Sehr schwach	Reich und leicht	Spindel und Kübelpflanze	Sehr früh

(*) Die erste richtige Ernte ist bei kleinen Formen (auf Unterlagen von schwacher bis mittlerer Wuchskraft) drei bis vier Jahre nach der Veredlung zu erwarten, bei frei stehenden Baumformen nach fünf bis sechs Jahren.

1

DAS EDELAUGE

Schneiden Sie im Juli bis August einen jungen, bereits verholzenden Zweig von der ausgewählten Mutterpflanze. Er sollte gut sichtbare Knospen tragen. Schneiden Sie sofort alle Blätter oberhalb der Blattstiele ab. Versehen Sie den Zweig mit einem Etikett und wickeln Sie ihn bis zur Veredlung (nach spätestens zwei bis drei Tagen) in ein feuchtes Tuch.

Entnehmen Sie von der Mitte des Zweiges ein Auge zusammen mit dem darüber befindlichen Blattstiel und einem Stück Rinde. Ritzen Sie dazu die Rinde mit dem Okuliermesser jeweils 1 cm ober- und unterhalb des Auges ein. Schieben Sie die leicht schräg gehaltene Klinge nun an der oberen Markierung unter die Rinde.

Schneiden Sie mit einem glatten Schnitt bis zur zweiten Markierung. Wichtig ist dabei, dass Sie Auge und Rinde mit einem einzigen Schnitt abtrennen, damit keine Holzsplitter daran hängen bleiben. Sollte dies aber dennoch der Fall sein, müssen Sie diese vorsichtig mit dem Messer entfernen. Trennen Sie das Edelauge erst unmittelbar vor der Veredlung heraus.

2

DIE UNTERLAGE

3

Wählen Sie als Unterlage ein gut entwickeltes zweijähriges Bäumchen. Entfernen Sie am Fuß des Stamms Erde und Staub von der Rinde und schneiden Sie diese dann in ungefähr 10 cm über dem Boden in T-Form ein.

Dabei sollte der waagerechte Balken des T 2 cm lang sein, der senkrechte 3 bis 4 cm. Lösen Sie mit dem Spatel des Okuliermessers die Rinde entlang der Schnittkanten vom Holz.

DIE VERBINDUNG

Halten Sie das Rindenstück mit dem Edelauge am nach oben gerichteten Blattstiel und schieben Sie es unter die Rinde, bis sich das Auge auf der Mitte des senkrechten Schnitts befindet. Schneiden Sie das Rindenstück auf Höhe des waagerechten Schnitts ab, wenn es darüber hinausragt.

Umwickeln Sie die Veredlungsstelle anschließend nicht allzu straff mit Bast; lassen sie aber das Auge frei.

4

Erst im Frühjahr zeigt sich, ob die Veredlung gelungen ist, da das Edelauge zwar bald anwächst, aber den Herbst und Winter über ruht. Schneiden Sie nun die Unterlage entsprechend dem Wachstum des jungen Veredlungstriebs zuerst auf ein Drittel ihrer Länge, dann um die Hälfte, schließlich ganz zurück (bis knapp über der Veredlungsstelle). Stützen Sie den Trieb ab, damit er schön senkrecht wächst.

Nerium oleander

Oleander

Nur in südlichen Ländern kann man den Oleander das ganze Jahr über im Freien lassen. In nördlichen Breiten ist er eine beliebte Kübelpflanze. Er verträgt alle Böden gut, auch nährstoffarme, ebenso sonnige Standorte. Beim alljährlichen Ausschneiden beschränkt man sich darauf, welke Blüten zu entfernen.

Blätter: immergrün
Höhe: 2 bis 3 m
Form: Strauch
Blüte: Juni bis Oktober
Wann schneiden?
- Im Oktober, nach der Blüte
- Im März zur Verjüngung

Warum schneiden?
- Um verwelkte Blüten zu entfernen
- Um ältere Oleander zu vermehrter Blütenbildung anzuregen

Wann und wie schneiden

Beim Einpflanzen

Schneiden Sie zwischen November und März den Haupttrieb über der dritten Blattrosette, damit sich die Pflanze im unteren Bereich verzweigt.

> Vorsicht: Alle Teile der Pflanze enthalten das sehr giftige Oleandrin!

Ein Jahr später

Kürzen Sie im März die obersten Zweige über der dritten Blattrosette, um die Bildung zahlreicher blütentragender Zweige anzuregen. Lassen Sie die unteren Äste etwas länger und schneiden Sie oberhalb der vierten Rosette ab.

Jedes Jahr

Entfernen Sie im Oktober nach der Blüteperiode welke Blüten. Kappen Sie die Äste immer oberhalb einer neuen Verzweigung oder einer Blätterrosette, damit der Strauch eine harmonische und kompakte Form entwickelt und bewahrt.

Vorher · Nachher

Verjüngung eines Oleanders

Wenn Ihr Oleander unten kahl wird oder Frostschäden erlitten hat, kann er durch kräftiges Zurückschneiden dazu gebracht werden, an der Basis junge Zweige auszutreiben.

- Grundsätzlich empfiehlt es sich, diese Maßnahme regelmäßig alle drei bis vier Jahre durchzuführen.

- Schneiden Sie die Zweige im Mai so weit wie möglich zurück; setzen Sie die Schere knapp oberhalb junger Zweige an, die im Sommer des Vorjahres ausgetrieben haben.

Vorher · Nachher

Schneiden Sie die mittleren Äste des Strauches immer kürzer als die äußeren, damit Ihr Oleander eine ausgewogene Form entwickelt und bewahrt.

Bei Blütenpflanzen ist es unerlässlich, die verwelkten Blüten zu entfernen, weil diese sonst Früchte bilden, die keinen Nutzen haben und den Strauch nur Kräfte kosten.

Paeonia suffruticosa

Strauchpäonie/Strauchpfingstrose

Die Strauchpäonie benötigt einen guten, nährstoffreichen Boden und einen Standort im Halbschatten. Beim Schnitt beschränkt man sich darauf, verwelkte Blüten zu entfernen, da der Strauch nur langsam wächst.

 ## Wann und wie schneiden

Jedes Jahr

Kürzen Sie im Mai, nach der Blüte, die Astenden, an denen sich verwelkte Blüten befinden. Schneiden Sie dabei immer einige Zentimeter oberhalb eines Blattes oder einer gut ausgebildeten, d.h. sichtbaren Knospe.

Diese Knospe sollte nach außen zeigen, sodass der Zweig, der sich aus ihr entwickelt, nach außen wächst und die Pflanze voller erscheinen lässt, anstatt nach innen zu treiben und der Strauchmitte Licht wegzunehmen.

> Pflanzen Sie Strauchpäonien nicht zu tief ein; die Veredlungsstelle sollte sich nur wenige Zentimeter unter der Erdoberfläche befinden.

Blätter: sommergrün
Höhe: 1 bis 1,50 m
Form: Strauch
Blüte: Mai bis Juni
Wann schneiden?
• Im Juni, nach der Blüte
Warum schneiden?
• Um die Blütenbildung anzuregen

> Päonien können manchmal sehr empfindlich sein. Wenn Sie merken, dass Ihre Päonie dort, wo Sie sie eingepflanzt haben, nicht gut wächst, können Sie sie – aber bitte nur einmal! – an eine geeignetere Stelle umpflanzen.

Verjüngung einer Strauchpäonie

Wenn Ihre Päonie älter wird, verkahlt sie und trägt weniger Blüten. Ein gründlicher Rückschnitt kann ihr zu neuen Kräften verhelfen.

- Schneiden Sie im Mai, nach der Blüte, alle Zweige in 30 bis 40 cm Höhe über dem Boden ab – immer oberhalb einer gut sichtbaren Knospe oder einem Astring. Auf diese Weise können Sie sicher gehen, dass ein junger Zweig, der sich aus dieser Knospe oder diesem Astring entwickelt, den Ast ersetzen wird, den Sie zurückgeschnitten haben.

Strauchpäonien vertragen keinen Pflanzschnitt. Lassen Sie den Strauch seine natürliche Form entwickeln. Blüten trägt er erst im dritten Jahr.

Veredeln Sie Ihre Strauchpäonie durch

Warum veredeln?

Wenn Sie von einer ganz bestimmten Strauchpäonie träumen, können Sie auf diese Weise am schnellsten eine gleichwertige Pflanze erhalten.

Wann veredeln?

Im September.

Womit veredeln?

Mit einem jungen Zweig, der zwei Knospen trägt (Edelreis).

Welche Unterlage?

Ein Stück des Wurzelstocks der *Paeonia herbacea*.

DAS EDELREIS

Entnehmen Sie im September von der ausgewählten Mutterpflanze einen gesunden Zweig. Trennen Sie davon einen Abschnitt mit zwei Knospen ab.

1

Schneiden Sie das Reis unterhalb der ersten Knospe spitz zu, sodass eine senkrechte Kante entsteht, und lassen Sie den restlichen unteren Teil gerundet.

2

DIE UNTERLAGE

Entnehmen Sie Ende September ein Stück des Wurzelstocks der Paeonia herbacea, *die als Unterlage dienen soll. Damit es neue Wurzeln bildet, pflanzen sie es an einem geschützten, warmen Standort senkrecht in gewöhnliche Gartenerde ein.*

Sobald das Wachstum der Unterlage einsetzt, reinigen Sie das über dem Boden befindliche Ende mit einem feuchten Tuch, um Erde und Staub zu entfernen. Schneiden Sie dann einen spaltförmigen Keil aus der Unterlage, dessen Breite der Stärke des Edelreises entspricht.

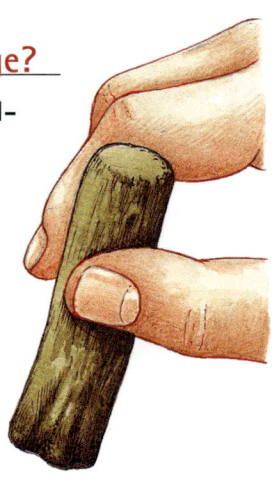

3

Geißfußpfropfen

4

Geißfußpfropfung

Man wendet diese Veredlungsmethode an, wenn der Durchmesser des Edelreises wesentlich geringer ist als der der Unterlage. Sie verlangt sehr viel Fingerspitzengefühl, weil das Edelreis exakt in den Spalt passen muss, der in die Unterlage geschnitten wurde.

DIE VERBINDUNG

Schieben Sie das Edelreis so in den Spalt der Unterlage, dass die Rinden der beiden Teile engen Kontakt haben. Das Edelreis muss fest in dem Spalt stecken.

Die Veredlung ist gelungen, wenn das Edelreis zu wachsen beginnt und Blätter austreibt. Der Bast braucht nicht entfernt zu werden. Da die Unterlage nicht weiter wächst, kann er die Pflanze nicht einengen.

Umwickeln Sie die Veredlungsstelle mit Bast; der Bast sollte straff, aber nicht allzu straff anliegen. Bestreichen Sie die Stelle anschließend großzügig mit Baumwachs, aber sparen Sie die Knospe dabei sorgfältig aus.

5

Parthenocissus quinquefolia

Wilder Wein

Der Wilde Wein (auch: Fünfblättrige Jungfernrebe) besitzt große Wuchskraft; am besten gedeiht er in nährstoffreichen, tiefen und feuchten Böden, aber er nimmt auch mit jeder anderen Gartenerde vorlieb. Sonne verträgt er ebenso gut wie leichten Halbschatten. Der Schnitt dient nur dazu, zu verhindern, dass er sich allzu stark ausbreitet.

 ## Wann und wie schneiden

Beim Einpflanzen

Beschränken Sie sich zwischen November und März darauf, die Enden der schwächeren Ranken um einige Zentimeter zu kürzen.

Entfernen Sie bei der neu gekauften Pflanze die Stütze und befestigen Sie die Ranken an ihrem neuen Gerüst, an dem sie sich später aus eigener Kraft festhalten.

> Verfahren Sie ebenso mit der Scheinrebe *(Ampelopsis brevipedunculata)*, die sich im Herbst mit dunkelblauen (nicht essbaren) Früchten schmückt.

> **Blätter:** sommergrün
> **Höhe:** 10 bis 15 m
> **Form:** Kletterstrauch
> **Wann schneiden?**
> • Zwischen Mai und September
> **Warum schneiden?**
> • Um das Wachstum zu begrenzen

> Jungfernreben, die meist der Art *Parthenocissus* angehören, heften sich mit Haftscheiben an Mauern. An intakten Wänden können Sie keinen Schaden verursachen. Lassen Sie sie aber nicht bis aufs Dach wachsen, weil sich die Ranken zwischen die Ziegel schieben und die Dachrinne überwuchern würden.

Jedes Jahr

Kürzen Sie zwischen Mai und September übermäßig gewachsene Ranken, schneiden Sie aber nicht zu kurz, denn alte Äste treiben nur selten neue Zweige aus.

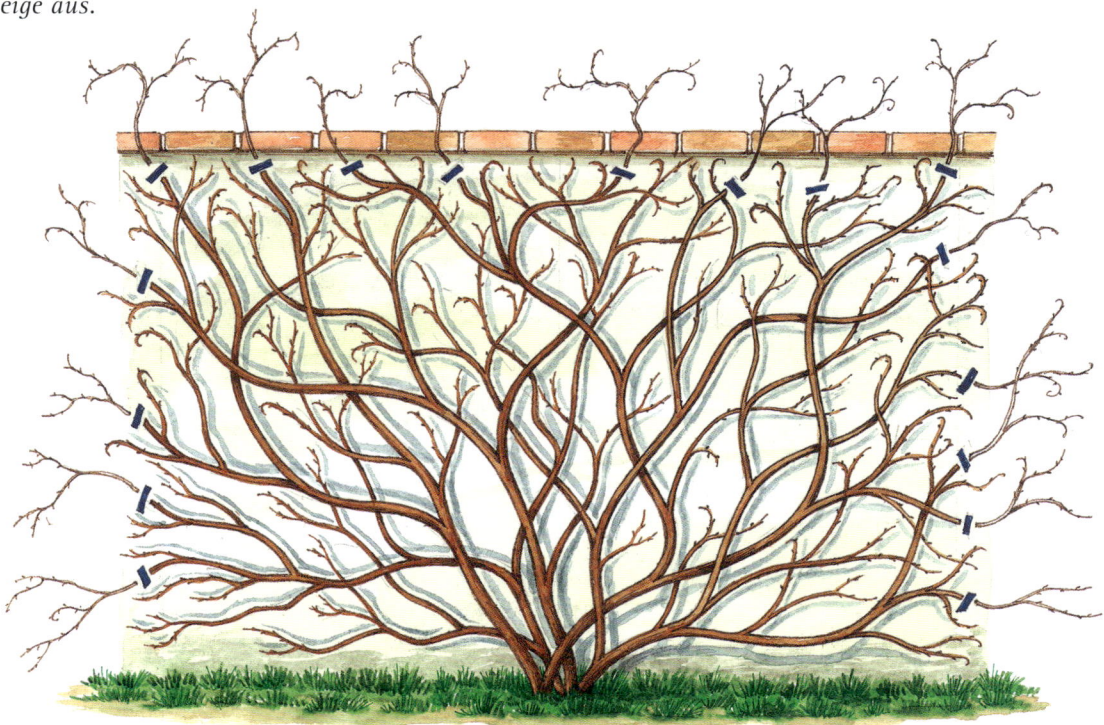

Lösen Sie den Wilden Wein nicht von seinem Rankgerüst ab, wenn Sie ihn schneiden wollen, denn die Haftscheiben würden dadurch beschädigt und erst die neuen Haftscheiben junger Triebe wären in der Lage, der Pflanze wieder Halt zu geben.

Perovskia atriplicifolia
Perowskie oder Silberstrauch

Wenn die Perowskie in einem leichten, sandigen oder sogar steinigen, trockenen Boden und an einem sehr sonnigen Standort wächst, duften ihre wohlriechenden Blätter noch intensiver. Einen gründlichen Rückschnitt wird sie mit üppiger Blüten- bildung belohnen.

Wann und wie schneiden

Beim Einpflanzen

Kürzen Sie zwischen November und März die Äste um ein Drittel.

Wenn Sie den Strauch ohne Bal- len gekauft haben, können Sie die Wurzelspitzen um einige Zenti- meter zurückschneiden.

Ein Jahr später

Schneiden Sie im März alle Äste in einigen Zentimetern Höhe über dem Boden ab.

Blätter: sommergrün
Höhe: 1 bis 1,50 m
Form: Strauch
Blüte: August bis September
Wann schneiden?
• Im März
Warum schneiden?
• Um eine dichte Zweigbildung anzuregen

Jedes Jahr

Schneiden Sie im März alle Äste in einigen Zentimetern Höhe über dem Boden ab. Auf diese Weise regen Sie die Pflanze dazu an, zahlreiche junge Zweige auszutreiben. Die jungen Zweige bringen die Blüten hervor, und ihre Blätter leuchten in einem hellen, silbrigen Grau.

Vorher   Nachher

Schneiden Sie immer oberhalb von zwei gegenüberliegenden Knospen, die gut sichtbar, also gut entwickelt sind. Auf diese Weise können Sie sicher gehen, dass ein junger Zweig den ersetzen wird, den sie abgeschnitten haben.

Philadelphus coronarius

Pfeifenstrauch

Der Pfeifenstrauch, auch als Gartenjasmin bekannt, begnügt sich mit einem gewöhnlichen, gut drainierten Boden, der sogar trocken und kalkhaltig sein darf. Er bevorzugt sonnige oder halbschattige Standorte. Damit er eine üppige Blütenpracht hervorbringen kann, muss er regelmäßig zurückgeschnitten werden.

 ## Wann und wie schneiden

Beim Einpflanzen

Kürzen Sie zwischen November und März die Äste um zwei Drittel ihrer Länge, damit sich verstärkt Zweige bilden. Die Blüte wird in diesem Jahr dem Wachstum des jungen Strauches geopfert.

Kürzen Sie die Wurzelspitzen um einige Zentimeter, wenn Sie die Pflanze mit nackten Wurzeln erworben haben.

Schneiden Sie den Pfeifenstrauch dann vor seinem dritten Jahr in Ihrem Garten nicht mehr zurück.

Blätter: sommergrün
Höhe: 3 bis 5 m
Form: Strauch
Blüte: Mai bis Juni
Wann schneiden?
• Im Juni nach der Blüte
Warum schneiden?
• Um eine reiche Blütenproduktion anzuregen

Ab dem zweiten Jahr wird Ihr Pfeifenstrauch Sie mit seiner Blütenpracht erfreuen. Durch den Pflanzschnitt wurde er zu einer vielfältigen Verzweigung und zur Bildung kräftiger Äste angeregt.

Jedes Jahr

Schneiden Sie im Juni, nach der Blüte, die Äste, die Blüten getragen haben, oberhalb einer jungen Verzweigung ab. Entfernen Sie am Fuß die Hälfte der kräftigen Triebe, die nicht geblüht haben. Entfernen Sie alle schwachen, ungünstig platzierten oder abgestorbenen Äste, Zweige und Triebe.

Schneiden Sie alte Äste, die nur noch wenig Blüten hervorbringen, dicht über dem Boden ab.

Vorher   Nachher

Pfeifensträucher mit einfachen Blüten duften am intensivsten. Um eine etwas schattige Ecke des Gartens aufzulockern, eignet sich *Philadelphus coronarius* ›Aureus‹ am besten. Wählen Sie für einen kleinen Garten den schmal wachsenden ›Silver Showers‹.

Prunus armeniaca

Aprikose

Aprikosenbäume mögen keine lehmigen, kalten und feuchten Böden. Durch den Schnitt verlieren die Bäume viel Saft; trotzdem ist der Schnitt bei Spalierbäumen unerlässlich.

Blätter: sommergrün

Höhe: 6 bis 8 m

Formen: Halbstamm, Buschbaum, Viertelstamm, Fächerspalier

Blüte: März bis April

Fruchtreife: Juli bis August

Wann schneiden?

- Oktober/November (Halbstamm)
- Februar (Fächer)
- Wenn die Früchte sich gebildet haben (Fächer)
- Nach der Ernte (Fächer)

Warum schneiden?

- Um die Leitäste zu kräftigen
- Damit die Früchte näher der Kronenmitte gebildet werden

Wann und wie schneiden
Frei stehende Bäume

Aprikosenbäume tragen ihre Früchte an den nicht allzu kräftigen einjährigen Zweigen. Man muss frei stehende Aprikosenbäume von Zeit zu Zeit ausschneiden, um den Wuchs dieser jungen Zweige anzuregen; außerdem kürzt man das Fruchtholz, damit der Baum seine Früchte näher an der Kronenmitte trägt.

Beim Einpflanzen

Zwischen November und März können Sie die Äste um 23 bis 30 cm kürzen. Wenn Sie den Baum ohne Ballen, also mit nackten Wurzeln gekauft haben, sollten sie diese ebenfalls um einige Zentimeter stutzen.

Alle drei bis vier Jahre

Zwischen Oktober und November werden die äußeren Verzweigungen um etwa 12 cm gekürzt. Auf diese Weise fördern Sie die Bildung von Verzweigungen an der Basis der Äste. Entfernen Sie alle Zweige, die nach innen wachsen, sowie krankes, beschädigtes oder totes Holz.

Die Wahl eines Aprikosenbaums

Sie können einen **frei stehenden Baum** kaufen, der ohne die Stütze eines Rankgerüsts wachsen kann. Je nach Höhe kann er verschiedene Formen haben:

- **Halbstamm** – der Stamm ist zwischen 1 und 1,20 m hoch; die Äste beginnen an der höchsten Stelle des Stamms und sind nach allen Richtungen hin gut entwickelt;

- **Buschbaum** oder **Viertelstamm** – der Stamm ist lediglich zwischen 40 und 60 cm hoch; am oberen Ende des Stamms verzweigen sich die Äste.

Dort wo im Frühjahr häufig noch Frost auftritt, empfiehlt es sich, Aprikosenbäume nur an geschützten Stellen und als **Fächerspalier** zu pflanzen, bei dem sich die Äste über einem etwa 30 cm kurzen Stamm verzweigen und in einer vertikalen Fläche so angeordnet werden, dass sie einen Fächer bilden.

Schneiden Sie nicht allzu stark aus, denn dann würde Ihr Baum zahlreiche sterile Triebe und weniger Fruchtholz bilden. Aus größeren Schnitten sickert eine klebrige Flüssigkeit, der so genannte Gummi, der an der Luft hart wird. Wenn zuviel davon austritt, wird der Baum geschwächt. Begnügen Sie sich damit, die Zweige zu stutzen, damit sich an der Basis mehr Augen entwickeln.

Wenn Sie noch nicht viel Erfahrung haben, sollten Sie einen bereits geformten Baum kaufen.

Wann und wie schneiden
Aprikosenbäume im Fächerspalier

Wie alle Spalierbäume muss auch ein Aprikosenbaum regelmäßig geschnitten werden, damit er eine gute Ernte bringt. Zwei Perioden eignen sich für diese Arbeit:

- im Februar, kurz bevor die Vegetationsphase beginnt, denn dann ist es am leichtesten, die Triebknospen (Augen), die schmal und klein sind, von den runden, geschwollenen Blütenknospen zu unterscheiden;
- im Sommer, wenn die Früchte größer werden, und nach der Ernte.

Im Handel sind keine für das Fächerspalier fertig ausgebildeten Aprikosenbäume erhältlich; Sie können stattdessen eine einjährige junge Pflanze (Schössling) zum Spalierbaum ziehen.

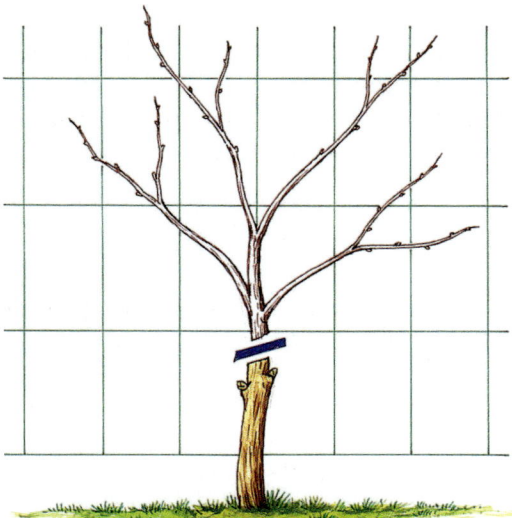

◄ Beim Einpflanzen

Schneiden Sie die junge Pflanze (Schössling) zwischen November und März in 30 cm Höhe über dem Boden ab, knapp über den beiden Knospen (Augen) an den Seiten, aus denen sich zwei Äste parallel zum Rankgerüst entwickeln werden.

Wenn Ihr junger Aprikosenbaum nackte Wurzeln hat, sollten Sie diese auch um einige Zentimeter kappen.

In den ersten drei Jahren ►

Schneiden Sie zwischen November und März außerhalb der Frostperioden die seitlichen Äste mit dem stärksten Durchmesser (die Seitenleitäste) in 40 cm Abstand vom Stamm ab. Kürzen Sie auch die Nebenäste um einige Zentimeter, damit sich das Bäumchen vielfach verzweigt und Äste und Zweige sich gleichmäßig über dem Rankgerüst verbreiten.

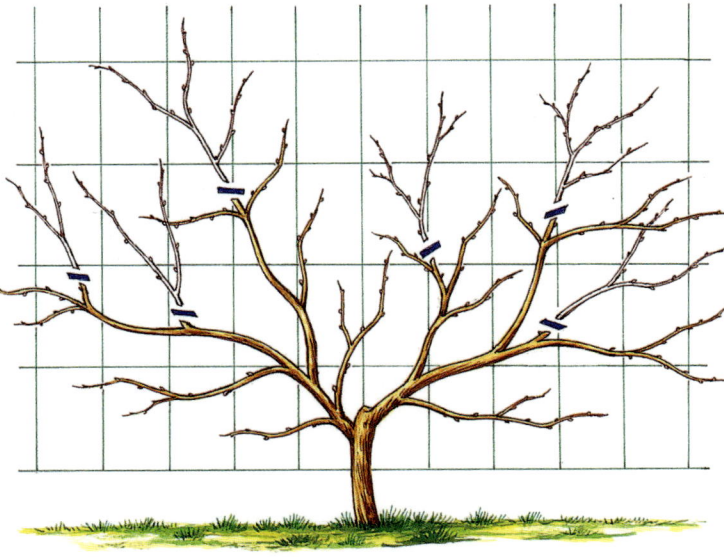

DER FRUCHTHOLZ-SCHNITT: DIE WICHTIGSTEN REGELN

Im Februar

Schneiden Sie die Wasserschosse bis auf einen wenige Millimeter hohen Stumpf auf den Ästen ab. Aus einem Auge an der Basis wird sich ein wesentlich schwächerer Zweig entwickeln.

Wasserschoss

Kürzen Sie die Hauptäste, die dem Baum die Fächerform geben (Seitenleitäste), sowie die Zweige jedes Jahr um 25 bis 30 cm. Ordnen Sie die Zweige fächerförmig zwischen den Hauptästen an.

Bestimmung der Aprikosenzweige

Aprikosenbäume haben sterile Zweige, an denen sich keine Früchte bilden, und fruchtbare Zweige. Durch den Schnitt versucht man zwischen den beiden ein Gleichgewicht herzustellen, das für die Langlebigkeit des Baumes unerlässlich ist. Hier zeigen wir Ihnen, wie man sie unterscheidet:

DIE STERILEN ZWEIGE

Der Holztrieb
Er trägt lediglich spitze, schlanke Knospen, die **Triebknospen**, aus denen sich im folgenden Jahr weitere Zweige entwickeln.
Durch einen geeigneten Schnitt lassen sich diese Zweige, wenn sie von mittlerer Stärke sind, in fruchtbare Zweige verwandeln. Ist der Zweig aber kräftig und weist er schon im ersten Jahr Verzweigungen auf, so handelt es sich um einen **Wasserschoss**, der entfernt werden muss.

DIE FRUCHTBAREN ZWEIGE

Der gemischte Zweig
Er trägt sowohl **Triebknospen**, die für weitere Zweige sorgen, als auch **Blütenknospen**, aus denen sich Früchte entwickeln. Dies ist der ideale Zweig!

Fruchtrute
Dieser Seitenzweig ist 15 bis 30 cm lang. Er trägt große, runde Knospen, die **Blütenknospen**, und endet in einer **Triebknospe**. Wenn Sie den Zweig abschneiden, werden sich an seinem Ansatz weitere Triebknospen bilden; man bezeichnet sie als schlafend.

Fruchtspieß
Er ist eigentlich eine kurze Fruchtrute von nur 2 bis 5 cm Länge, die fünf bis sechs **Blütenknospen** und an ihrem Ende eine **Triebknospe** trägt.

Im Februar (Fortsetzung)

Steriler Holztrieb

▲

Schneiden Sie die sterilen Zweige oberhalb des vierten oder fünften Auges (vom Ansatz her gezählt) ab, sodass sich am Ansatz Fruchtruten und Fruchtspieße entwickeln können, die Früchte tragen werden.

Schneiden Sie die gemischten Zweige (die Trieb- und Blütenknospen aufweisen) oberhalb einer Triebknospe (Auge) so ab, dass fünf bis sechs Blütenknospen an der Pflanze bleiben.

▼

Gemischter Zweig

Im Sommer

Führen Sie diesen Eingriff durch, wenn sich die Aprikosen bereits gut entwickelt haben. Befestigen Sie die beiden unteren Zweige am Rankgerüst: Sie werden den Ast ersetzen, der in diesem Jahr Früchte trägt.

Verfahren Sie mit dem übrigen Teil des Früchte tragenden Astes in folgender Weise: Schneiden Sie oberhalb des zweiten oder dritten Blatts die Zweige ab, die dort gesprossen sind, wo sich auch Früchte gebildet haben. Entfernen Sie in jeder Gruppe von Früchten eine Aprikose und schneiden Sie nach der dritten am Baum belassenen Aprikose das Ende des Astes ab. Entfernen Sie dann alle weiteren jungen Zweige an diesem Ast.

Nach der Ernte stutzen Sie den Ast kurz oberhalb des zweiten Zweigansatzes, damit die beiden neuen Zweige, die ihn ersetzen sollen, kräftiger werden. Wenn alle Aprikosen dieses Astes vor dem Reifen abfallen, können Sie den Ast gleich abschneiden, nachdem er seine unreifen Früchte verloren hat, gegebenenfalls auch schon im Frühling.

Wo bilden sich Früchte?

- Die **Seitenleitäste** sind die dicksten Äste des Baums; sie geben ihm seine Form. Sie tragen keine Früchte.

- Die Früchte entstehen zunächst nahe dem Ansatz an kurzen Ästen mit schwachem Durchmesser, die von den Seitenleitästen abzweigen. Diese Früchte tragenden Zweige heißen **Fruchtholz**.

- Ziel des Fruchtholzschnitts ist es, die Bildung von Fruchtholz zu fördern und an ihnen die Bildung von Blüten zu begünstigen, aus denen Früchte entstehen.

DER FRUCHTHOLZSCHNITT: EINIGE BESONDERHEITEN

Wenn Ihr Aprikosenbaum ohne Ihr Eingreifen fruchtbare Zweige hervorgebracht hat, sollten Sie sie erhalten. Wenn Sie aber zu kurz geschnitten haben, fördert dies die Ausbildung steriler Zweige, und der Zustand des Baumes stimmt nicht mit demjenigen überein, den wir hier beschrieben haben. Schneiden Sie dieses Mal im Februar, nach dem Ende der winterlichen Ruhezeit, wenn die verschiedenen Zweige und Knospen leicht zu unterscheiden und besonders die Blütenknospen eindeutig zu erkennen sind.

Der Nebentrieb ist jung ...

SCHNEIDEN SIE NICHT ...

*... wenn sich am Nebentrieb ein **Fruchtspieß befindet,** denn dieser wird noch im gleichen Jahr Früchte hervorbringen.*

Fruchtrute

Fruchtspieß

... wenn Sie eine Fruchtrute vor sich haben.

Der Nebentrieb ist älter

Schneiden Sie ihn ebenfalls im Februar, wenn die Wachstumsperiode beginnt und die Knospen eindeutig zu bestimmen sind.

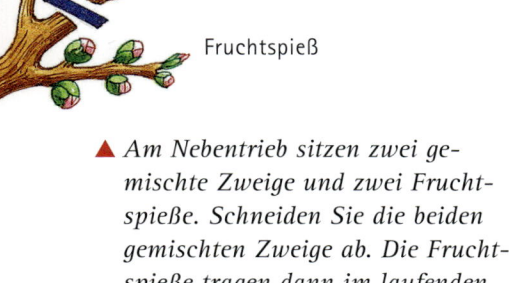

An einem Ast haben sich nur zwei oder drei sterile Zweige entwickelt. Ursache hierfür war ein allzu kurzer Schnitt. Entfernen Sie den Ast oberhalb des Zweigs, der dem Ansatz am nächsten ist. Schneiden Sie diesen oberhalb der vierten oder fünften Knospe ab.
▼

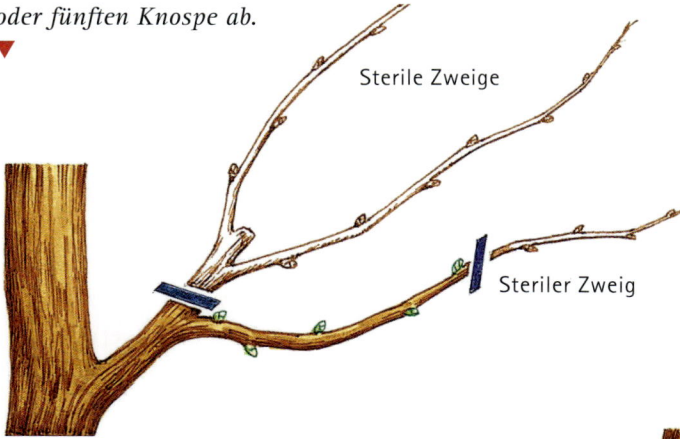

Gemischte Zweige

Fruchtspieß

Fruchtspieß

Sterile Zweige

Steriler Zweig

▲ *Am Nebentrieb sitzen zwei gemischte Zweige und zwei Fruchtspieße. Schneiden Sie die beiden gemischten Zweige ab. Die Fruchtspieße tragen dann im laufenden und folgenden Jahr Früchte.*

Trägt der Nebentrieb mehr als drei Fruchtspieße, dann schneiden Sie den Zweig hinter dem dritten ab. Die Früchte am äußeren Ende des Asts würden nur unzureichend ernährt werden und nicht reifen.
▼

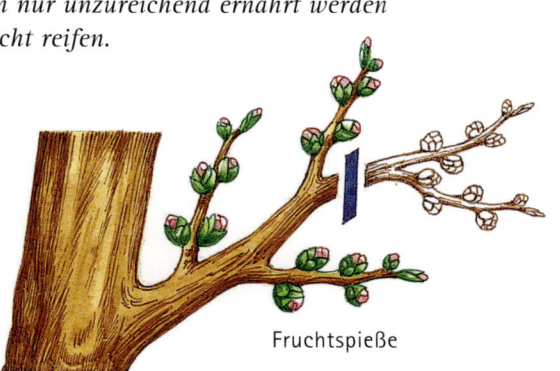

Fruchtspieße

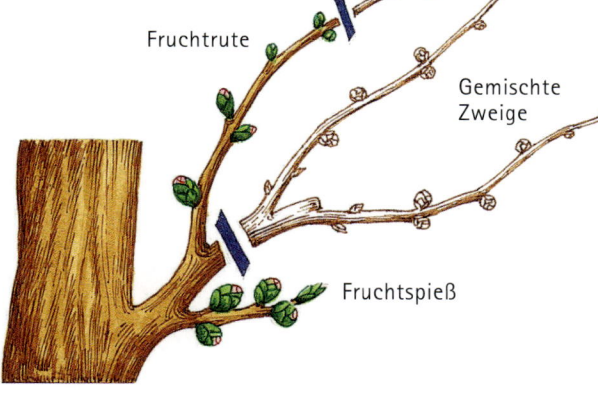

Fruchtrute

Gemischte Zweige

Fruchtspieß

▲ *Der Nebentrieb trägt an der Basis einen Fruchtspieß und eine Fruchtrute. Entfernen Sie die gemischten Zweige oberhalb der Fruchtrute. Kürzen Sie auch diese, wenn sie länger ist und mehr als acht oder neun Blütenknospen aufweist. Fünf oder sechs Blütenknospen sollten erhalten bleiben.*

Verjüngungsschnitt beim Aprikosenbaum

Wenn sie älter werden, verlieren Aprikosenbäume ihre Kräfte und tragen Jahr um Jahr weniger Früchte, die überdies auch immer kleiner bleiben. Jetzt ist der Zeitpunkt gekommen, die Krone zu verjüngen. Zum Glück besitzt der Aprikosenbaum die Fähigkeit, selbst an den Enden alter Zweige neue Triebe auszubilden, sodass ein Verjüngungsschnitt im wahrsten Sinne des Wortes Früchte tragen wird.

Gehen Sie, unabhängig von der Form, die Ihr Baum hat, in der hier beschriebenen Weise vor.

Vorher

- Kürzen Sie im November alle dickeren Äste, die Leitäste also, um die Hälfte. Bestreichen Sie die Schnittwunden mit einer dicken Schicht Wundverschlussmittel, damit sich kein Gummifluss bildet.

- Im Sommer nach dem Schnitt werden die Aprikosen nicht sehr zahlreich sein, aber in den folgenden Jahren können Sie sich wieder über gute Ernten freuen.

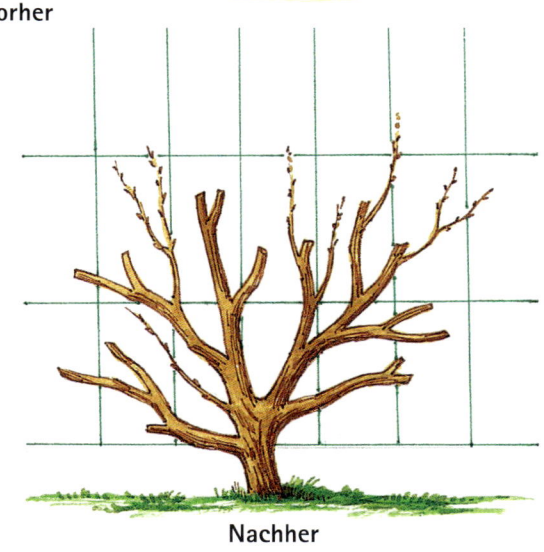

Nachher

135

Prunus cerasus

Sauerkirsche

Sauerkirschbäume wachsen auf allen Böden, es sei denn, sie sind lehmig oder zu feucht. Wie die meisten Steinobstbäume vertragen sie den Schnitt nur schlecht. Deshalb sind frei stehende Bäume, die nur in Abständen von mehreren Jahren ausgeschnitten werden, am einfachsten zu pflegen.

Blätter: sommergrün

Höhe: 15 bis 20 m (auf Vogelkirsche gepfropft); 6 bis 8 m (auf Kirschsämling gepfropft)

Form: Stamm, Halbstamm, Viertelstamm, Buschbaum

Blüte: Ende April bis Mitte Mai

Fruchtreife: Juli bis August

Wann schneiden?

• November bis März

Warum schneiden?

• Damit mehr Licht an Äste und Zweige kommt
• Damit sich die Früchte näher an der Kronenmitte bilden

Wann und wie schneiden
Frei stehende Bäume

Beim Einpflanzen

Kürzen Sie zwischen November und März die Astenden um einige Zentimeter. Beschneiden Sie auch die Wurzelspitzen, wenn Sie den Baum ohne Ballen gekauft haben.

Alle fünf bis zehn Jahre

Entfernen Sie zwischen November und März, in der Ruhezeit der Pflanzen, das tote Holz, die kranken Äste und alle Äste und Zweige, die ins Innere der Krone wachsen. Kürzen Sie die Enden der am Baum belassenen Äste um einige Zentimeter.

Die Wahl eines Kirschbaums

Kaufen Sie einen **frei stehenden Baum**, der kein Spalier benötigt. Es gibt verschiedene Wuchsformen:

- **Hochstamm** – sein Stamm wird zwischen 1,60 und 1,80 m hoch;

- **Halbstamm** – der Stamm erreicht eine Höhe zwischen 1 und 1,20 m; die Äste bilden eine gut entwickelte Krone;

- **Buschbaum, Viertelstamm**: der Stamm bleibt niedrig (zwischen 0,40 und 0,60 m); die Äste bilden eine Krone.

Kirschbäume, die zu **Baldassari–Spalierbäumen** gezogen sind, sodass die Äste schräg wachsen, sind sehr schwer in Form zu halten.

Die Wahl der Unterlage

Unterlage	Wuchskraft	Boden	Wuchsform	Erste Ernte
Vogelkirsche (F12/1)	Sehr groß	Tief, kühl, nicht kalkhaltig	Hochstamm	Sehr spät (4. bis 5. Jahr)
Kirschen-Sämling	Groß	Tief	Hochstamm	Mittel (3. bis 4. Jahr)
Kirsche Sainte-Lucie Kirsche Mahaleb Kirsche INRA 8/64	Mittel	Trocken, kalkhaltig	Buschbaum, Viertelstamm	Früh (2. bis 3. Jahr)
Kirsche EM Colt	Mittel	Tief, wenig kalkhaltig	Buschbaum, Viertelstamm	Sehr früh (2. Jahr)
Kirsche Maxma Delbard 14 Kirsche Brokforest	Schwach	Alle	Buschbaum, Viertelstamm, Spalier	Sehr früh (2. Jahr)
Kirsche Gi-Sel-A5	Schwach	Alle	Buschbaum, Viertelstamm, Spalier	Sehr früh (2. Jahr)
Kirsche Tabel® Edabriz	Sehr schwach	Feucht, wenig kalkhaltig	Buschbaum, Viertelstamm, Spalier	Sehr früh (2. Jahr)

Veredeln Sie Kirschen durch Okulation

Warum veredeln?

Veredeln Sie den Kirschbaum, wenn die Erde in Ihrem Garten schwer und feucht ist. Mithilfe einer geeigneten Unterlage erhalten Sie je nach Wunsch einen großen Baum oder einen kleinen.

Wann veredeln?

Im August.

Womit veredeln?

Mit einer Knospe von der gewünschten Baumsorte, die von Rinde umgeben ist (Edelauge).

Welche Unterlage?

Einen Kirschen-Sämling oder eine zweijährige Kirsche oder Vogelkirsche, die zwischen November und März des Vorjahres in Ihrem Garten eingepflanzt wurde (Unterlage).

1

DAS EDELAUGE

Schneiden Sie im August einen äußeren, kräftigen Trieb mit mehreren gut geformten, also gut sichtbaren Knospen von einem kräftigen Baum. Entfernen Sie sofort alle Blätter, und zwar so, dass der Blattstiel am Reis verbleibt. Versehen Sie das Reis mit einem Etikett und wickeln Sie es bis zur Veredlung, die spätestens nach zwei bis drei Tagen erfolgen sollte, in ein feuchtes Tuch.

Entnehmen Sie vom mittleren Teil des Edelreises eine Knospe (oder Auge) zusammen mit dem Blattstiel und einem mindestens 2 cm langen Rindenstück. Führen Sie diese Prozedur erst unmittelbar vor der Veredlung durch.

Halten Sie das Reis mit einer Hand. Markieren Sie mit der anderen das Edelauge, indem Sie mit dem Okuliermesser die Rinde ober- und unterhalb der Knospe in jeweils etwa 1 cm Abstand zur Knospe einritzen.

2

Lassen Sie die Klinge des Okuliermessers auf Höhe der unteren Einritzung unter die Rinde gleiten; halten Sie das Messer dabei etwas schräg. Schneiden Sie kurz und kräftig nach oben. Wichtig ist dabei, das Edelauge mit einem einzigen Schnitt abzutrennen, damit unter der Rinde kein Holzsplitter verbleibt. Lösen Sie das Auge dann vorsichtig von dem Reis.

DIE UNTERLAGE

Entfernen Sie unmittelbar vor dem Veredeln die Zweige an den unteren 20 cm des Stammes der Unterlage. Reinigen Sie die Rinde in diesem Abschnitt von anhaftender Erde.

Schneiden Sie die Rinde der Unterlage in 10 cm Höhe über dem Boden T-förmig ein, indem Sie mit dem Okuliermesser einen 2 cm langen waagerechten Schnitt und dann von unten nach oben einen etwa 3 bis 4 cm langen senkrechten Schnitt anbringen. Schieben Sie den Spatel des Okuliermessers im oberen Teil des T unter die Rinde, um sie ein Stück weit abzulösen.

3

3

DIE VERBINDUNG

Schieben Sie das Edelauge so unter die Rinde der Unterlage, dass der Blattstiel nach oben gerichtet ist, bis das Auge sich in der Mitte des senkrechten Schnitts befindet. Schneiden Sie gegebenenfalls die Rinde über dem waagerechten Schnitt ein, sodass das Auge gut auf der Unterlage aufliegt.

4

Wenn das Auge richtig angebracht ist, können Sie die Veredlungsstelle mit Bast umwickeln. Der Bast sollte nicht zu straff sein und darf das Auge nicht bedecken. Damit das Auge gut befestigt wird, wickelt man von unten nach oben.

5

Wenn der Blattstiel am Auge ungefähr zwei Wochen nach der Veredlung vertrocknet ist und am Auge verbleibt, ist das Auge nicht angewachsen. Wenn der Blattstiel dagegen gelb geworden ist und sich dann von alleine gelöst hat, ist die Veredlung gelungen. Schneiden Sie etwa eine Woche später den Bast auf der dem Auge gegenüberliegenden Seite ein. Die Knospe wird sich erst im folgenden Jahr weiter entwickeln.

Prunus domestica
Pflaume

Wann und wie schneiden
Einen frei stehenden Pflaumenbaum

Pflaumenbäume gedeihen in allen Böden, sofern sie nicht zu trocken sind. Ebenso wie bei den anderen Steinobstarten führt der Schnitt zu Gummifluss, der seinerseits den Befall von Parasiten begünstigt und den Baum schneller altern lässt. Deshalb sollte man möglichst wenig schneiden.

Beim Einpflanzen

Kürzen Sie zwischen November und März die Spitzen der Äste um einige Zentimeter. Schneiden Sie auch die Wurzelspitzen um ein paar Zentimeter zurück, wenn Sie den Baum mit nackten Wurzeln gekauft haben.

Blätter: sommergrün
Höhe: 5 bis 10 m
Form: Hochstamm, Halbstamm, Buschbaum, Viertelstamm
Blüte: April bis Anfang Mai
Fruchtreife: je nach Sorte Juli bis September

Wann schneiden?
- Im November, nach dem Abwerfen des Laubs

Warum schneiden?
- Um totes Holz zu entfernen
- Um ein Gleichgewicht zwischen Fruchtproduktion und Wachstum herzustellen

---

Die Auswahl eines Pflaumenbaums

Natürliche Baumformen eignen sich für Pflaumenbäume am besten, da diese den Schnitt, der zur Erhaltung von Spalierformen notwendig ist, schlecht vertragen. Kaufen Sie einen **frei stehenden** Baum, der keine Stütze benötigt. Folgende Formen sind möglich:

- **Hochstamm:** Beim erwachsenen Baum ist der Stamm 1,80 bis 2 m hoch;
- **Halbstamm:** Der Stamm wird zwischen 1,20 und 1,50 m hoch; darüber bilden die in alle Richtungen gleich stark entwickelten Äste eine Krone;
- **Buschbaum:** Der Stamm ist nur zwischen 0,40 und 0,60 cm hoch; darüber bilden die Äste eine Krone. Man findet diese Form allerdings nur selten in Gärtnereien. Um einen jungen Baum zum Buschbaum zu erziehen, sollten Sie ihn beim Pflanzschnitt auf 0,40 bis 0,50 m Höhe über dem Boden zurückschneiden; am Haupttrieb sollten drei Triebknospen verbleiben, damit sich drei Leitäste bilden können. Kürzen Sie im Februar des folgenden Jahres die drei Äste, die aus diesen Knospen ausgetrieben haben, um die Hälfte; schneiden Sie dabei oberhalb einer nach außen gerichteten Triebknospe.

Die beiden zuletzt genannten Obstbaumformen lassen sich ihrer geringeren Größe wegen leichter abernten und pflegen.

Bestimmung der Zweige eines Pflaumenbaums

Pflaumenbäume haben Zweige, die keine Früchte tragen – die sterilen Zweige – und fruchtbare Zweige, an denen sich Blüten und Früchte bilden. Durch den Schnitt stellt man ein Gleichgewicht zwischen diesen beiden Arten von Zweigen her, das auch die Lebenserwartung des Baums verlängert. Man unterscheidet die Zweigtypen an ihren Knospen.

DIE STERILEN ZWEIGE

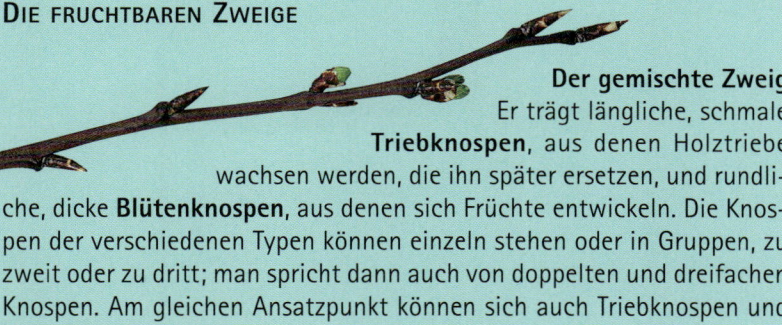

Holztrieb
Er trägt nur längliche, schmale und spitz zulaufende Knospen: die **Triebknospen**, aus denen sich im folgenden Jahr neue Holztriebe entwickeln werden. Er wird in einem Jahr 60 bis 80 cm lang.

DIE FRUCHTBAREN ZWEIGE

Der gemischte Zweig
Er trägt längliche, schmale **Triebknospen**, aus denen Holztriebe wachsen werden, die ihn später ersetzen, und rundliche, dicke **Blütenknospen**, aus denen sich Früchte entwickeln. Die Knospen der verschiedenen Typen können einzeln stehen oder in Gruppen, zu zweit oder zu dritt; man spricht dann auch von doppelten und dreifachen Knospen. Am gleichen Ansatzpunkt können sich auch Triebknospen und Blütenknospen bilden.

DIE FRUCHTRUTE
Sie wird zwischen 15 und 30 cm lang und trägt dicke, rundliche Knospen, die **Blütenknospen**, sowie am Ende eine **Triebknospe**.

DER FRUCHTSPIESS
Mit seinen 2 bis 5 cm Länge ist er eigentlich nur eine sehr kurze Fruchtrute. Er trägt fünf bis sechs **Blütenknospen** und endet ebenfalls mit einer **Triebknospe**.

Vergessen Sie nicht, alle Schnittflächen mit einem Wundverschlussmittel zu behandeln, um Gummifluss zu vermeiden, der den Baum schwächen würde.

Alle vier bis fünf Jahre

BEI EINEM HOCH- ODER HALBSTAMM

Entfernen Sie im November, nach dem Abfallen der Blätter, alle Äste, die ins Innere der Krone wachsen, damit mehr Licht eindringen kann. Schneiden Sie auch totes Holz heraus.

Entfernen Sie die kräftigen Wasserschosse, die im Inneren der Krone gewachsen sind.

BEI EINEM BUSCHBAUM ODER VIERTELSTAMM

Führen Sie den Schnitt am Ende des Winters durch, wenn die Blütenknospen am leichtesten zu erkennen sind.

Wenn es im vorangegangenen Sommer eine sehr gute Ernte gegeben hat, sollten Sie die gemischten Zweige stark zurückschneiden; lassen Sie nur sechs oder sieben Blütenknospen am Baum. Schneiden Sie immer oberhalb einer Triebknospe. Auf diese Weise vermeiden Sie, dass sich obstreiche Jahre mit mageren Ernten abwechseln, und der Baum wird regelmäßig tragen.

Entfernen Sie nach einer schwachen Ernte ungefähr ein Drittel der Fruchtspieße, während die gemischten Zweige ungeschnitten bleiben.

Prunus dulcis
Mandel

Frei stehende Bäume –
wann und wie schneiden

Frei stehende Mandelbäume sieht man am häufigsten; sie benötigen nur von Zeit zu Zeit einen Instandhaltungsschnitt.

Beim Einpflanzen

Kürzen Sie zwischen November und März die Spitzen der Äste um einige Zentimeter. Wenn Sie den Baum ohne Ballen gekauft haben, kappen Sie auch die Wurzelspitzen.

Mandelbäume lieben kalkhaltige, trockene und steinige Böden. Sie sind sehr frostempfindlich und gedeihen deshalb nur in Regionen mit mildem Klima, wie z. B. Weinanbaugebieten. Sie sollten stets an geschützten Stellen als Spalierbäume gepflanzt werden.

Blätter: sommergrün

Höhe: 6 bis 8 m

Form: Hochstamm, Halbstamm, Fächerspalier

Blüte: März bis April

Fruchtreife: Juli (grün), September (trocken)

Wann schneiden?

• Zwischen November und März

Warum schneiden?

• Um den Wuchs auszugleichen
• Damit die Früchte in der Kronenmitte gebildet werden

Alle drei bis vier Jahre

Entfernen Sie zwischen November und März, während der Ruheperiode der Pflanzen, alle Äste, die keine Früchte mehr tragen, die abgestorben oder krank sind oder in die falsche Richtung wachsen. Nehmen Sie auch die Wasserschosse (kräftige, senkrecht wachsende Triebe) ab.

Kürzen Sie die Leitäste, indem sie oberhalb junger Zweige, aber der Baummitte so nah wie möglich schneiden. Verschonen Sie beim Schnitt so viele Fruchtspieße wie nur möglich.

Verjüngungsschnitt für einen Mandelbaum

Wird ein Mandelbaum nicht regelmäßig ausgeschnitten, bringt er weniger Früchte hervor und verkahlt im Inneren der Krone. Wenn die Äste weniger als 10 cm Durchmesser haben, können Sie versuchen ihn zu verjüngen; ansonsten sollten Sie ihn durch einen jungen Baum ersetzen.

- Kürzen Sie im November die Leitäste um 40 bis 50 cm. Bestreichen Sie die Schnittflächen mit Wundverschlussmittel.

- In den folgenden Jahren werden aus den gekürzten Zweigen neue, kräftige Zweige treiben: die neuen Leitäste. Ab dann müssen Sie sich bis zur nächsten Ernte noch vier bis fünf Jahre gedulden.

Bestimmung der Mandelzweige

Wie alle Obstbäume besitzt auch der Mandelbaum Zweige, die keine Früchte tragen – die sterilen Zweige – und Zweige, an denen sich Mandeln bilden: die fruchtbaren Zweige. Durch den Schnitt versucht man ein Gleichgewicht zwischen den beiden Arten von Zweigen herzustellen, das die Lebenserwartung des Baumes verlängert. Hier erklären wir, woran Sie die Zweige unterscheiden können:

STERILE ZWEIGE

Zweig mit Triebknospen
Er trägt nur schlanke, spitz zulaufende Knospen, die **Triebknospen**, aus denen sich im folgenden Sommer weitere Zweige entwickeln werden. Wenn er von mittlerer Größe ist, ist es möglich ihn in einen fruchtbaren Zweig zu verwandeln.
Wenn er kräftig ist und sich schon im ersten Jahr weiter verzweigt, handelt es sich um einen **Wasserschoss**, der entfernt werden muss.

FRUCHTBARE ZWEIGE

Gemischter Zweig
Er trägt **Triebknospen**, aus denen seine Nachfolger sprießen werden, und **Blütenknospen**, aus denen sich Früchte entwickeln.

Fruchtrute
Sie ist zwischen 15 und 30 cm lang und trägt dicke, rundliche Knospen, die **Blütenknospen**; sie endet mit einer **Triebknospe**.

Fruchtspieß
Ein sehr kurzer Zweig von höchstens 2 bis 5 cm Länge, der vier bis sechs **Blütenknospen** und an der Spitze eine **Triebknospe** trägt.

Die Wahl eines Mandelbaums

Kaufen Sie einen **frei stehenden** Mandelbaum. Er benötigt kein Rankgerüst als Stütze; je nach Größe kann er folgende Formen haben:

- **Hochstamm**: Die ersten Äste befinden sich in 2 m Höhe über dem Boden;

- **Halbstamm**: Der Stamm ist 1 bis 1,20 m hoch; an seinem Ende bilden die nach allen Seiten hin gut entwickelten Äste eine Krone;

- **Viertelstamm**: Der Stamm ist zwischen 0,40 und 0,60 cm kurz; darüber steht eine entsprechend kleine Krone.

Selbst in gemäßigten Klimazonen empfiehlt es sich, Mandelbäume an sonnigen Mauern (Südseite) als Spalierbäume (**Fächerspalier**) zu ziehen: Die Äste verzweigen sich über einem ungefähr 30 cm kurzen Stamm und wachsen fächerförmig parallel zur Mauer.

Prunus laurocerasus

Lorbeerkirsche/Kirschlorbeer

Wann und wie schneiden

Beim Einpflanzen

Kürzen Sie zwischen November und März die Äste um die Hälfte, damit die Pflanze vermehrt austreibt.

Die Lorbeerkirsche, auch als Kirschlorbeer bekannt, liebt die Sonne, gedeiht aber auch im Halbschatten. Sie verträgt alle gewöhnlichen Gartenböden, die nicht allzu viel Kalk enthalten. Wenn Ihre Lorbeerkirsche nicht Teil einer Hecke ist, genügt es, sie in Abständen von mehreren Jahren auszuschneiden.

Vorsicht: Blätter und Früchte der Lorbeerkirsche enthalten Blausäure, sind also giftig!

Blätter: immergrün
Höhe: 2 bis 4 m
Form: Strauch
Blüte: April bis Mai, danach Früchte

Wann schneiden?

- Im März
- Im Mai (Hecke)
- August bis September (Hecke)

Warum schneiden?

- Um eine dichte Zweigbildung anzuregen

Ein Jahr später

Entfernen Sie im März nur allzu starke Triebe, die die Form des Strauches stören. Schneiden Sie junge Triebe an der Basis um die Hälfte zurück.

145

Verjüngung einer Lorbeerkirsche

Wenn Ihre Lorbeerkirsche an der Basis kahl wird, ist ein gründlicher Rückschnitt angebracht.

- Schneiden Sie im März alle Äste in 50 bis 60 cm Höhe über dem Boden ab. Im folgenden Sommer wird der Strauch neu austreiben.

- Wählen Sie im nächsten Jahr die am besten platzierten Triebe aus und entfernen Sie die übrigen.

Vorher

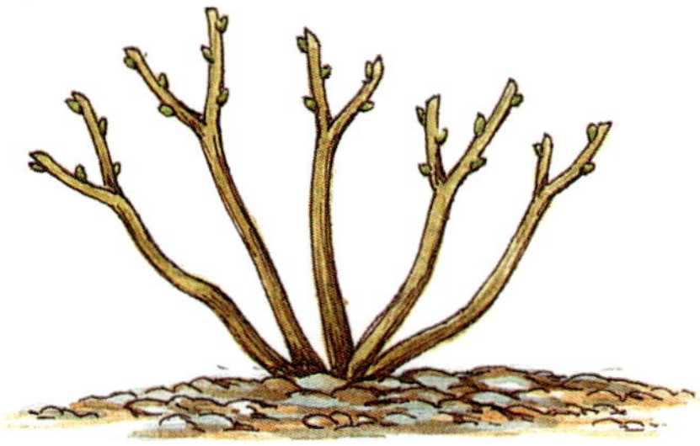

Nachher

Es ist unnötig, eine Lorbeerkirsche, die nicht zu einer Hecke gehört, jedes Jahr zurückzuschneiden. Es genügt, wenn man alle fünf oder sechs Jahre, im März, totes Holz sowie die Äste, die ins Innere des Strauches wachsen, entfernt.

Schnitt einer Lorbeerkirschen-Hecke

BEIM EINPFLANZEN

Kürzen Sie zwischen November und März alle Äste um die Hälfte, damit sie sich nahe am Ansatz dichter verzweigen.

Kürzen Sie sie im Juni oder Juli ein zweites Mal, dieses Mal in 60 bis 80 cm Höhe. Schneiden Sie die Hecke auch in der Breite, also an den Seiten, zurück, damit sie dichter wächst.

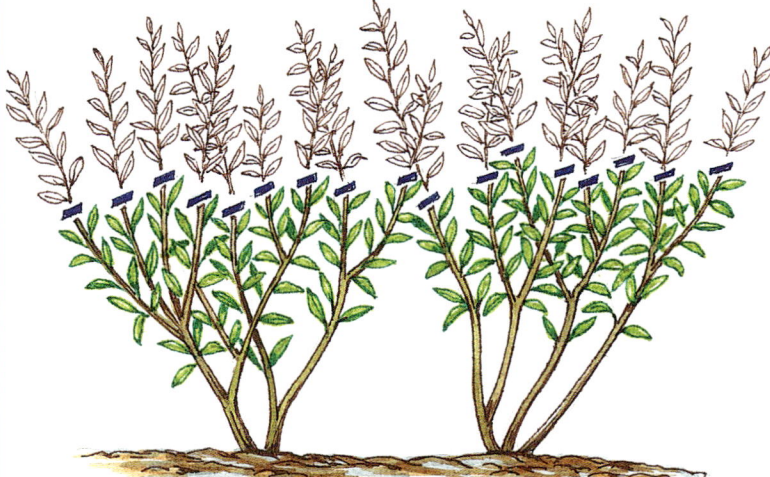

IN DEN ERSTEN JAHREN

Schneiden Sie die jungen Triebe im März und dann wieder im Juni etwa um die Hälfte zurück; lassen Sie die Hecke dabei jedes Jahr, je nach Stärke der Pflanzen, um 5 bis 10 cm höher werden, bis sie die gewünschte Größe erreicht hat.

Schneiden Sie sie auch in der Breite zurück, damit sie dichter wächst.

JEDES JAHR

Schneiden Sie die Hecke im Mai und dann wieder im August oder im September, damit sie eine gleichmäßige Form behält. Verwenden Sie eine Gartenschere statt einer Heckenschere, um die langen, ledrigen Blätter zu schonen.

Erziehungsschnitt und Instandhaltungsschnitt

Der gekaufte junge Strauch ist noch nicht vollständig entwickelt. Wenn Sie ihn einpflanzen, geben Sie ihm durch einen Schnitt die Form, die er weiterhin behalten soll; das nennt man Erziehungsschnitt.

Wenn der Strauch nach zwei bis drei Jahren ausgewachsen ist, wird er weiterhin geschnitten, z. B. damit er sich nicht zu weit ausbreitet oder an der Basis oder in der Mitte verkahlt; dies ist der Instandhaltungsschnitt.

Prunus persica
Pfirsich

Pfirsichbäume lieben tiefen, leichten und gut drainierten Boden. In südlichen Regionen stellen frei stehende Hochstämme die verbreitetste Form dar; sie erfordern nur einen leichten Schnitt. In unseren Breiten werden sie meist an sonnigen Wänden als Spalierbäume gezogen.

Blätter: sommergrün
Höhe: 3 bis 6 m
Form: Hochstamm, Halbstamm, Viertelstamm, Spalier
Blüte: Je nach Sorte März bis April
Fruchtreife: Juni bis Oktober

Wann schneiden?
- Im November (frei stehend)
- Februar bis März (Spalier)
- Wenn die jungen Pfirsiche erscheinen (Spalier)
- Nach der Ernte (Spalier)

Warum schneiden?
- Um eine ausgewogene Baumform zu bewahren
- Um die Leitäste zu kräftigen

Wann und wie schneiden
Einen frei stehenden Pfirsichbaum

Der Pfirsichbaum trägt seine Früchte an den nicht sehr kräftigen einjährigen Zweigen. Um die Bildung dieser jungen Zweige zu fördern ist es notwendig, einen frei stehenden Pfirsichbaum von Zeit zu Zeit auszuschneiden. Indem man die Äste, an denen diese Zweige wachsen, kürzt, bilden sich die Früchte näher an der Kronenmitte.

> **Für Anfänger empfiehlt sich der Kauf eine fertig ausgebildeten Hochstamms oder Halbstamms.**

Die Wahl eines Pfirsichbaums

Sie können einen so genannten **frei stehenden** Pfirsichbaum erwerben, der keine Stütze benötigt. Man unterscheidet folgende Formen:

- **Hochstamm:** Beim erwachsenen Baum ist der Stamm 1,60 bis 1,80 m hoch;

- **Halbstamm:** Der Stamm erreicht zwischen 1 und 1,20 m. Die Äste sind gut entwickelt und breiten sich in der Krone über dem Stamm in alle Richtungen aus;

- **Viertelstamm:** Der kurze Stamm wird nur zwischen 0,40 und 0,60 m hoch; darüber bilden die Äste eine Krone.

In weniger warmen Regionen sollte man Pfirsichbäume bevorzugt an einer sonnigen Wand als Spalierbäume ziehen; dabei unterscheidet man:

- die einfache **U-Form**. Sie besteht aus zwei gleich langen Leitästen, die nebeneinander im Abstand von 50 cm wachsen;

- **Fächerspalier:** Die Äste entfalten sich über einem nur etwa 30 cm hohen Stamm fächerartig in eine Richtung. Leider werden in den Gärtnereien keine in diesen beiden Formen fertig ausgebildeten Spalierbäume angeboten. Deshalb müssten Sie einen jungen, einjährigen Pfirsichbaum kaufen und ihn selbst zum Spalierbaum erziehen.

Beim Einpflanzen

Kürzen Sie die Spitzen der Äste zwischen November und März um einige Zentimeter (sie sollten danach noch 25 bis 30 cm lang sein) sowie die Wurzelspitzen, wenn Sie einen Baum ohne Ballen gekauft haben.

Alle drei Jahre

Lichten Sie im November die Holztriebe aus, die zu dicht stehen, sowie Triebe, die schlecht platziert oder abgestorben sind. Schneiden Sie dabei am Ansatz der Verzweigung. Entfernen Sie auch stärkere Äste, die allzu fern von der Kronenmitte Fruchtholz tragen.

Lassen Sie nur jeweils den Holztrieb stehen, der dem Ansatz am Ast am nächsten ist, und kappen Sie ihn oberhalb der zweiten gut ausgebildeten Knospe. Aus diesen beiden Knospen entwickeln sich im nächsten Frühjahr zwei gemischte Zweige, die Früchte tragen werden.

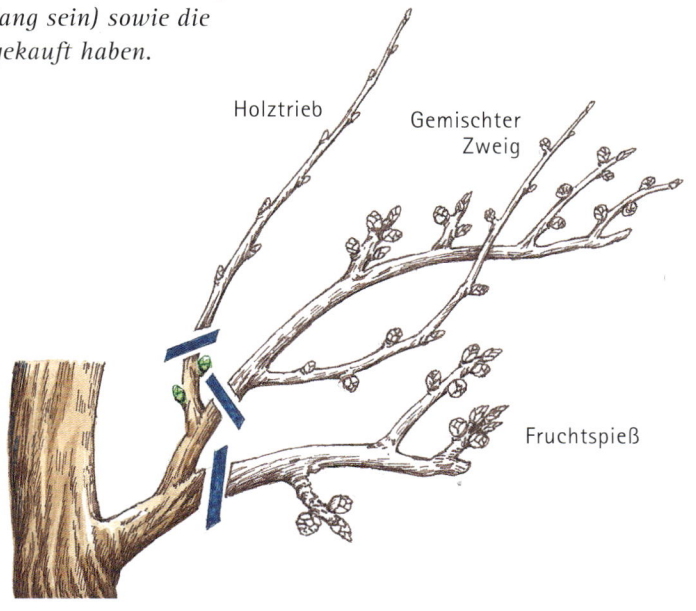

Holztrieb

Gemischter Zweig

Fruchtspieß

Wann und wie schneiden
Ein Pfirsichspalierbaum

Ebenso wie bei allen anderen Spalierformen muss der Pfirsichbaum für ein Fächerspalier regelmäßig geschnitten werden, um viele Früchte zu tragen. Jeder Zweig bringt immer nur einmal Früchte hervor. Deshalb muss man den Baum durch einen geeigneten Schnitt immer wieder dazu anregen, neue Zweige auszutreiben.

Der Schnitt erfolgt zweimal im Jahr:

- Im Februar kurz vor dem Beginn der Wachstumsphase: Jetzt ist es am einfachsten, die spitzen, schlanken Triebknospen von den dickeren, rundlichen Blütenknospen zu unterscheiden (siehe Seiten 152–155).

- Im Sommer, wenn die Früchte größer werden, und nach der Ernte (siehe Seite 155).

Man kann das Auslichten vornehmen, sobald das Laub gefallen ist und sofern kein Frost herrscht. Im Herbst und Winter ist es allerdings nicht leicht, Triebknospen und Blütenknospen auseinander zu halten. Im Februar und März schwellen die Blütenknospen an und lassen oben die rosigen Blütenblätter sehen; nun sind sie mühelos zu erkennen.

Beim Einpflanzen

Schneiden Sie den jungen Baum zwischen November und März in ungefähr 30 cm Höhe über dem Boden oberhalb von zwei seitlichen Knospen ab, aus denen sich zwei Seitenleitäste entwickeln können. Kürzen Sie auch die Wurzelspitzen gegebenenfalls um einige Zentimeter.

Im folgenden Sommer können Sie dann die beiden Äste, die aus den Knospen treiben, so am Gerüst befestigen, dass sie zusammen ein U bilden; oder sie bringen Sie in einen 45° Winkel zum Stamm.

Die Zweige des Pfirsichbaums erkennen

Pfirsichbäume haben Zweige, die nie Früchte tragen werden – die sterilen Zweige – und Zweige, die Pfirsiche hervorbringen werden, das Fruchtholz. Durch den Schnitt stellt man ein Gleichgewicht zwischen den beiden Zweigtypen her, das die Lebenserwartung des Baumes verlängert. Hier zeigen wir Ihnen, woran man sie unterscheidet.

DIE STERILEN ZWEIGE

Der Holztrieb
An ihm findet man nur spitze Knospen, die **Triebknospen**, aus denen sich im folgenden Sommer neue Verzweigungen entwickeln werden. Ein mittelstarker Holztrieb lässt sich durch geeigneten Schnitt in einen fruchtbaren Zweig verwandeln. Wenn er dagegen dicker ist und schon im ersten Jahr Verzweigungen aufweist, dann handelt es sich um einen Wasserschoss, der entfernt werden muss.

DIE FRUCHTBAREN ZWEIGE
Der gemischte Zweig
Er trägt längliche, spitze **Triebknospen** und kugelige, dicke **Blütenknospen**, aus denen Blüten und später Früchte werden. Diese verschiedenen Arten von Knospen können jeweils einzeln oder in Zweier- oder Dreiergruppen auftreten; man spricht dann von doppelten oder dreifachen Knospen. Manchmal entspringen sogar an der gleichen Stelle mehrere Triebknospen und Blütenknospen.

Die Fruchtrute
Sie wird zwischen 15 und 30 cm lang, trägt dicke, gerundete Knospen, die **Blütenknospen**, und endet an der Spitze mit einer **Triebknospe**.

Der Fruchtspieß
Dies ist eine sehr kurze, nur 2 bis 5 cm lange Fruchtrute, die fünf bis sechs **Blütenknospen** und an der Spitze eine **Triebknospe** trägt.

Der Fruchtholzschnitt

Im Februar

Gehen Sie Schritt für Schritt vor. Suchen sie zuerst die Äste mit sterilen Zweigen, dann diejenigen mit gemischten Zweigen, mit Fruchtruten und schließlich mit Fruchtspießen, die nach Möglichkeit erhalten werden sollten, und überlegen Sie, wie Sie den Baum schneiden wollen. Wir zeigen Ihnen im Folgenden, wie Sie mit den einzelnen Zweigen und Kombinationen verfahren sollten.

Der Holztrieb

Schneiden Sie Holztriebe (die sterile Zweige sind) immer oberhalb der zweiten Knospe (Auge), vom Ansatz aus gerechnet. Die beiden Zweige, die an dieser Stelle austreiben, sind weniger kräftig und tragen zwei fruchtbare Zweige mit Blütenknospen und vielleicht auch mit Fruchtspießen. Davon wird die nächste Ernte profitieren.

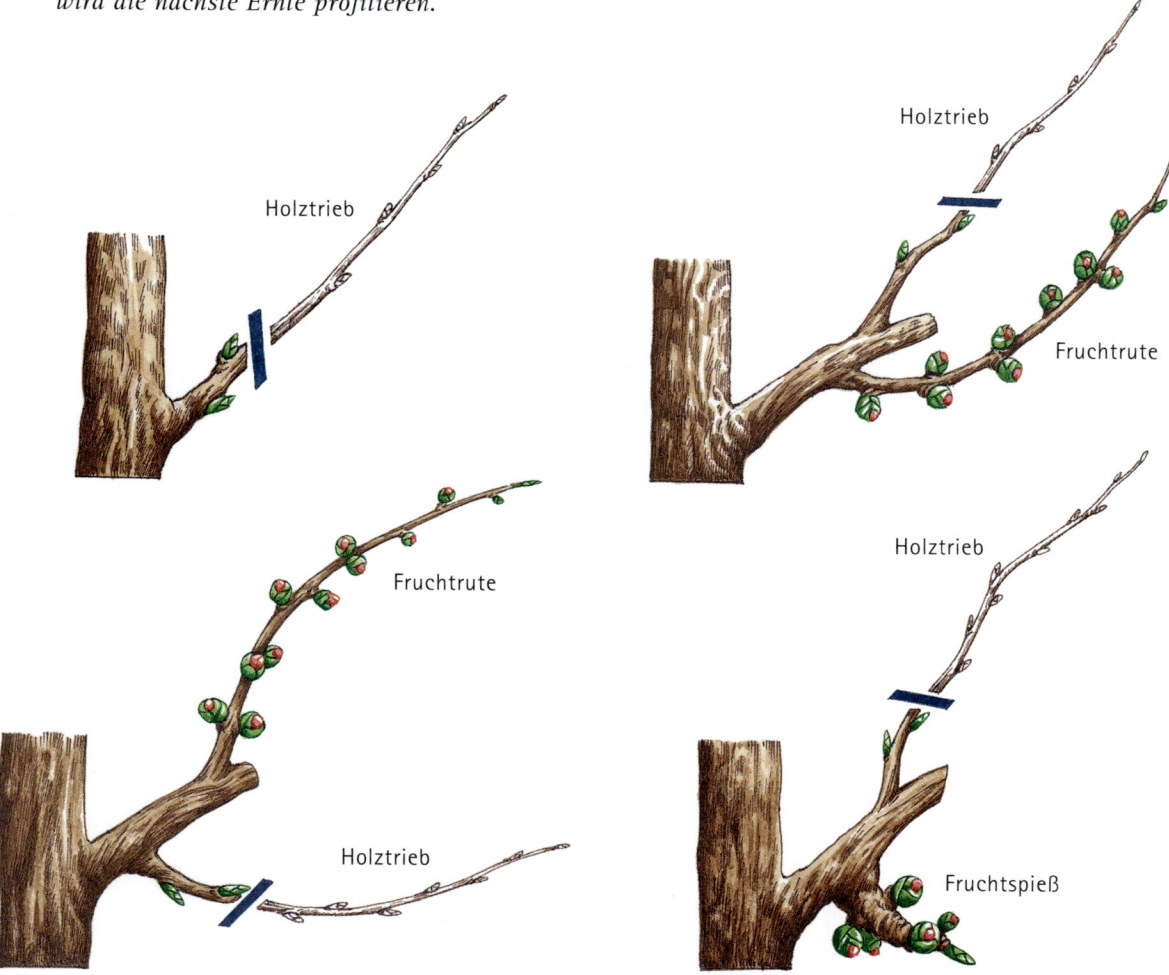

Holztrieb

Holztrieb

Fruchtrute

Fruchtrute

Holztrieb

Holztrieb

Fruchtspieß

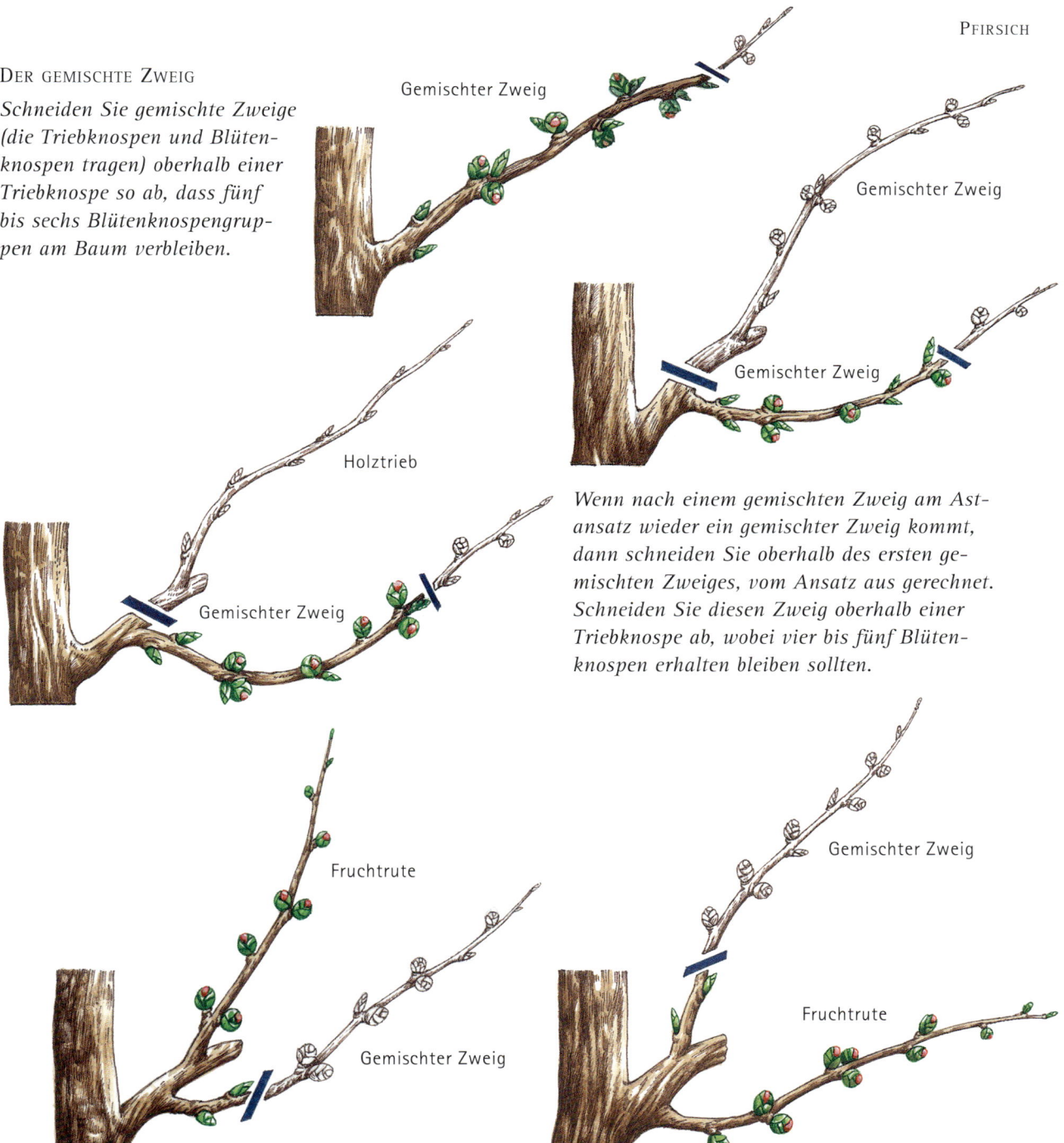

DER GEMISCHTE ZWEIG

Schneiden Sie gemischte Zweige (die Triebknospen und Blüten-knospen tragen) oberhalb einer Triebknospe so ab, dass fünf bis sechs Blütenknospengrup-pen am Baum verbleiben.

Gemischter Zweig

Gemischter Zweig

Holztrieb

Gemischter Zweig

Gemischter Zweig

Wenn nach einem gemischten Zweig am Ast-ansatz wieder ein gemischter Zweig kommt, dann schneiden Sie oberhalb des ersten ge-mischten Zweiges, vom Ansatz aus gerechnet. Schneiden Sie diesen Zweig oberhalb einer Triebknospe ab, wobei vier bis fünf Blüten-knospen erhalten bleiben sollten.

Gemischter Zweig

Fruchtrute

Gemischter Zweig

Fruchtrute

Wenn auf den gemischten Zweig eine Fruchtrute folgt, sollten Sie ihn oberhalb der zweiten gut ausgebildeten (und daher gut erkennbaren) Knospe – vom Ansatz aus gezählt – abschneiden. Wenn es umgekehrt ist – Fruchtrute unten am Ast und gemischter Zweig darüber – dann kürzen Sie den gemischten Zweig auf die gleiche Weise, d. h. oberhalb der zweiten deutlich erkennbaren Knospe.

DER GEMISCHTE ZWEIG (FORTSETZUNG)

Gemischter Zweig

Wenn als erster Zweig nach dem Astansatz ein Fruchtspieß kommt, kappen Sie den äußeren gemischten Zweig oberhalb der zweiten deutlich erkennbaren Knospe, vom Zweigansatz aus gezählt.

Wenn es umgekehrt ist, der gemischte Zweig also unterhalb des Fruchtspießes wächst, sollten Sie den Fruchtspieß entfernen und den gemischten Zweig oberhalb der dritten oder vierten Blütengruppe kürzen (vom Zweigansatz aus gezählt).

Fruchtspieß

Fruchtspieß

Gemischter Zweig

DIE FRUCHTRUTE

Wenn zwei Fruchtruten nebeneinander stehen, dann nehmen Sie die äußere weg und lassen diejenige, die näher am Astansatz wächst, am Baum.

Fruchtrute

Fruchtrute

Fruchtspieß

Fruchtrute

Fruchtspieß

Fruchtrute

Der Ast trägt einen Fruchtspieß und eine Fruchtrute.
Wenn letztere näher am Astansatz ist, dann lassen Sie sie intakt und entfernen die Blütenknospen des Fruchtspießes; lassen Sie nur die Triebknospe an dessen Ende stehen. Im umgekehrten Fall – Fruchtspieß nahe dem Astansatz und Fruchtrute dahinter – schneiden Sie den Ast direkt oberhalb des Fruchtspießes ab.

DER FRUCHTSPIESS

Am Ast sind zwei Fruchtspieße. Lassen Sie sie beide am Baum, aber entfernen Sie von demjenigen, der dem Astansatz am nächsten ist, alle Blütenknospen und lassen Sie nur die Triebknospe an der Spitze stehen, aus der im nächsten Jahr ein neuer Zweig treiben wird. Der vom Astende weiter entfernte Fruchtspieß wird dagegen Früchte tragen.

Kürzen Sie die Hauptäste (Leit-äste), die dem Spalierbaum die Form geben, und die Zweige, die ihre Verlängerung bilden, jedes Jahr um 25 bis 30 cm. Richten Sie die Zweige als Verlängerung des Leitasts aus.

Im Sommer

Wenn Sie schöne Pfirsiche ernten wollen, ist dieser Schnitt unerlässlich. Beobachten Sie das Heranwachsen der Früchte, um im richtigen Moment einzugreifen: Sie können den Schnitt Ende April oder Anfang Mai vornehmen, wenn die Früchte schon ausgebildet sind, und bei der Ernte.

Erhalten Sie die beiden Zweige am Astansatz und befestigen Sie sie am Gerüst: Sie werden sich entwickeln und den Ast ersetzen, der in diesem Jahr Früchte trägt.

Schneiden Sie, sobald die Pfirsiche zu erkennen sind, jene Zweige, die neben den Früchten wachsen, über ihrem dritten oder vierten Blatt ab. Entfernen Sie dann alle weiteren jungen Verzweigungen am Ast.

Kürzen Sie nach der Ernte den Ast, der Früchte getragen hat, knapp über dem zweiten Zweig, vom Astansatz aus gezählt, damit die beiden Zweige, die ihn ersetzen sollen, kräftiger werden.

Wenn alle jungen Pfirsiche an diesem Ast abfallen, bevor sie reif werden, können Sie den Ast unmittelbar nach dem Fallen der unreifen Früchte kürzen.

Prunus triloba
Ziermandel

Die Ziermandel gedeiht nur in guter, nicht allzu feuchter Gartenerde und an sonnigen Standorten. Der Schnitt beschränkt sich in der Regel auf das Entfernen verwelkter Blüten.

Wann und wie schneiden

Beim Einpflanzen

Schneiden Sie zwischen November und März alle Äste um die Hälfte zurück. Kürzen Sie auch die Wurzelspitzen um einige Zentimeter, wenn Sie den Baum mit nackten Wurzeln erworben haben.

Blätter: sommergrün
Höhe: 1,50 bis 2 m
Form: Strauch
Blüte: April
Wann schneiden?
• Im April nach der Blüte
Warum schneiden?
• Um welke Blüten zu entfernen
• Um gegebenenfalls totes Holz zu entfernen

Ein Jahr später

Schneiden Sie im April alle Blütenzweige nach der Blüte einige Zentimeter oberhalb junger Triebe zurück. Kürzen Sie die Äste an der Basis, die noch keine Blüten getragen haben, um die Hälfte.

Jedes Jahr

Kappen Sie nach der Blüte im April alle verblühten Zweige einige Zentimeter oberhalb von jungen Trieben oder gut sichtbaren Augen.

Entfernen Sie tote, kranke oder allzu schwache Äste.

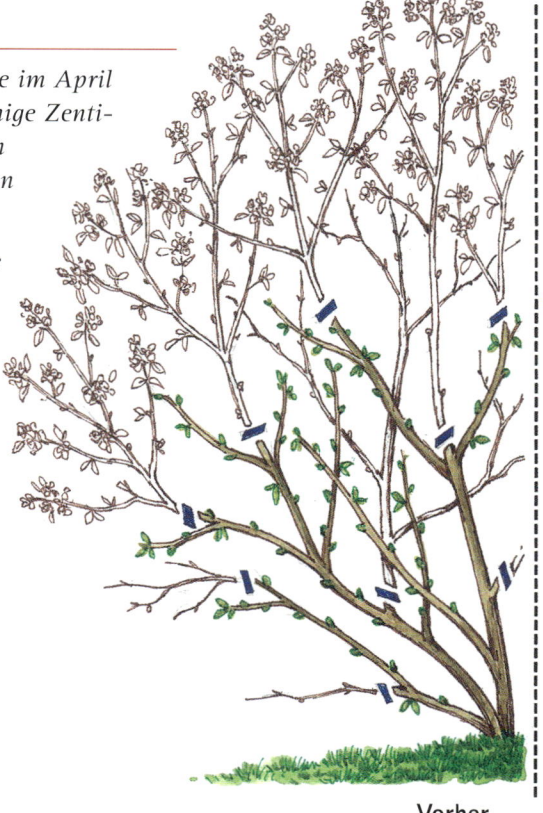

Vorher   Nachher

Schneiden Sie immer über einer Knospe oder einem Zweig, die nach außen gerichtet sind, um die Bildung von Zweigen zu fördern, die nach außen wachsen und den Strauch fülliger erscheinen lassen.

Pyracantha coccinea

Feuerdorn

Der Feuerdorn fühlt sich in allen gesunden Böden wohl, die nährstoffreich und gut drainiert sind, auch wenn sie Kalk enthalten. Er liebt Sonne. Beim Schnitt entfernt man nur ältere und tote Zweige. Feuerdorn eignet sich auch als Heckenstrauch.

 ## Wann und wie schneiden

Beim Einpflanzen

Kürzen Sie zwischen November und März alle Äste ungefähr um die Hälfte.

> Schärfen Sie, wenn Sie mehrere Sträucher ausschneiden, ihre Schere zwischendurch immer wieder mit einem Schleifstein nach.

Blätter: immergrün

Höhe: 2 bis 3 m

Form: Strauch oder Spalier

Blüte: Juni; von Juli bis Dezember Beeren

Wann schneiden?

• Im März

• Im Juni (Hecke)

• Ende August (Hecke)

Warum schneiden?

• Um eine harmonische Form zu erhalten

• Um der Hecke ein gepflegtes Aussehen zu geben

Ein Jahr später

Schneiden Sie im März die Hälfte der jungen Zweige heraus und verschonen Sie auch nicht die Zweige, die aus der Basis des Strauches herauswachsen. Kürzen Sie die kräftigsten Äste leicht. Entfernen Sie die jungen Triebe der Basis, wenn sie zu schwach sind.

Jedes Jahr

Entfernen Sie im März die überalterten Äste, die kahl erscheinen, sowie alle Äste und Zweige, die nach innen wachsen oder die Silhouette Ihres Strauches stören, sodass die Pflanze ihre harmonische Form behält und überall genug Licht und Luft bekommt.

Vorher   Nachher

Feuerdorn als Spalierstrauch

- Kürzen Sie in den ersten Jahren im März die Triebe des jeweils vorangegangenen Jahres immer um die Hälfte.

- Wenn der Strauch die gewünschte Form endlich erreicht hat, entfernen Sie immer um die gleiche Zeit des Jahres, also im März, die Spitzen der zu lang gewordenen Zweige und auch die verkahlten, alten Äste. Auf diese Weise regen Sie die Entwicklung neuer Zweige nahe der Strauchmitte an.

- Wichtig: Vergessen Sie nicht, regelmäßig die nachwachsenden Triebe am Rankgerüst festzubinden.

Schnitt einer Feuerdornhecke

BEIM EINPFLANZEN

Kürzen Sie zwischen November und
März wie bei einem Solitärstrauch
alle Äste um die Hälfte. Schneiden
Sie dabei immer über einem Auge,
das nach außen gerichtet ist.

Das richtige Werkzeug

Verwenden Sie im ersten Jahr eine Gartenschere, um die Äste genau oberhalb
der Triebknospen abzuschneiden.
Wenn die Hecke die gewünschte Form
erreicht hat, wird sie mit einer mecha-
nischen oder elektrischen Heckenschere geschnitten.

IM GLEICHEN JAHR

Schneiden Sie die Äste im Juni in 60 bis
80 cm Höhe über dem Boden ab und lichten Sie die Hecke etwas aus, damit sich am
Fuß der Sträucher viele Zweige bilden.

IN DEN ERSTEN JAHREN

Kürzen Sie im März alle Äste um zwei Drittel; dabei sollte die Hecke von Jahr zu Jahr ein wenig höher werden, aber nie mehr als ein Dutzend Zentimeter im Jahr wachsen, bis sie schließlich die gewünschte Höhe erreicht hat.

Die spitzen Dornen an den Ästen machen Hecken aus Feuerdorn zu undurchdringlichen Hindernissen, die kein Eindringling passieren kann.

JEDES JAHR

Wenn die Hecke die gewünschte Höhe erreicht hat, sollten Sie zweimal im Jahr, im Juni und Ende August, die überstehenden Zweige abschneiden.

Pyrus communis
Birne

Birnbäume lieben silikathaltige, lehmige und eher tiefe Böden, die aber nicht kalkhaltig sein dürfen. Da sie den Schnitt gut vertragen, kann man sie auch gut als Busch- und Spindelbäume oder Spalier in kleinen Gärten ziehen. Der Schnitt verstärkt außerdem die Früchteproduktion.

Wann und wie schneiden
Einen frei stehenden Birnbaum

Beim Einpflanzen

Wenn Sie Ihren Baum mit nackten Wurzeln gekauft haben, können Sie deren Spitzen um einige Zentimeter kürzen. Kürzen Sie zwischen November und März den Haupttrieb um 25 bis 30 cm sowie die Leit- oder Hauptäste. Korrigieren Sie, falls notwendig, den Neigungswinkel der Leitäste mithilfe von biegsamen Weidenverbindungen, mit denen Sie die Äste an den Haupttrieb binden; die Äste sollten mit dem Haupttrieb einen Winkel von 45° bilden.

Blätter: sommergrün
Höhe: bis 13 m
Form: frei stehend oder Spalier
Blüte: April bis Mai
Fruchtreife: Juli bis November, je nach Sorte
Wann schneiden?
• Im Winter
• Eventuell im Sommer
Warum schneiden?
• Um eine konstante Fruchtproduktion anzuregen
• Damit der Baum eine schöne Form behält

Bei frei stehenden Baumformen kann sich der Baum natürlich entwickeln und muss nicht regelmäßig geschnitten werden, damit die Ernten zufriedenstellend bleiben. Allerdings kann man bei selten ausgeschnittenen Bäumen feststellen, dass die Bäume in manchen Jahren mehr tragen und in anderen weniger. Dies ist darauf zurückzuführen, dass sich Früchteproduktion und Wachstum auch in der Natur gegenseitig Konkurrenz machen.

Alle drei bis fünf Jahre

Schneiden Sie im fünften Jahr nach dem Einpflanzen die Krone ungefähr um ein Viertel zurück, damit die Früchte nahe der Kronenmitte gebildet werden. Dadurch werden die Birnen auch wieder größer. Entfernen Sie alle Äste, die sich gabeln, die andere kreuzen, die schlecht platziert sind, weil sie nach innen wachsen, und Wasserschosse.

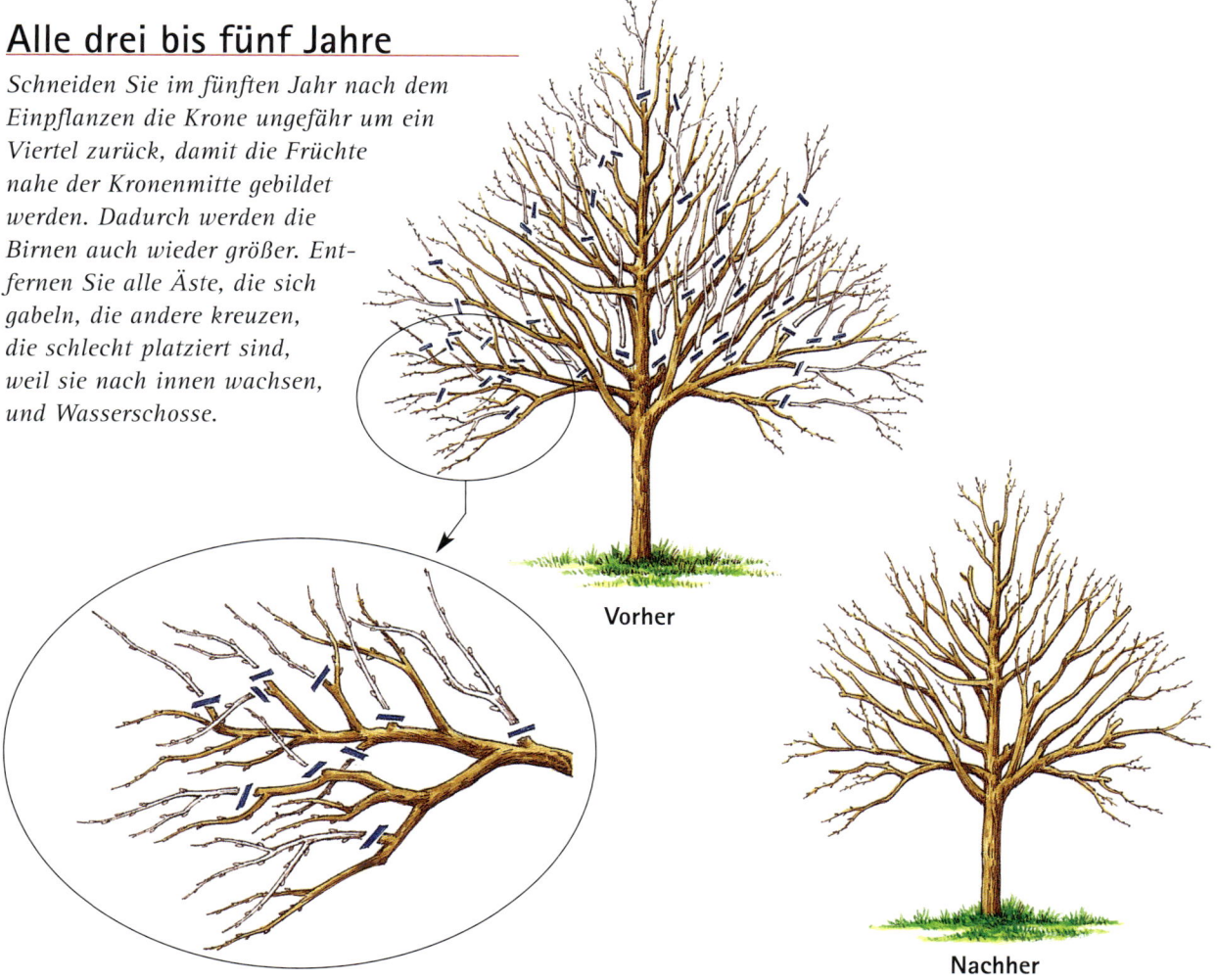

Vorher

Nachher

Sicherheit beim Baumschnitt

Wenn Sie einen Ast absägen, sollten Sie ihn zuerst an der Unterseite mit der Säge einige Millimeter tief einschneiden. Sägen Sie dann lotrecht über dieser Stelle an der Oberseite des Asts. Auf diese Weise wird der Ast nicht durch sein eigenes Gewicht abbrechen. Glätten Sie die Schnittfläche anschließend sorgfältig mit der Hippe.

- Desinfizieren Sie Ihre Geräte mit Spiritus, bevor Sie von einem Baum zum nächsten übergehen.

- Lassen Sie schwere Äste nicht einfach zu Boden stürzen. Schlingen Sie ein Seil um den Ast, bevor sie ihn absägen, und lassen sie ihn danach vorsichtig herunter.

- Wenn Sie bei der Arbeit auf eine Leiter steigen müssen, sollten Sie vorher ihre Standfestigkeit überprüfen. Bitten Sie einen Helfer, die Leiter zu halten, wenn Sie auf ihr arbeiten. Lehnen Sie sie nicht gegen den Baum; verwenden Sie lieber eine Stützleiter.

Die Auswahl eines Birnbaums

◀ FREI STEHENDER BAUM

Seine Äste benötigen keine Stütze. Der Stamm ist bei der **Hoch-stamm**-Form 1,80 bis 2 m hoch, beim **Halbstamm** 1,20 bis 1,50 m, beim **Viertelstamm** 0,30 bis 0,70 m. Ein **Spindelbusch** mit kurzem Stamm (30 cm), dessen Äste sich ebenmäßig in alle Richtungen ausbreiten (unten kürzer als oben) und dessen Krone deshalb einen Kegel bildet, stellt eine geschnittene freie Form dar. Er benötigt, im Unterschied zu den anderen frei stehenden For-men, einen regelmäßigen Fruchtholzschnitt.

SENKRECHTER KORDON (SCHNURBAUM) ▶

Die Früchte tragenden Nebentriebe werden sehr kurz gehalten. Sie zweigen von einem senk-rechten Haupttrieb ab.

◀ SPALIER IN EINFACHER U-FORM

Der Baum trägt zwei spiegelgleiche Leitäste. Dies ist die häufigste Form. Sie eignet sich für Sorten von schwacher bis mittlerer Wuchskraft wie ›Beurré Hardy‹, ›Grand Champion‹, ›Winter-Delbard Exquise‹.

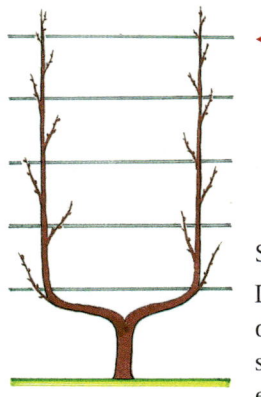

SPALIER IN DOPPELTER U-FORM ▶

Diese Form besteht aus zwei kurzen Leitästen, die sich wiederum gabeln. Auf diese Weise ent-stehen vier gleich starke Leitäste. Diese Form eignet sich für Sorten von mittlerer Wuchskraft wie ›Conférence‹ oder ›Doyaenné du Comice‹.

◀ VERRIER-PALMETTE

Diese Form wird von vier Leitästen ge-bildet; die beiden längeren rahmen die beiden kürzeren ein. Ebenso wie die doppelte U-Form zählt diese zu den großen Spalierformen. Sie eignet sich für Sorten mittlerer Wuchskraft wie ›Conférence‹ und ›Doyenné du Comice‹.

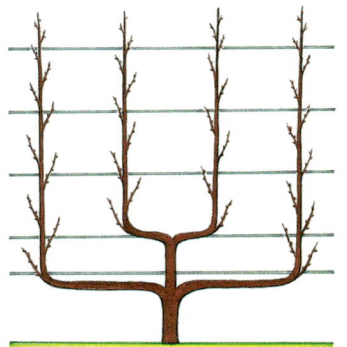

Es gibt auch Spalierformen **mit schrägen Ästen**, die am senkrechten Haupt-trieb fischgrätenartig im 45° Winkel stehen, oder so genannte **Pyramiden**, bei denen die Leitäste ebenfalls vom Haupttrieb abzweigen und abgestuft geschnitten sind.

Wann und wie schneiden
Ein Birnenspalier

Birnbäume in Spalierformen nehmen im Garten wenig Platz weg, weil sie entlang einer Mauer wachsen. Sie sind leicht abzuernten, und aufgrund ihrer geringen Höhe ist auch ihr Schnitt bequem durchzuführen.

Damit sie reichlich Früchte tragen, müssen sie regelmäßig jedes Jahr zurück- geschnitten werden.

Beim Einpflanzen

Für einen noch ungeübten Hobbygärtner ist es sehr schwierig, einen jungen Birnbaum zum Spalierbaum zu erziehen. Glücklicherweise sind im Handel bereits fertig ausge- bildete Spalierbäume erhältlich, die mit einem leichten Pflanzschnitt auskommen.

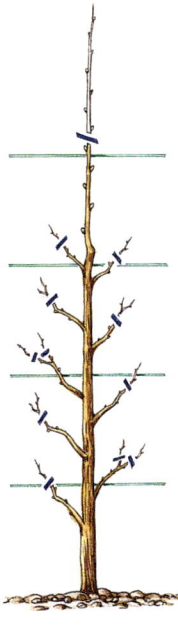

SENKRECHTER KORDON (SCHNURBAUM)

Kürzen Sie zwischen November und März den senkrechten Haupttrieb um 25 bis 30 cm. Entfernen Sie, wenn nötig, alle Verzweigungen oberhalb des dritten gut sichtbaren Auges, vom Ansatz des Seitenzweigs aus gerechnet. Schneiden Sie immer oberhalb eines Auges, das nach unten gerichtet ist.

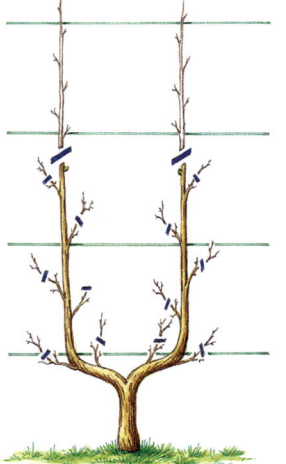

EINFACHE U-FORM

Kürzen Sie zwischen November und März die Enden der Leitäste um 25 bis 30 cm, sodass beide wieder gleich hoch sind; schneiden Sie dabei oberhalb einer Knospe, die ihnen zu- gewandt oder seitlich ausgerichtet ist.

Kürzen Sie bei einer jungen Pflanze ohne Ballen die Wurzel- spitzen um einige Zentimeter.

VERRIER-PALMETTE

Kürzen Sie zwischen November und März die Enden der Leitäste um 20 bis 30 cm; schnei- den Sie dabei oberhalb einer Ihnen zugewand- ten oder aber seitlich ausgerichteten Knospe. Schneiden Sie die beiden mittleren Leitäste etwas kürzer, da sie stärker wachsen.

Vor dem Pflanzen von Spalierbäumen in U-Form, doppelter U-Form oder als Verrier-Palmette sollten Sie das Rankgerüst errichten. Spannen Sie die Drähte mit 50 cm Abstand an Pfosten, wenn es ein frei stehendes Spalier ist, oder an Wandhalterungen, wenn die Bäume an der Mauer ste- hen werden. Bringen Sie dann an den Drähten Spalierlatten an. Diese soll- ten 30 cm Abstand haben; das entspricht dem Abstand zwischen den Leitästen der Spalierformen.

Wo entstehen die Früchte?

Die **Leitäste** sind die dicksten Äste des Baumes. Sie bestimmen seine Form und tragen keine Früchte.

Die Früchte bilden sich zunächst nahe der Basis des Spalierbaums an kurzen, schwächeren Ästen, die von den Leitästen abzweigen: den **Nebentrieben**, die später entlang der gesamten Länge Früchte tragen.

Ziel des Schnitts ist, die Bildung dieser Nebentriebe zu fördern; an einem Meter Leitast sollten etwa 20 von ihnen wachsen. Die Nebentriebe bringen die Blüten und später die Früchte hervor. Sie sollten so kurz wie möglich gehalten werden.

Mit zunehmendem Alter verlieren die Nebentriebe ihre Fruchtbarkeit; deshalb sollte man sie nach fünf Jahren entfernen und durch den Schnitt zur steten Neubildung von Trieben anregen.

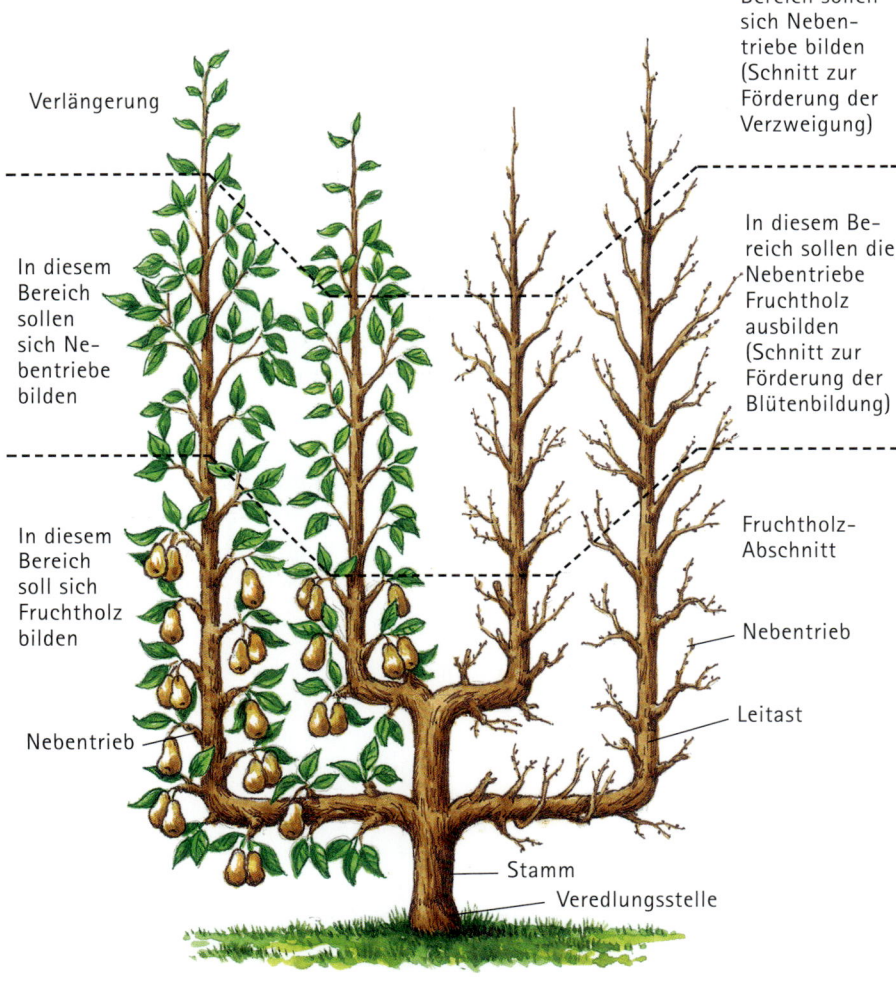

Verlängerung

In diesem Bereich sollen sich Nebentriebe bilden

In diesem Bereich soll sich Fruchtholz bilden

Nebentrieb

In diesem Bereich sollen sich Nebentriebe bilden (Schnitt zur Förderung der Verzweigung)

In diesem Bereich sollen die Nebentriebe Fruchtholz ausbilden (Schnitt zur Förderung der Blütenbildung)

Fruchtholz-Abschnitt

Nebentrieb

Leitast

Stamm

Veredlungsstelle

Auf die richtige Länge schneiden

Wenn die Nebentriebe, die man für die Fruchtproduktion ausgewählt hat, schwachwüchsig sind, sollte man sie stärker einkürzen, d.h. über dem zweiten gut sichtbaren Auge. Wenn Sie jedoch sehr stark wachsen, sollte man sie länger lassen und oberhalb des vierten oder fünften Auges schneiden, da sich sonst aus allen Augen Triebknospen und später Holztriebe entwickeln.

Bestimmung der Zweige eines Birnbaums

Ebenso wie alle anderen Obstbäume haben auch Birnbäume Zweige, die Früchte tragen (fruchtbare Zweige), und Zweige, die zum Wachstum des Baums beitragen (sterile Zweige). Beide sind auf ihre Weise nützlich. Durch den Schnitt versuchen wir, ein Gleichgewicht zwischen beiden Zweigarten herzustellen, das die Lebensdauer des Baumes verlängert. Deshalb ist es wichtig, die Zweige eindeutig bestimmen zu können.

DIE STERILEN ZWEIGE

Der **Wasserschoss** ist ein sehr kräftiger Zweig, der aus Biegungen der dicksten Äste (der **Leitäste**) wächst. Er beansprucht viel Baumsaft und kann im Jahr über 1 m lang werden. Man muss ihn entfernen, indem man ihn vom Leitast abschneidet.

Der **Holztrieb** wächst in einem Jahr nur 25 bis 60 cm. An den Seiten und am Ende trägt er schmale, spitz zulaufende Knospen (**Triebknospen**), aus denen sich weitere Holztriebe entwickeln. Wenn man ihn richtig schneidet, kann man ihn dazu bringen, fruchtbare Knospen zu bilden. Es ist bei Birnbäumen selten, dass sich eine Triebknospe in eine Blütenknospe verwandelt. Am Holztrieb kann sich jedoch ein Ringelspieß entwickeln, der eine Blütenknospe trägt. Einen dünnen Zweig von nur 15 bis 20 cm Länge nennt man **Reis**.

Triebknospe

Holztrieb

Blüten-
knospe

Ringelspieß

Spross

Fruchtkuchen

Spross

Fruchtkuchen

DIE FRUCHTBAREN ZWEIGE

Die **Blütenknospe** wird erst eine Blüte, aus der sich später eine Frucht entwickelt. Sie ist rundlich, hat eine kleine Spitze und ist von sechs oder mehr schützenden Hüllblättern umgeben.

Alle Zweige, die diese Knospen tragen, werden beim Schnitt verschont, weil sie ab der darauf folgenden Saison die Fruchtproduktion gewährleisten. Ein Reis, das oben mit einer Blütenknospe abschließt, nennt man **Ringelspieß**.

Der **Spross** ist eine spitz zulaufende, unten breite Knospe, die von einer Rosette von zwei oder drei Blättern umgeben ist. Seine Entwicklung kann durch den Schnitt beeinflusst werden: Er kann eine Blütenknospe oder ein Holztrieb werden.

Der **Fruchtkuchen** ist eine holzige Verdickung, die sich nach der Ernte an jener Stelle am Zweig bildet, an der der Fruchtstängel saß. An ihm befinden sich fruchtbare Elemente, wie Ansätze zu Ringelspießen oder Sprosse und häufig auch Blütenknospen.

Schließlich gibt es noch die **schlafenden Augen**. Durch einen geeigneten Schnitt werden sie dazu angeregt, einen Spross und später eine Trieb- oder eine Blütenknospe auszutreiben.

Der Fruchtholzschnitt: die wichtigsten Regeln

Beim Birnbaumspalier stellt der Schnitt ein Gleichgewicht zwischen dem Wachstum des Baumes und der Erzeugung von Früchten her. Dazu wählt man gut platzierte Holztriebe aus (Zweige, die keine Früchte tragen) und regt sie zur Fruchtbildung an.

Die Vorgehensweise ist bei allen Spalierformen die gleiche: Kürzen Sie die Leitäste oberhalb einer Knospe, die zu Ihnen oder zur Seite zeigt. Der Ast sollte jedes Jahr nur 25 bis 30 cm länger werden. Anschließend sind die Nebentriebe an der Reihe. Im Idealfall, den wir Ihnen hier vorstellen, dauert es drei Jahre, bis aus einem Holztrieb ein Zweig geworden ist, der Früchte trägt.

Holztrieb

Spross

Schlafendes Auge

Im ersten Jahr

Schneiden Sie den Holztrieb über dem dritten gut sichtbaren, d. h. gut entwickelten Auge ab.

Holztrieb

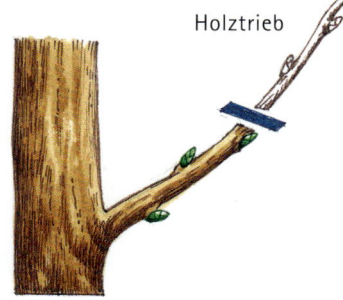

Im zweiten Jahr

Der Zweig hat sich weiter entwickelt: Aus der Endknospe ist ein Holztrieb gewachsen; das Auge darunter ist zu einem Spross geworden, während sich das nahe dem Ansatz sitzende Auge nicht verändert hat. Es ist weiterhin schlafend.

Schneiden Sie den Holztrieb oberhalb der ersten gut ausgebildeten Knospe, vom Ansatz aus gezählt, ab.

Holztrieb

Im dritten Jahr

Die Endknospe hat einen sterilen Holztrieb hervorgebracht; aus dem Spross wurde eine Blütenknospe, aus dem schlafenden Auge am Ansatz ein Spross.

Schneiden Sie den Nebentrieb über der Blütenknospe ab.

Blütenknospe

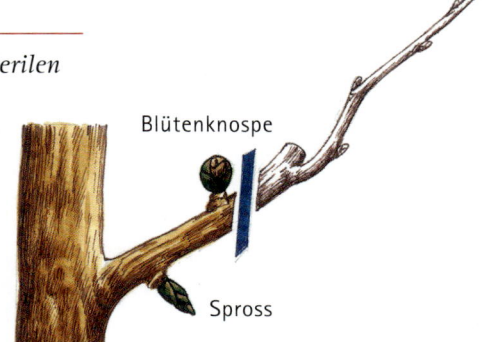

Spross

Der richtige Zeitpunkt

Der Fruchtholzschnitt wird zwischen dem Abfallen der Blätter (November) und März durchgeführt, aber nie in Frostperioden. Wenn Sie sich am Ende des Winters an die Arbeit machen (Februar bis März), können Sie die Triebknospen leichter von den Blütenknospen unterscheiden, denn zu dieser Zeit sind letztere am dicksten.

Im vierten Jahr

Die Entwicklung geht weiter. Aus der Blütenknospe ist im letzten Jahr eine Frucht entstanden, deren Stielnarbe zu einem Fruchtkuchen wurde. Der Spross hat sich zu einer Blütenknospe entwickelt.

Kürzen Sie den Zweig darüber ein, damit sich die Früchte nahe der Mitte des Baums bilden.

Frucht-
kuchen

Blüten-
knospe

Im folgenden Jahr

Aus der Blütenknospe wurde eine Frucht, und anschließend bildete sich hier ein Fruchtkuchen. Es ist unnötig, diesen Nebentrieb weiter zurückzuschneiden, denn am Fruchtkuchen werden sich nun nach jeder Ernte wieder fruchtbare Zweige bilden. Nach fünf Jahren muss man ihn dann auf Astring – am Ansatz also – absägen, damit sich aus noch schlafenden Augen ein neuer Trieb bildet.

Fruchtkuchen

Woran man vor dem Zurückschneiden denken sollte ...

Ein nach außen gerichteter Nebentrieb wird immer mehr Licht und Luft erhalten als einer, der ins Innere des Baumes wächst. Ersterer wird kräftiger sein und besser entwickelte Früchte tragen. Durch einen sachkundigen Schnitt wird die Bildung von nach außen gerichteten Nebentrieben gefördert.

DER FRUCHTHOLZSCHNITT: EINIGE SONDERFÄLLE

Nicht alle Nebentriebe, die oberhalb des dritten Auges gekürzt werden, entwickeln sich auf ideale Weise, d.h. so wie in den >wichtigsten Regeln< der vorhergehenden Seite beschrieben. Ziel des Schnitts in den ersten zwei oder drei Jahren ist es daher, widerspenstige Nebentriebe zur Fruchtbildung zu erziehen.

Der Nebentrieb wächst schwach

SCHNEIDEN SIE NICHT ...

Am Ende des Nebentriebs befindet sich eine Blütenknospe. *Für dieses Jahr ist die Fruchtbildung gesichert. Ohne Eingriff wird sich ein Auge am Ansatz dieses Nebentriebs in einen Spross verwandeln und dieses im Jahr darauf in eine Blütenknospe, die sich ihrerseits zu einer Frucht entwickelt. Wenn sich aus einem Auge bereits ein Spross gebildet hat, wird im folgenden Jahr daraus eine Blütenknospe.*

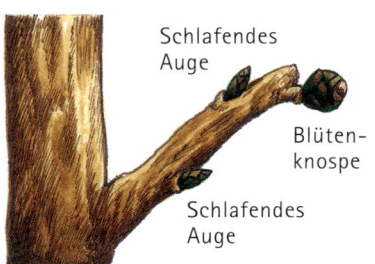

Schlafendes
Auge

Blüten-
knospe

Schlafendes
Auge

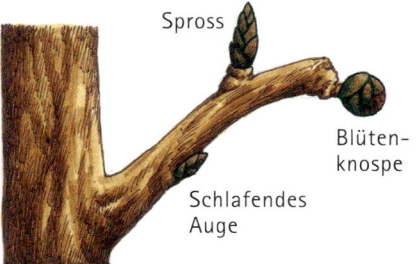

Spross

Blüten-
knospe

Schlafendes
Auge

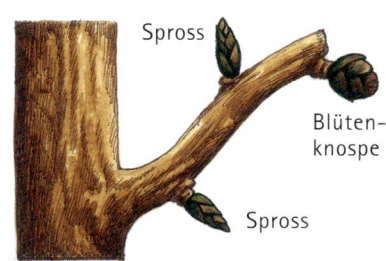

Spross

Blüten-
knospe

Spross

Der Nebentrieb weist zwei Blütenknospen und am Ansatz einen Spross auf. *Dieses Jahr wird er Früchte tragen. Wenn der Baum aber jung und wenig entwickelt ist, können Sie die Blüten-knospe am Ende entfernen.* ▼

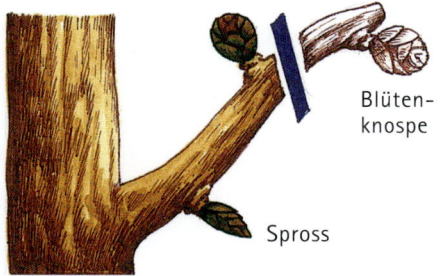

Blüten-knospe

Spross

▲ **Am Ende des Nebentriebs befin-det sich ein Spross.** *Dieser wird sich im folgenden Jahr in eine Blütenknospe verwandeln, und eines der schlafenden Augen am Ansatz wird zu einem Spross.*

Schlafende Augen

Spross

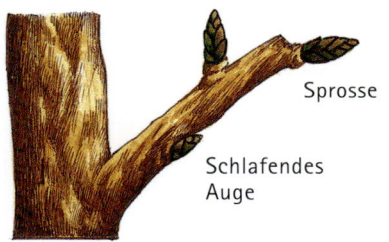

Sprosse

Schlafendes Auge

Sprosse

Es gibt zwei Sprosse. *Einer sitzt am Ende, der zweite genau darunter. Sie werden sich ohne Eingriff zu Blütenknospen entwickeln. Auch drei Sprosse auf einem Zweig entwickeln sich auf diese Weise.*

Der Nebentrieb läuft in einem schwachen Reis aus. *Aus dem mittleren Auge ist ein Spross geworden, und das Auge am Ansatz ist weiterhin schlafend. Ohne Eingriff wird sich der Spross im folgenden Jahr in eine Blütenknospe verwandeln.* ▼

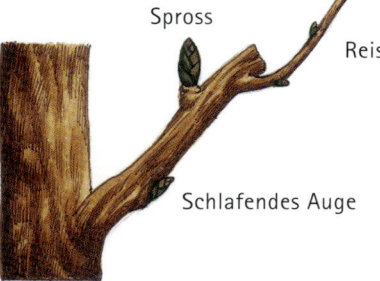

Spross

Reis

Schlafendes Auge

Reiser

Schlafendes Auge

◄ **Am Ende des Nebentriebs befinden sich zwei Reiser.** *Das Auge am Ansatz des Nebentriebs bleibt schla-fend. Im nächsten Jahr entwickelt sich das Reis nahe dem Ansatz ohne Eingriff zum Ringelspieß.*

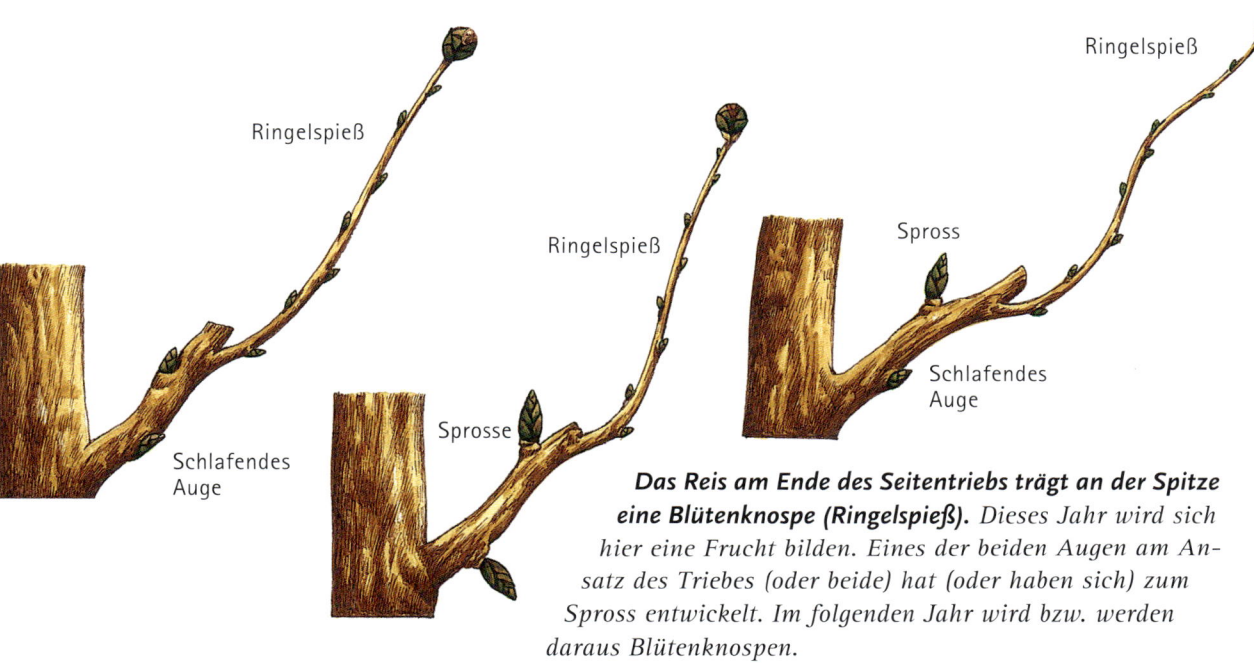

Ringelspieß

Ringelspieß

Ringelspieß

Spross

Schlafendes
Auge

Schlafendes
Auge

Sprosse

Schlafendes
Auge

Das Reis am Ende des Seitentriebs trägt an der Spitze
eine Blütenknospe (Ringelspieß). Dieses Jahr wird sich
hier eine Frucht bilden. Eines der beiden Augen am An-
satz des Triebes (oder beide) hat (oder haben sich) zum
Spross entwickelt. Im folgenden Jahr wird bzw. werden
daraus Blütenknospen.

Wenn die beiden Augen am Ansatz schlafend geblieben sind, wird sich das dem Reis näher liegende zu einem
Spross entwickeln.

Der Nebentrieb trägt mindestens eine Blütenknospe

Mindestens eines der Augen hat sich zu einer Blütenknospe entwickelt (unabhängig von der Entwicklung
der übrigen Augen am Nebentrieb).

Schneiden Sie den Nebentrieb über der Blütenknospe, die dem Leitast am nächsten ist,
ab (Zeichnungen hier unten und
auf der folgenden Seite).

Ringelspieß

Ringelspieß

Ringelspieß

Blütenknospe

Blüten-
knospe

Blüten-
knospe

Spross

Spross

Reis

171

Reis

Blütenknospe

Schlafendes
Auge

Reis

Blüten-
knospe

Spross

Reiser

Blütenknospe

Reiser

Blüten-
knospe

Reis

Blütenknospen

Blüten-
knospen

Spross

Bei einem jungen Baum sollten Sie, wenn der Nebentrieb zwei Blütenknospen trägt, nur diejenige am Baum lassen, die näher am Ansatz sitzt.

Die beiden Augen am Ende des Nebentriebs haben sich zu Blütenknospen entwickelt. Entfernen Sie eine davon.

Der Nebentrieb endet mit einem Ringelspieß

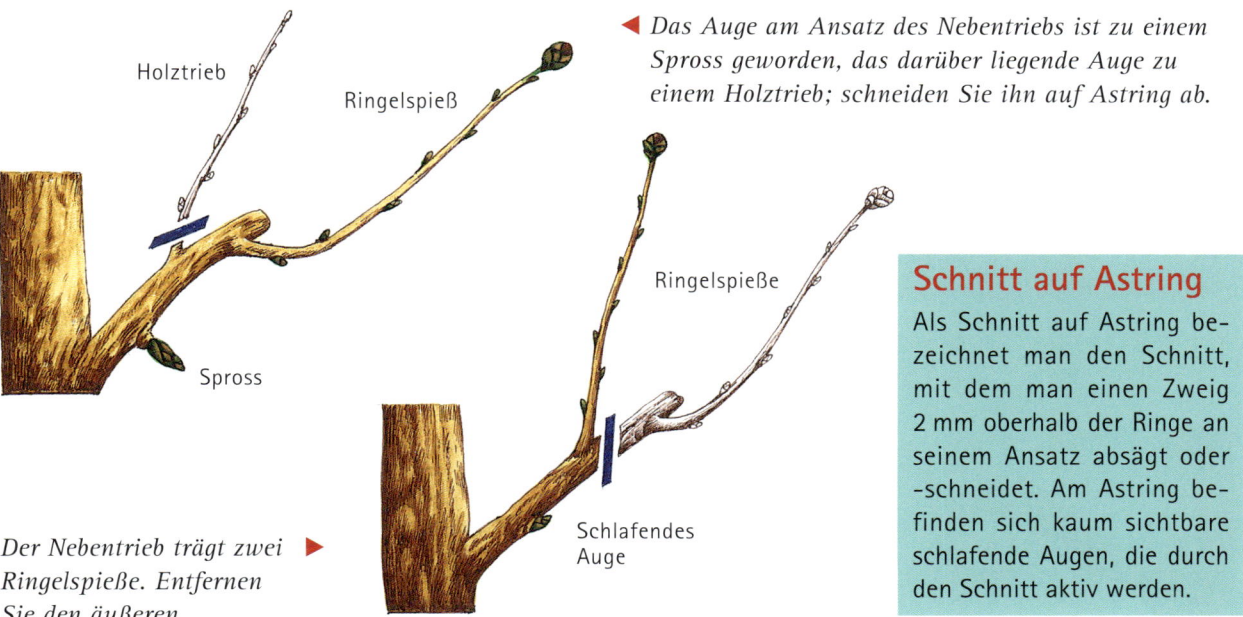

Holztrieb

Ringelspieß

Ringelspieße

Spross

◀ *Das Auge am Ansatz des Nebentriebs ist zu einem Spross geworden, das darüber liegende Auge zu einem Holztrieb; schneiden Sie ihn auf Astring ab.*

Schlafendes Auge

Der Nebentrieb trägt zwei ▶ *Ringelspieße. Entfernen Sie den äußeren.*

Schnitt auf Astring

Als Schnitt auf Astring bezeichnet man den Schnitt, mit dem man einen Zweig 2 mm oberhalb der Ringe an seinem Ansatz absägt oder -schneidet. Am Astring befinden sich kaum sichtbare schlafende Augen, die durch den Schnitt aktiv werden.

Wenn Sie zu stark zurückgeschnitten haben ...

... und der Nebentrieb auf den Schnitt hin drei sehr kräftige sterile Holztriebe ausgetrieben hat.

- Schneiden Sie im ersten Jahr den Ast oberhalb des Triebs, der dem Ansatz am nächsten ist, ab. Kürzen Sie dann den Trieb über dem fünften, gut sichtbaren Auge, von seinem Ansatz aus gezählt.

- Im zweiten Jahr sind aus den ersten beiden Augen Sprosse und aus den übrigen Holztriebe geworden. Kürzen Sie oberhalb des ersten Holztriebs, vom Ansatz des Nebentriebs aus gezählt, und schneiden Sie diesen dann über dem dritten gut sichtbaren Auge ab.

- Im dritten Jahr hat sich der obere Spross zur Blütenknospe entwickelt; kürzen Sie den Nebentrieb über dieser Knospe.

Holztriebe

Holztrieb

Holztriebe

Sprosse

Spross

Blüten-
knospe

1. Jahr

2. Jahr

3. Jahr

Das Triebende hat sich zu einem Holztrieb entwickelt

Dieser Holztrieb ist schwachwüchsig (Reis)

- Wenn die beiden Augen nahe am Ansatz des Nebentriebs schlafen, können Sie zwischen zwei Alternativen wählen: Sie können das Reis am Baum lassen, weil daraus möglicherweise ein Ringelspieß wird, oder Sie können das Reis entfernen. Dann wird sich mindestens ein schlafendes Auge in einen Spross verwandeln.

- Wenn aus den beiden schlafenden Augen am Ansatz des Nebentriebs Sprosse geworden sind, können Sie das Reis über dem ersten gut ausgebildeten Auge kürzen (von seinem Ansatz aus gezählt).

- Wenn aus dem mittleren Auge ein Ringelspieß hervorgegangen ist, sollten Sie den Nebentrieb knapp darüber abschneiden.

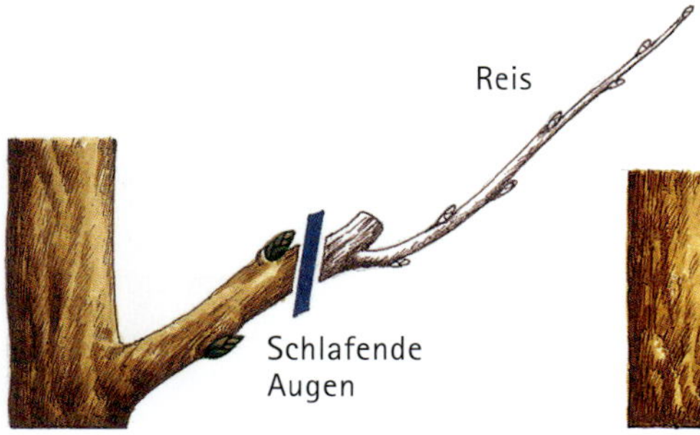

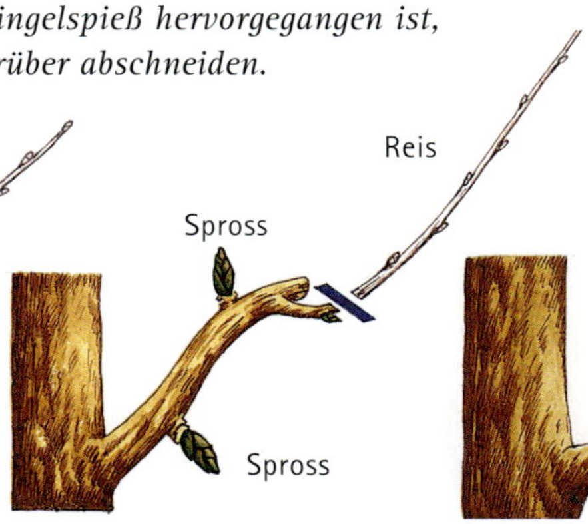

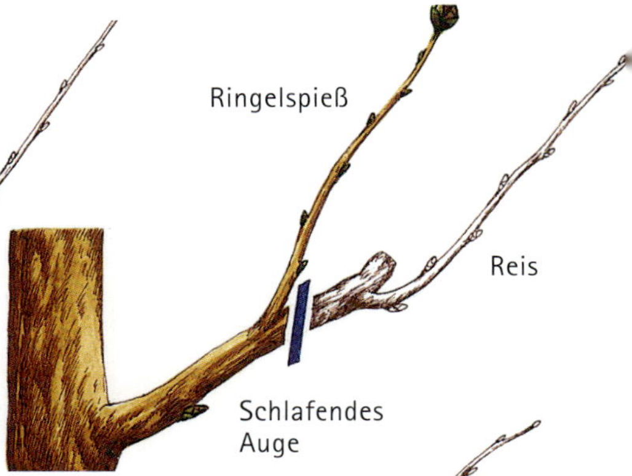

Reis

Spross

Reis

Ringelspieß

Reis

Schlafende Augen

Spross

Schlafendes Auge

Der Holztrieb ist kräftig

- Wenn die beiden Augen am Ansatz weiterhin inaktiv sind: Schneiden Sie den Holztrieb auf Astring.

- Wenn aus den schlafenden Augen am Nebentrieb Sprosse geworden sind: Kappen Sie den Holztrieb oberhalb seines untersten gut sichtbaren Auges.

- Wenn aus dem mittleren Auge ein Ringelspieß entstanden ist, sollten Sie den Holztrieb darüber kürzen. Schneiden Sie gegebenenfalls das unterste Reis auf Astring.

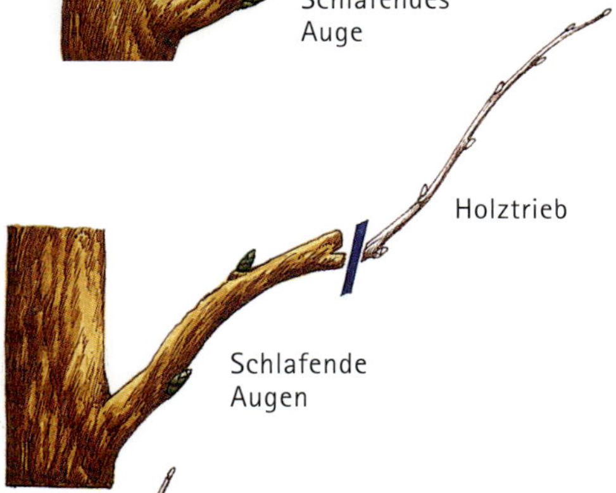

Holztrieb

Schlafende Augen

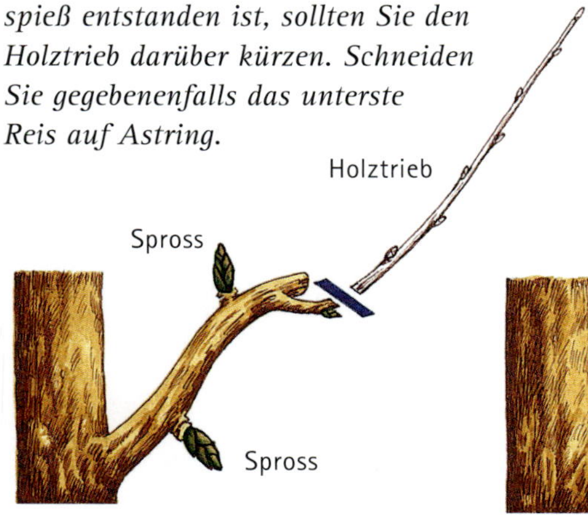

Holztrieb

Spross

Spross

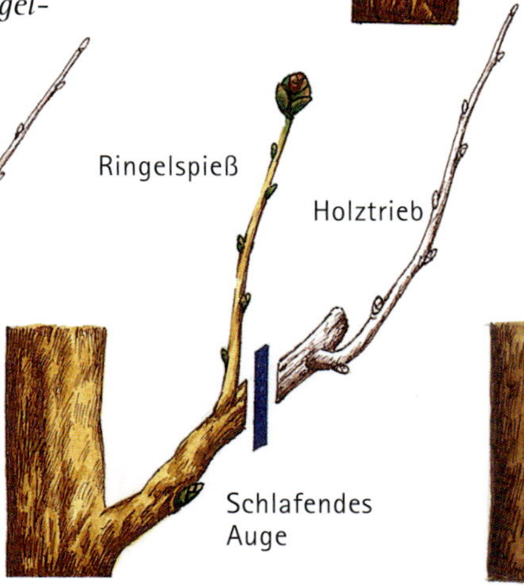

Ringelspieß

Holztrieb

Schlafendes Auge

Holztrieb

Ringelspieß

174

Am Ende des Nebentriebs sitzen zwei kräftige Holztriebe

- Wenn das Auge am Ansatz inaktiv geblieben ist, können Sie den Holztrieb über dem ersten gut sichtbaren Auge nach dem Ansatz kürzen und den zweiten auf Astring schneiden.

- Entfernen Sie nur den äußersten Holztrieb oberhalb seines ersten gut sichtbaren Auges (nach dem Ansatz), wenn das Auge am Ansatz des Nebentriebs zu einem Spross geworden ist.

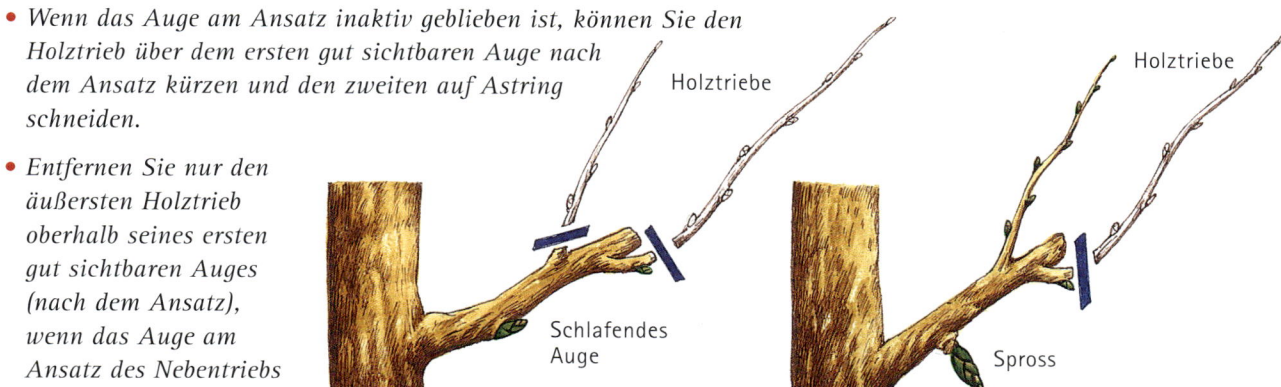

Der Nebentrieb ist gebogen

Die Blütenknospe sitzt an seinem Ende. Das obenauf liegende Auge hat sich in einen Holztrieb verwandelt, dasjenige, das dem Ansatz am nächsten ist, in einen Spross. Schneiden Sie den Holztrieb auf Astring. Lassen Sie den Ringelspieß am Baum.

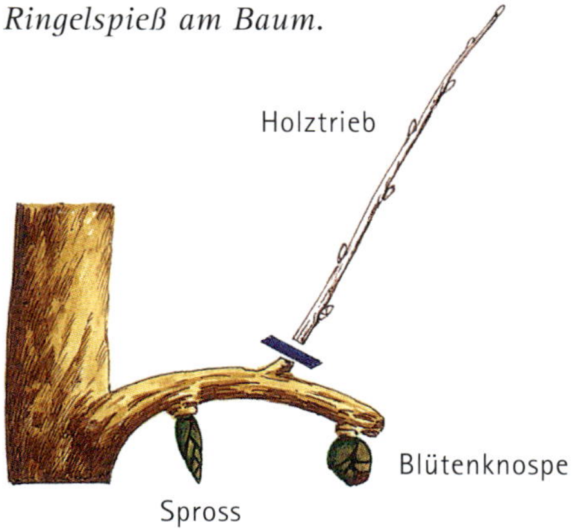

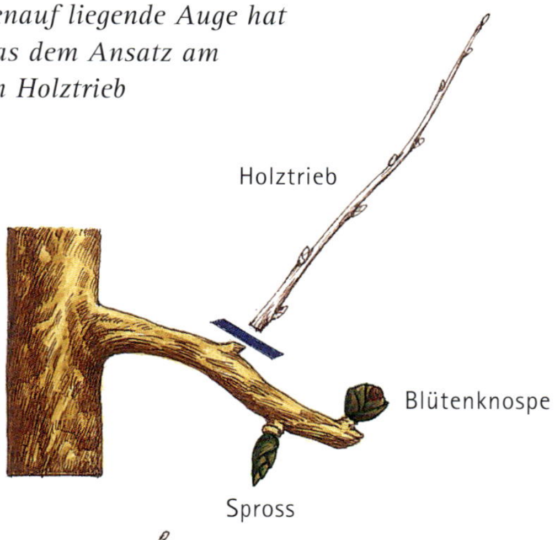

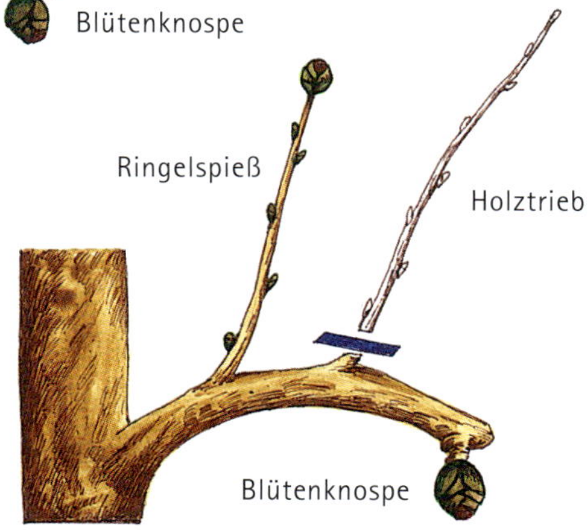

Der Nebentrieb trägt zwei Blütenknospen, eine davon nahe an seinem Ansatz. Schneiden Sie über dieser Knospe.

175

Aus dem Auge oder den Augen unten am Nebentrieb sind Sprosse geworden und aus den oberen Augen Holztriebe. Schneiden Sie diese Triebe über dem ersten gut sichtbaren Auge nach ihrem Ansatz ab.

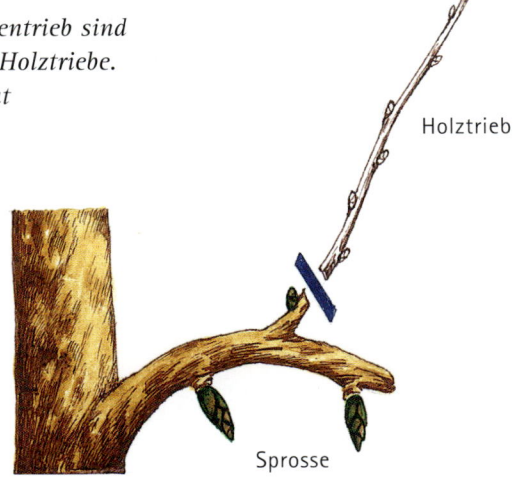

Holztrieb

Sprosse

Wenn es mindestens eine Blütenknospe gibt, sollten Sie knapp dahinter kürzen.

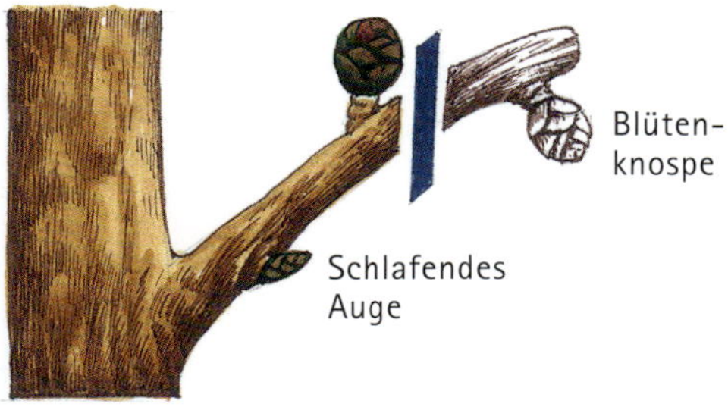

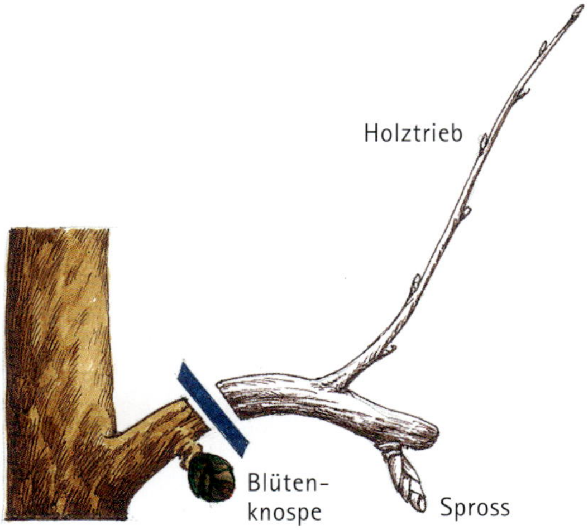

Blütenknospe

Blüten-knospe

Schlafendes Auge

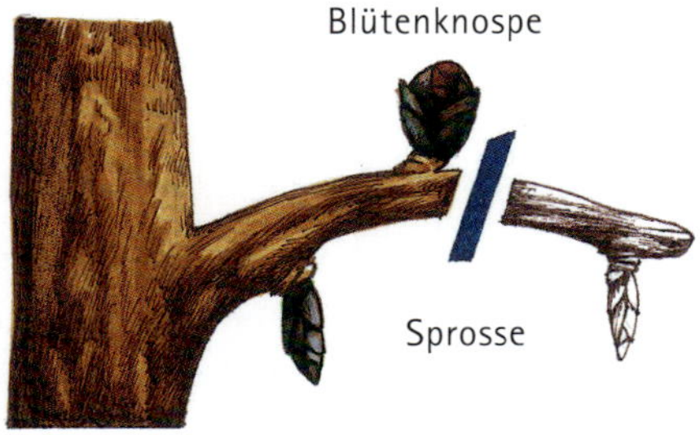

Sprosse

Holztrieb

Holztrieb

Blüten-knospe

Spross

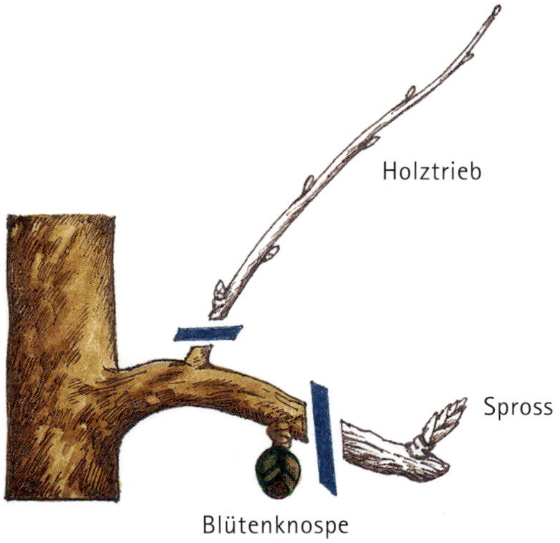

Blütenknospe

Spross

Wenn eines der oben liegenden Augen zu einem Holztrieb geworden ist, sollten Sie diesen auf Astring schneiden.

176

Gepflegte Birnbäume dank Sommerschnitt

Wenn man größere Früchte ernten möchte, kann man Birnbäume auch im Sommer ausschneiden. Dieser Eingriff ist allerdings nicht zwingend notwendig und ersetzt nicht den Schnitt im Februar bis März.

- Entfernen Sie zwischen Ende April und den ersten Maitagen alle Knospen, die sich auf der Wandseite oder senkrecht am Stamm entwickeln, wenn es sich um eine Spalierform handelt. Diesen Eingriff nennt man **Entknospung**.

- Kürzen Sie zwischen Mai und Mitte Juli sehr kräftige Holztriebe über dem fünften Blatt; am wichtigsten ist dies bei den vier oder fünf obersten Trieben, die unterhalb der Verlängerung sitzen und diese sonst überragen würden. Diese Maßnahme bezeichnet man als **Einspitzen** (Zeichnung 1). Die Verlängerung dagegen wird auf keinen Fall gekürzt. Wenn der Holztrieb am Ende eines Nebenzweigs sehr kräftig ist, können Sie ihn ebenfalls auf diese Weise abschneiden, damit sich seine unteren Augen in Sprosse oder Blütenknospen verwandeln (Zeichnung 2).

- Schneiden Sie Zweige, die oberhalb einer Gruppe von Früchten wachsen, über dem zweiten oder dritten Blatt ab, damit die Birnen größer werden.

- Einige Wochen, nachdem sie sich entwickelt haben, fallen einige Birnen von selbst ab. Dies ist die Folge einer natürlichen Auslese, die die größeren und gesünderen Früchte begünstigt. Unterstützen Sie diesen Vorgang bei kleineren Bäumen, indem Sie nur immer eine oder zwei Birnen aus einer Gruppe am Baum belassen (**Ausdünnen am Baum**).

Die **Verlängerung** ist der während eines Jahres gewachsene Holztrieb an den größten Ästen (den Leitästen), die die Form des Baumes bestimmen.

Verjüngung eines alten Birnbaums

Ein Baum, der jahrelang ungepflegt gewachsen ist, trägt bald weniger Früchte. Sein Wuchs erscheint ungleichmäßig, weil die kräftigsten Äste auf Kosten der übrigen wachsen.

- Bei einem **frei stehenden** Birnbaum werden Anfang November die Leitäste um die Hälfte zurückgeschnitten. Entfernen Sie Äste, die ungünstig platziert oder abgestorben sind. Berücksichtigen Sie dabei die für den Birnbaum typische Pyramidenform. Schneiden Sie die jungen Zweige im folgenden Herbst leicht nach, damit der Baum eine ausgewogene Form erhält. Bei einem Spindelbusch werden zum gleichen Zeitpunkt alle vom Haupttrieb abzweigenden Äste sehr stark gekürzt, und zwar oben stärker als unten.

- Bei **Spalierbäumen** werden die langen Nebentriebe knapp hinter einer jungen Verzweigung möglichst nahe am Mitteltrieb und die jungen Zweige hinter dem zweiten gut sichtbaren Auge gekürzt. Aber auch wenn Sie auf Astring schneiden, werden die schlafenden Augen am Ansatz Zweige austreiben. Führen Sie den Schnitt am gesamten Baum durch, damit er harmonisch wirkt.

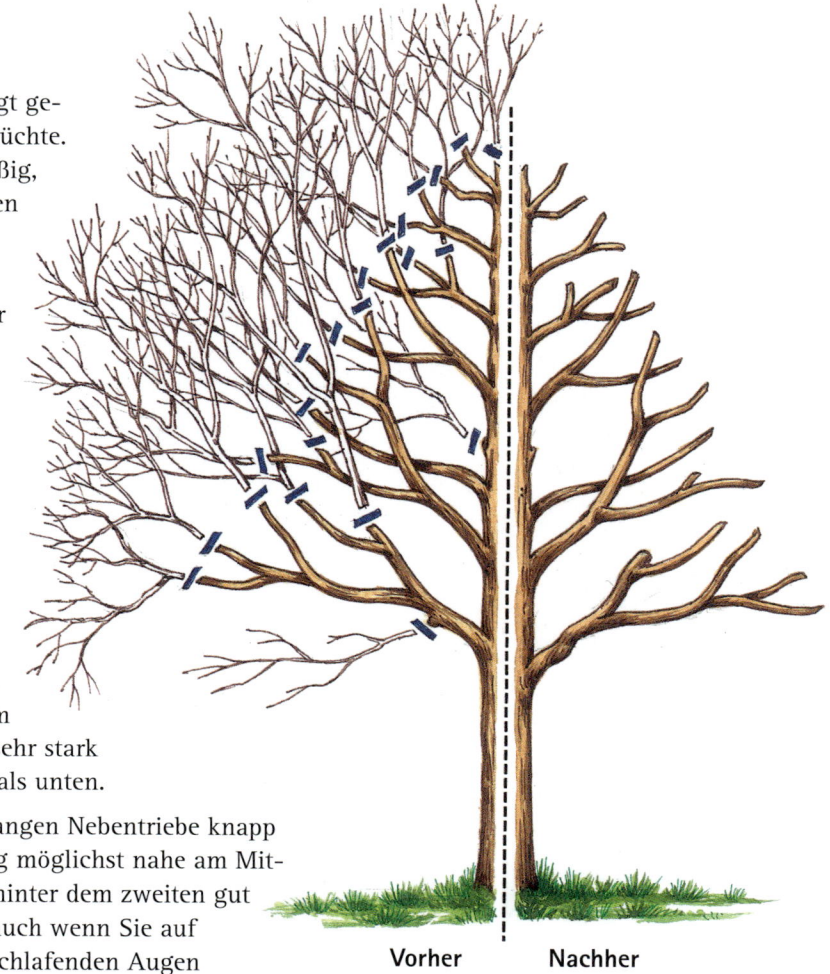

Vorher **Nachher**

Reis

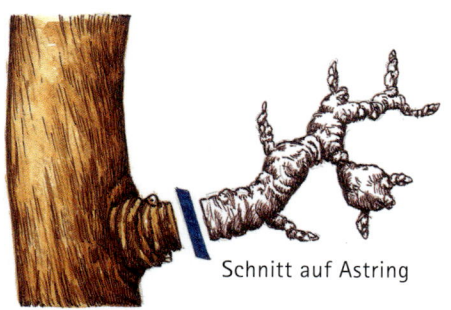

Schnitt auf Astring

Quercus
Eiche

Wann und wie schneiden

Beim Einpflanzen

Entfernen Sie beim Erziehungsschnitt die schwachen Äste im unteren Teil des Bäumchens und kürzen Sie kräftige Äste, die dem Hauptstamm Konkurrenz machen könnten.

Die ersten fünf Jahre

Schneiden Sie zwischen November und Februar weiterhin die schwächeren Triebe ab. Entfernen

▼

Sie die kräftigen Äste, die nah am Stamm wachsen und diesem Konkurrenz machen könnten.

In den folgenden Jahren

Schneiden Sie ab dem sechsten Jahr die niedrigen Äste bis in 2 m Höhe unmittelbar am Stamm ab. Kürzen Sie die höheren Äste in 20 cm Abstand vom Stamm. Der mittlere Ast sollte sich dagegen frei entwickeln.

Im siebten bis elften Lebensjahr des Baumes, sollten Sie je nach Stärke des Baums nur die Spitzen der hohen Äste kappen. Danach sollten keine Eingriffe mehr vorgenommen werden.

Eichen bevorzugen nährstoffreiche, tiefe und gut drainierte Böden. Starke Sonneneinstrahlung mögen sie nicht. Wenn der Baum seine natürliche Form entwickelt hat, muss er nicht mehr jedes Jahr geschnitten werden. Ein einfaches Ausschneiden alle zehn Jahre verjüngt ihn und sorgt dafür, dass er für den Garten nicht allzu groß wird.

Blätter: sommergrün
Höhe: 10 bis 30 m
Form: Hochstamm
Wann schneiden?
• Zwischen November und Februar (falls nötig)
Warum schneiden?
• Um die Äste zu verjüngen
• Damit der Baum nicht zu groß wird

179

Erziehung einer Eiche zum Buschbaum

BEIM EINPFLANZEN

Schneiden Sie zwischen November und Februar den Stamm des jungen Baums in 50 bis 80 cm Höhe über dem Boden ab, um die Zweigbildung anzuregen.

JEDES JAHR

Kürzen Sie die Spitzen der längsten Äste zwischen November und Februar um etwa 20 cm, damit sich die Äste verzweigen.
Lassen Sie die Zweige in der Mitte etwas länger wachsen, sodass die Eiche eine Kegelform entwickelt.

Der Instandhaltungsschnitt

Er stellt das einzige Mittel dar, um bei einer Eiche eine ansehnliche Form zu erhalten.
Dabei werden die Leitäste des Baums stark zurückgeschnitten. Bei dieser Gelegenheit entfernt man auch stark gebogene Äste und totes Holz. Bei der Arbeit sollte man mindestens zu zweit sein: Ein Helfer sollte denjenigen, der in der Krone die Äste schneidet, vom Boden aus dirigieren. Schneiden Sie die stärksten Äste ungefähr um die Hälfte schräg zurück.

Rhododendron

Immergrüner Rhododendron

Wann und wie schneiden

Schneiden Sie Ihren Rhododendron in den ersten Jahren nicht; er sollte sich frei entwickeln. Kürzen Sie im Frühjahr ausschließlich Äste, die die ausgewogene Form stören.

Jedes Jahr

Brechen Sie mit der Hand nach der Blüte (je nach Sorte zwischen Ende März und Juli) verwelkte Blüten ab. Entfernen Sie bei dieser Gelegenheit auch totes Holz.

Der Rhododendron verträgt keine kalkhaltigen Böden, sondern braucht saure Erde mit einem pH–Wert zwischen 4,5 und 5,2, die leicht, frisch und nährstoffreich sein sollte. Sie können ihn auch in Torferde pflanzen. Er wird praktisch nie geschnitten, außer zur Verjüngung.

Vergessen Sie nicht, bei Ihrem Rhododendron Schnittflächen mit einem Durchmesser von über 3 cm, besonders nach einem Verjüngungsschnitt, mit Wundverschlussmittel zu behandeln.

Blätter: immergrün
Höhe: 1,50 bis 4 m
Form: Busch
Blüte: je nach Sorte zwischen März und Juli

Wann schneiden?
- Zwischen Ende März und Juli, nach der Blüte
- Im März (Verjüngung)

Warum schneiden?
- Um welke Blüten zu entfernen
- Um einen verkahlenden Strauch zu verjüngen

Verjüngung eines Rhododendrons

Mit zunehmendem Alter wird Ihr Rhododendron kahler und trägt weniger Laub und Blüten. Sie können ihn dann stark zurückschneiden. Nehmen Sie diesen Schnitt aber nicht zu häufig vor, da er für den Strauch nicht leicht zu verkraften ist.

- Schneiden Sie im März alle Äste in 20 bis 30 cm Höhe ab.

- Wählen Sie im folgenden Frühjahr die kräftigsten und am besten platzierten Äste aus und entfernen Sie die anderen.

Der pH-Wert

Der Säuregrad eines Bodens wird bestimmt, indem man den pH-Wert misst. Im Handel sind Testpackungen erhältlich, mit deren Hilfe diese Messung leicht vorzunehmen ist. Die pH-Werte saurer Böden liegen zwischen 4,5 und 6,5. Sie sind leicht und dunkel, lassen Wasser leicht abfließen und trocknen an der Oberfläche schnell.

Rhododendron japonicum

Sommergrüner Rhododendron

Wann und wie schneiden

Jedes Jahr

Entfernen Sie von Hand die verwelkten Blüten, indem Sie sie mit den Nägeln von Daumen und Zeigefinger abknipsen. Auf diese Weise fördern Sie die Bildung neuer Blütenknospen für das nächste Frühjahr.

Schneiden Sie zum gleichen Zeitpunkt auch tote Äste und solche, die nach innen wachsen. Sie können auch alle Äste und Zweige entfernen, die die äußere Form der Pflanze unharmonisch erscheinen lassen.

Verfahren Sie ebenso mit anderen sommergrünen Rhododendren, wie z. B. *Rhododendron ponticum*, der unten abgebildet ist.

Der Rhododendron-Strauch braucht einen sauren Boden (pH-Wert zwischen 4,5 und 5), der leicht, nährstoffreich und auch im Sommer etwas feucht sein sollte. Wenn Ihre Gartenerde diese Eigenschaften nicht besitzt, sollten Sie den Rhododendron in Torf pflanzen. Der Strauch bevorzugt schattige Standorte und wird kaum geschnitten.

Blätter: sommergrün
Höhe: 1,20 bis 2,50 m
Form: Strauch
Blüte: April bis Mai
Wann schneiden?
- Im März (Verjüngung)
- Im Juni, nach der Blüte

Warum schneiden?
- Um einen alten Strauch zu verjüngen
- Um verblühte Blüten zu entfernen

Verjüngungsschnitt eines Rhododendron-Strauches

Wird Ihr Rhododendron unten kahl und trägt weniger Blüten, so müssen Sie ihn kräftig zurückschneiden.

- Entfernen Sie im März die dicksten Äste in 20 bis 30 cm Höhe über dem Boden oberhalb eines gut sichtbaren Auges, das möglichst nach außen gerichtet sein sollte.

- Im März des folgenden Frühjahrs wählen Sie unter den im letzten Sommer gewachsenen Zweigen die kräftigsten mit der besten Position aus.

- Entfernen Sie in den folgenden Jahren nur die welken Blüten und tote Äste und Zweige.

In den ersten drei bis vier Jahren wird der Sommergrüne Rhododendron ebenso wie andere sommergrüne Arten nicht geschnitten. So können sie ihre natürliche, sehr elegante Gestalt entwickeln. Vermeiden Sie später, dicke Äste zu kürzen, da dadurch die Form aus dem Gleichgewicht geraten und das Aussehen der Pflanze beeinträchtigt werden würde.

Ribes rubrum

Rote/Weiße Johannisbeere

Wann und wie schneiden

Jedes Jahr

Schneiden Sie im Februar, vor dem Austreiben der Blätter, die älteren Äste kurz über dem Boden ab, sodass nur etwa zehn Äste an der Pflanze verbleiben. Entfernen Sie auch die Zweige, die ins Innere des Strauches wachsen, sowie totes Holz.

Vorher

Nachher

Rote und Weiße Johannisbeeren vertragen Trockenheit nicht. In sehr sonnigen Regionen sollte man sie im Halbschatten pflanzen. Ein regelmäßiger Schnitt fördert die Bildung junger Zweige, die nach zwei bis drei Jahren Früchte tragen.

Die Schwarze Johannisbeere (*Ribes nigrum*) wird auf die gleiche Weise geschnitten wie *Ribes rubrum*.

Verjüngung von Johannisbeersträuchern

Um einen älteren Strauch, dessen Äste schwach geworden sind und wenig Früchte tragen, zu verjüngen, schneiden Sie im Februar die alten Äste auf Bodenhöhe ab. Lassen Sie nur ein Dutzend der kräftigsten jungen Äste stehen, die aus der Basis austreiben.

Blätter: sommergrün
Höhe: 1 bis 1,50 m
Form: Strauch
Fruchtreife: Ende Juni bis Mitte August, je nach Sorte
Wann schneiden?
• Im Februar
Warum schneiden?
• Um das Austreiben junger Zweige zu fördern
• Zur Verjüngung

Einführung in die Veredlung
Vermehren Sie Johannisbeeren durch Okulation

Warum veredeln?

Durch Veredlung können Sie Johannisbeeren auf Hochstämmen ziehen. Diese Strauchform wirkt nicht nur dekorativ, sondern ist auch Platz sparend und erleichtert beträchtlich die Ernte.

Wann veredeln?

Ende Juli.

Womit veredeln?

Mit einer Knospe der Mutterpflanze, die von einem Stück Rinde umgeben ist (Edelauge).

Welche Unterlage?

Ein zwei bis drei Jahre alter Strauch der Zierpflanze Goldjohannisbeere (*Ribes aureum*), der in Hochstammform gezogen ist.

1

DAS EDELAUGE

Schneiden Sie Ende Juli von einem Johannisbeerstrauch, den Sie vermehren wollen, einen Zweig, der in diesem Jahr ausgetrieben und Früchte getragen hat. Entfernen Sie alle Blätter oberhalb der Blattstiele.

Nehmen Sie das Auge aus dem mittleren Teil des Zweigs. Markieren Sie die Rinde in jeweils einem Zentimeter Abstand ober- und unterhalb des Auges durch Einritzen mit dem Okuliermesser.

Schieben Sie die Messerklinge an der unteren Markierung leicht angewinkelt unter die Rinde und führen Sie es mit einem kräftigen Schnitt zur oberen Markierung.

2

Entfernen Sie Holzsplitter, die beim Abnehmen des Edelauges an der Rinde hängen geblieben sind und den Erfolg der Veredlung verhindern würden. Achten Sie darauf, dabei nicht das Auge zu verletzen.

Entnehmen Sie das Edelauge, unmittelbar bevor Sie mit der Veredlung beginnen.

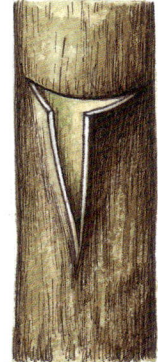

DIE UNTERLAGE

Bringen Sie an einer glatten, sauberen Stelle der Unterlage in 1,50 bis 2 m Höhe (Hochstammzucht) in der Rinde einen T-Schnitt an, dessen waagerechter und senkrechter Balken jeweils 2 cm lang sind. Heben Sie mit dem Spatel des Okuliermessers die Rinde an den Schnitträndern an, um sie abzulösen.

3

Das Entnehmen des Edelauges (Zeichnung 2) ist sehr schwierig, weil man das Auge mit einem einzigen sauberen Schnitt abtrennen muss, damit an der Rinde keine Holzsplitter hängen bleiben.

DIE VERBINDUNG

Halten Sie das Edelauge am Blattstiel fest, der nach oben gerichtet sein muss, und schieben Sie es vorsichtig unter die Rinde, bis es sich einen guten Zentimeter unterhalb des waagerechten Schnitts befindet. Schneiden Sie gegebenenfalls das Rindenstück auf der Höhe des waagerechten Schnitts ab, um den Kontakt zwischen Edelauge und Unterlage zu verbessern.

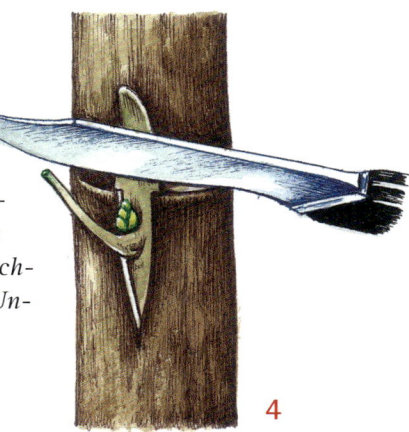

4

Umwickeln Sie die Veredlungsstelle nicht allzu straff mit Bast; lassen Sie das Auge unbedingt frei. Zehn Tage später können sie den Bast wieder entfernen.

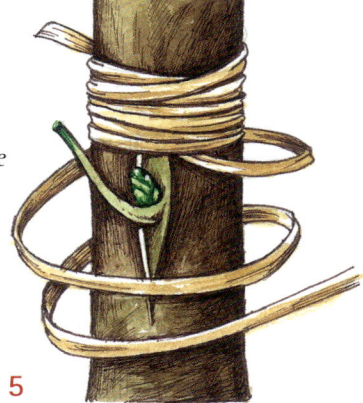

5

Die Veredlung ist gelungen, wenn das Edelauge austreibt und erste Blätter trägt. Schneiden Sie nun die Unterlage einige Zentimeter über der Veredlungsstelle ab und entfernen Sie den Bast.

Ribes sanguineum

Blutjohannisbeere

Die Blutjohannisbeere be-
nötigt gute und gut drai-
nierte Gartenerde sowie
Sonne oder Halbschatten
(im Halbschatten fällt die
Blüte allerdings etwas
magerer aus). Um die
Blütenbildung anzuregen
ist regelmäßiges, leichtes
Ausschneiden erforder-
lich. Der Zier-
strauch eignet
sich auch für de-
korative, niedrige
Blütenhecken.

Wann und wie schneiden

Beim Einpflanzen

Kürzen Sie zwischen November und März die Äste um die Hälfte. Damit opfern Sie die Blüte des Jahres zugunsten der Entwicklung des Strauches.

Wenn Sie den Strauch mit nackten Wurzeln gekauft haben, können Sie deren Enden um einige Zentimeter kürzen.

Ein Jahr später

Schneiden Sie die Zweige, die Blüten getragen haben, im April, nach der Blüte, oberhalb der jungen Verzweigungen um einige Zentimeter zurück.

Kürzen Sie die Äste, die aus der Basis wachsen und an denen keine Blüten waren, um die Hälfte.

Blätter: sommergrün
Höhe: 2 m
Form: Strauch
Blüte: April bis Mai
Wann schneiden?
• Im Mai, nach der Blüte
Warum schneiden?
• Um die Blütenbildung an-
zuregen

Schneiden Sie immer oberhalb einer Knospe oder einer Verzweigung, die nach außen gerichtet ist. Auf diese Weise erhält der innere Bereich des Strauches genügend Licht, und die Zweige, die an diesen Stellen wachsen, füllen die äußeren Partien des Strauches.

Jedes Jahr

Kürzen Sie im April/Mai, nach der Blüte, oberhalb junger Verzweigungen alle Zweige, die Blüten getragen haben, um einige Zentimeter.

Entfernen Sie totes Holz, schwache Zweige und Äste und solche, die keine Blüten mehr hervorbringen.

Von Zeit zu Zeit können Sie gründlicher schneiden und alle Zweige in 30 bis 40 cm Höhe über dem Boden kürzen.

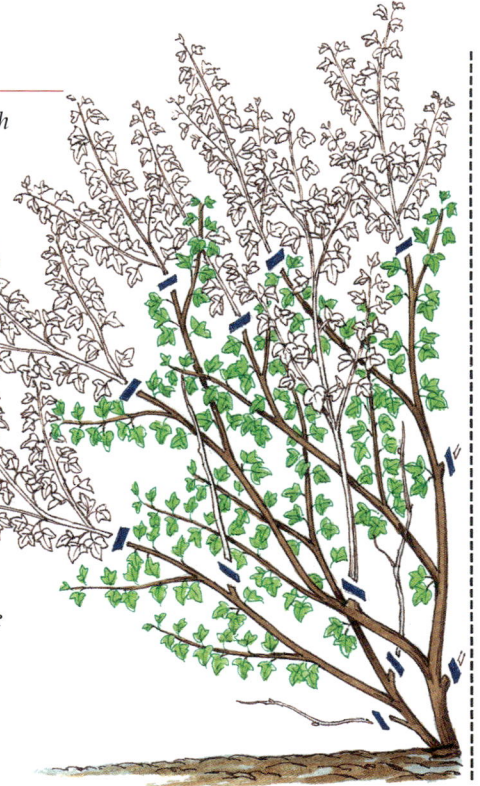

Vorher   Nachher

Der Blütensträucherschnitt

So nennt man den Schnitt, der die Pflanze zur Bildung neuer Blüten anregt. Dazu werden ältere Zweige zugunsten von jungen entfernt, die immer die meisten Blüten hervorbringen.

Ribes uva-crispa
Stachelbeere

Stachelbeeren vertragen alle Böden gut – außer sie sind zu schwer oder sandig und trocken – und fühlen sich in der Sonne ebenso wohl wie im Halbschatten. Ein regelmäßiger Schnitt fördert die Bildung junger Zweige, die im Alter von zwei oder drei Jahren zahlreiche Früchte tragen.

Blätter: sommergrün

Höhe: 1 m

Form: Strauch

Fruchtreife: Je nach Sorte Anfang bis Ende Juli

Wann schneiden?
- Im Februar vor der Wachstumsphase

Warum schneiden?
- Um das Austreiben junger Äste zu begünstigen
- Um den Strauch zu verjüngen

 # Wann und wie schneiden

Jedes Jahr

Schneiden Sie die wenig fruchtbaren, älteren Zweige (die älter als fünf Jahre sind) im Februar, bevor die Blätter austreiben, auf Bodenhöhe ab. Lassen Sie nur etwa ein Dutzend Äste am Strauch. Kürzen Sie die jungen Triebe um zwei Drittel ihrer Länge, um ihre Verzweigung anzuregen und zu fördern.

Kappen Sie ebenfalls auf Bodenhöhe alle Äste und Zweige, die abgestorben sind, die ins Innere des Strauches wachsen, die zu niedrig sitzen und deren Früchte den Boden berühren würden.

Vorher

Nachher

Rosa
Rose

Wann und wie schneiden
Busch- und Stammrosen

Beim Einpflanzen

Kürzen Sie zwischen November und März die Äste um zwei Drittel ihrer Länge. Kürzen Sie die Wurzelspitzen um einige Zentimeter, wenn Sie die Pflanze ohne Ballen gekauft haben.

Wählen Sie im folgenden Frühjahr die drei oder vier kräftigsten Äste aus und schneiden Sie sie über dem zweiten oder dritten gut sichtbaren Auge. Entfernen Sie die übrigen Äste und das tote Holz.

Im folgenden Herbst

Kürzen Sie die Äste um ungefähr die Hälfte, entfernen Sie totes Holz und Triebe im unteren Bereich der Pflanze.

(Fortsetzung Seite 194)

Rosen brauchen Sonne und einen Boden mit ausgewogener Zusammensetzung; er darf nicht zu viel Kalk enthalten, sollte durchlässig und etwas feucht sein. Der Schnitt richtet sich nach der Sorte.

Blätter: sommergrün

Form: Busch, Strauch, Hochstamm oder Kletterstrauch

Bodendecker: unter 1,20 m

Strauchrosen: 1 bis 2 m

Kletterrosen: 5 bis 6 m

Zwergrosen: 25 bis 45 cm

Stammrosen: 0,90 bis 1,80 m (Trauerrosen)

Blüte: Juni bis Juli (einmal blühende); Juni bis Oktober (öfter blühende)

Wann schneiden?

- Juli bis August nach der Blüte (nicht öfter blühende Sorten)
- Im März (Kletterrosen)

Warum schneiden?

- Um die Blütenbildung zu fördern
- Um das Wachstum anzuregen

Woran man vor dem Zurückschneiden denken sollte ...

DER RICHTIGE SCHNITT

Schneiden Sie immer 5 mm oberhalb eines gut sichtbaren Auges, das nach Möglichkeit nach außen gerichtet sein sollte. Auf diese Weise wird der austreibende Zweig dazu beitragen, dass die Pflanze nach außen hin buschiger wirkt. Der Schnitt sollte leicht schräg geführt werden, damit das Regenwasser nicht von der Schnittfläche auf das Auge fließt.

Richtiger
Schnitt

Schnitt ist zu lang
(zu weit weg
vom Auge)

Schnitt ist zu
kurz (zu nahe
am Auge)

Entfernen Sie die welken Blüten nicht von den Rosensorten, die dekorative Früchte tragen.

ENTFERNEN VON WILDTRIEBEN

Es kommt vor, dass kräftige Triebe neben Ihrer Rose aus der Erde herauswachsen: die Wildtriebe. Ihre Blätter sind kleiner und heller, ihre Dornen sind dünner und stehen dichter. Sie müssen entfernt werden, da sie aus der Unterlage der veredelten Pflanze austreiben und die Pflanze schwächen.

Graben Sie einen Rosenstrauch oder eine Kletterpflanze so weit aus, dass Sie den Ansatz des Wildtriebs erreichen und ihn dort abschneiden können.

Schnitt welker Blüten

Wenn man welke Blüten entfernt, regt man öfter blühende Rosen dazu an, neue Blütenknospen zu bilden; deshalb sollte man die Pflanze die gesamte Blütezeit über regelmäßig kontrollieren. Schneiden Sie den Blütenstiel über dem ersten Blatt, an dessen Achse eine gut sichtbare Knospe sitzt.

Schneiden Sie öfter blühende Rosen (die den ganzen Sommer über fast ununterbrochen Blüten hervorbringen) im Frühling, die einmal blühenden Sorten, die nur einmal jährlich im Juni bis Juli blühen, dagegen im Sommer.

Entfernen von Zweigen am Stamm

Bei Hochstammrosen sollten alle Zweige entfernt werden, die längs des Stammes austreiben. Schneiden Sie sie so knapp wie möglich über der Rinde des Stammes ab.

Verwenden Sie immer eine saubere und scharfe Schere

Desinfizieren Sie die Klingen der Rosenschere gründlich mit Spiritus oder der Flamme eines Feuerzeugs, bevor Sie die nächste Pflanze behandeln.

Jedes Jahr

Wenn kein Frost mehr zu befürchten ist und bevor die Triebe am Fuß der Pflanze aktiv werden, sollten Sie die sechs bis sieben, vorzugsweise jungen Äste mit dem stärksten Durchmesser über der zweiten oder dritten gut sichtbaren Knospe abschneiden.

Kürzen Sie stärker wachsende Sorten weniger stark ein, d. h. über dem vierten oder fünften Auge.

Entfernen Sie alle anderen Äste und totes Holz.

Schneiden Sie die Rose Ende Herbst aus und entfernen Sie die letzten welken Blüten und die Früchte.

Vorher   Nachher

Wann und wie schneiden
Strauchrosen

Beim Einpflanzen

Beschränken Sie sich zwischen November und März darauf, totes Holz zu entfernen. Wenn die Pflanze mit nackten Wurzeln erworben wurde, können Sie deren Spitzen um einige Zentimeter kürzen.

Warten Sie bis März, um die Äste um ein Drittel ihrer Länge zurückzuschneiden (Zeichnung gegenüber).

In den beiden folgenden Jahren

Entfernen Sie im März totes Holz und schwache Triebe aus der Strauchmitte. Schneiden Sie die stärksten Äste um zwei Drittel ihrer Länge zurück.

Jedes Jahr

Schneiden Sie im März einen oder zwei Äste mit starkem Durchmesser, die wegen Überalterung kaum mehr Blüten tragen, in Bodenhöhe ab. Kürzen Sie die Hauptäste um zwei Drittel ihrer Länge, ihre verbleibenden Zweige nur um ein Drittel. Kürzen Sie die Triebe des Vorjahrs, die heller sind, um ein Drittel.

Entfernen Sie totes Holz und schwache Triebe.

Vorher   Nachher

Wann und wie schneiden
Zwergrosen

Beim Einpflanzen

Entfernen Sie zwischen November und März nur totes Holz und beschädigte oder ungünstig platzierte Äste. Bei Pflanzen ohne Ballen können Sie die Wurzelspitzen um einige Zentimeter kürzen.

Warten Sie bis März, um die Zweig- und Astenden um 2 bis 3 cm zu kürzen (Zeichnung gegenüber).

Jedes Jahr

Entfernen Sie im März totes Holz und die jeweils ältesten Äste, die kaum Blüten tragen oder zu stark verzweigt sind. Kürzen Sie alle anderen über dem zweiten oder dritten gut sichtbaren Auge.

Strauchrosen

Wann und wie schneiden
Öfter blühende Kletterrosen

Beim Einpflanzen

Entfernen Sie zwischen November und März totes Holz und kürzen Sie die Wurzelspitzen, wenn Sie die Pflanze mit nacktem Ballen erworben haben.

Warten Sie bis März, um dann die zwei oder drei kräftigsten Äste auszuwählen. Kürzen Sie diese in 40 bis 50 cm Höhe über dem Boden und entfernen Sie alle übrigen Äste (Zeichnung gegenüber).

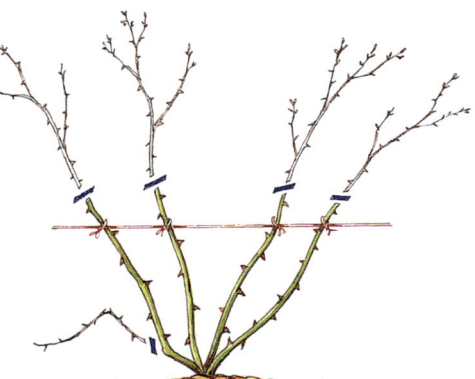

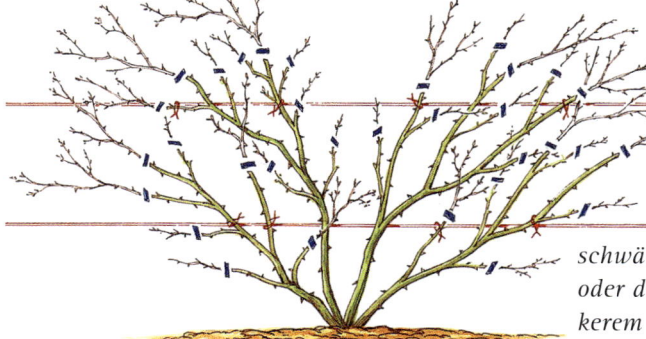

In den drei folgenden Jahren

Schneiden Sie im März die Hauptäste um ein Drittel ihrer Länge zurück und kürzen Sie die schwächeren der verbleibenden Zweige oberhalb des zweiten oder dritten gut sichtbaren Auges und die Zweige mit stärkerem Durchmesser über dem vierten oder fünften Auge.

> Befestigen Sie die wachsenden Triebe Ihrer Kletterrose regelmäßig am Rankgerüst. Die stärkeren Äste werden im 45° Winkel oder waagerecht angebunden, um die Verzweigung anzuregen.

Jedes Jahr

Entfernen Sie im März einen oder zwei ältere Äste, die weniger Blüten hervorbringen. Zählen Sie die neuen Äste und entfernen Sie die entsprechende Zahl alter. Schneiden Sie die kräftigsten um ein Drittel ihrer Länge zurück. Kürzen Sie die Verzweigungen je nach deren Stärke über dem zweiten oder fünften gut sichtbaren Auge. Entfernen Sie totes und schwaches Holz.

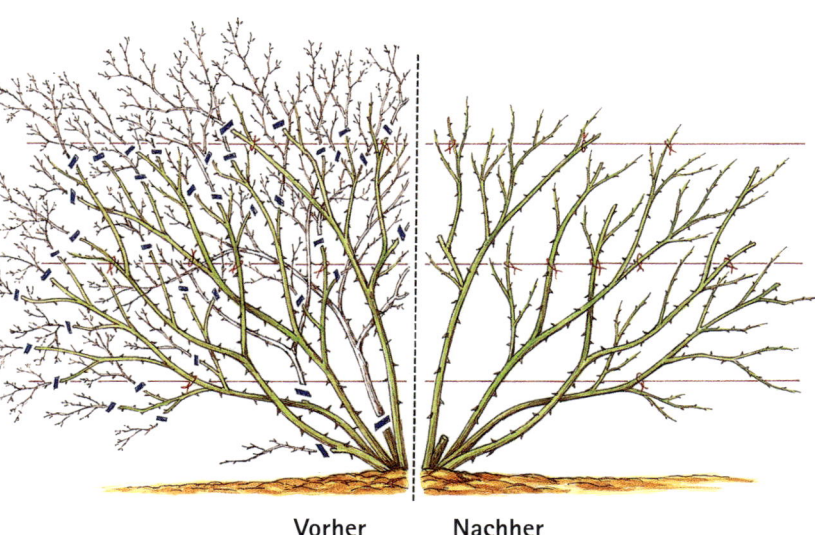

Vorher   Nachher

Veredeln Sie Rosen durch Okulation

Warum veredeln?

Die Veredlung ermöglicht, dass alle Rosensorten auf allen Böden gedeihen können, unabhängig von deren Kalkgehalt. Dazu genügt es, eine geeignete Unterlage zu finden. Die Veredlung ist darüber hinaus die einzige Methode, um eine Hochstammrose oder Trauerrose zu erhalten.

Wann veredeln?

Im Juli bis August.

Womit veredeln?

Mit einem Edelauge der gewünschten Sorte, das von einem Stück Rinde umgeben ist.

Welche Unterlage?

Wählen Sie eine zweijährige, in ihrem Garten eingepflanzte *Rosa canina*, *Rosa laxa* oder die stachellose *Rosa multiflora*.

DAS EDELAUGE

Entnehmen Sie von der als Mutterpflanze ausgewählten Rose im Juli oder August einen gesunden, jungen (also hellen) Zweig von mittlerer Stärke. Schneiden Sie die Blätter über dem Blattstiel ab.

1

Entnehmen Sie aus der Mitte des Zweigs das Edelauge. Markieren Sie dazu mit einem Okuliermesser die Rinde etwa 1 cm ober- und 1 cm unterhalb des Auges. Führen Sie die Klinge unter der oberen Markierung ein und führen Sie das Messer mit leicht schräg gehaltener Klinge von der oberen zur unteren Markierung. Der Schnitt sollte schnell und kräftig sein.

Wenn an dem Rindenstück etwas Holz hängen geblieben ist, sollten Sie es vorsichtig mit dem Messer entfernen, ohne das Auge zu beschädigen, denn anhaftende Holzsplitter können das Zusammenwachsen von Edelauge und Unterlage verhindern.

Bereiten Sie das Edelauge erst unmittelbar, bevor Sie die Veredlung durchführen, vor.

2

DIE UNTERLAGE

Bringen Sie an einer gesäuberten und glatten Stelle der Rinde des Haupt-triebs in etwa 5 cm Höhe einen T-Schnitt an. Beginnen Sie mit dem 1 bis 2 cm langen waagerechten Bal-ken und machen Sie dann den 3 cm langen senkrechten Schnitt. Heben Sie mit dem Spatel des Okuliermes-sers die Rinde an den Schnitträndern an, um sie vom Holz zu lösen.

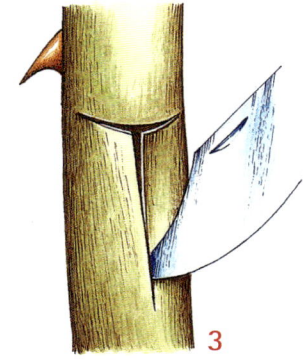

3

Das Entnehmen des Edelauges (Zeichnung 2) ist eine knifflige Angelegenheit: Das Rindenstück muss mit einem einzigen Schnitt abgelöst werden, damit keine Holzsplitter daran haften bleiben.

DIE VERBINDUNG

Halten Sie das Rindenstück vorsichtig am nach oben gerichteten Blattstiel und schieben Sie es unter die Rinde, bis das Edelauge gut 1 cm unter dem waagerechten Schnitt sitzt.

Schneiden Sie gegebenenfalls das Rindenstück oben an der Kante des waagerechten Schnitts ab, um den Kontakt zwischen dem Edelauge und der Unterlage zu verbessern.

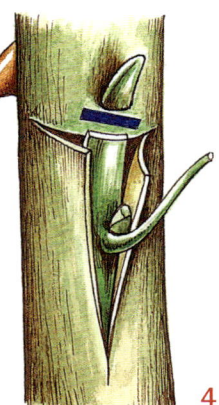

4

Die Wahl der Unterlage

Rosa multiflora wird am häufigsten als Unterlage gewählt. Sie gedeiht in allen kalkfreien Böden. In kalkhal-tiger Erde hat sich *Rosa canina* bewährt. Ihre Varietät ›Pfänders‹ eig-net sich besonders für die Züchtung von hohen Stammrosen (1,20 bis 1,80 m). *Rosa laxa* verträgt kalkhal-tige Böden am besten.

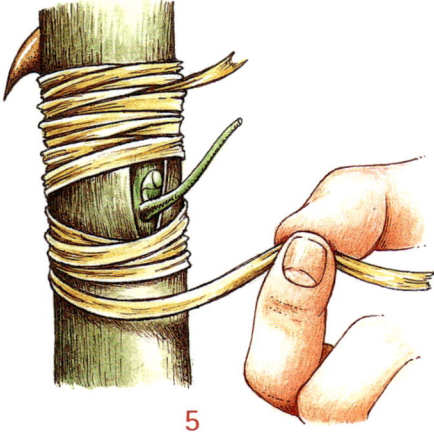

5

Umwickeln Sie die Ver-edlungsstelle mit Bast – jedoch nicht zu straff. Das Auge muss frei bleiben. Entfernen Sie den Bast etwa zehn Tage später, wenn die Unterlage von starker Wuchskraft ist.

Wann und wie schneiden
Einmal blühende Kletterrosen

Beim Einpflanzen

Entfernen Sie zwischen November und März totes Holz. Bei Rosen, die Sie ohne Ballen erworben haben, können Sie die Wurzelspitzen um einige Zentimeter kürzen.

Warten Sie bis März, um die zwei oder drei kräftigsten Äste auszuwählen. Kürzen Sie diese in 40 bis 50 cm über dem Boden und entfernen Sie die übrigen Äste (Zeichnung gegenüber).

Ein Jahr später

Schneiden Sie nach der Blüte (im Juli) die Blütenzweige über dem zweiten oder dritten Blatt, vom Ansatz aus gezählt, ab.

Jedes Jahr

Trennen Sie nach der Blüte (im Juli oder August), wenn sich die Pflanze gut entwickelt hat, die seitlichen Verzweigungen über dem zweiten oder dritten Blatt ab (vom Ansatz aus gezählt).

Entfernen Sie zwei bis drei ältere Äste, die weniger Blüten getragen haben und unten kahl werden, sowie totes Holz und schwache Triebe.

Vorher   **Nachher**

200

Rubus

Brombeere

Wann und wie schneiden

Brombeeren gedeihen an allen Standorten und auf allen Böden. Beim Schnitt entfernt man alle Ranken, die bereits Früchte getragen haben.

Jedes Jahr

Schneiden Sie im Februar oder März alle Ranken, die im Herbst des Vorjahrs Früchte getragen haben, am Ansatz ab. Kürzen Sie die übrigen Ranken um einige Zentimeter und entfernen Sie schwache Triebe.

Empfehlenswert sind die dornenfreien amerikanischen Sorten mit großen Früchten.

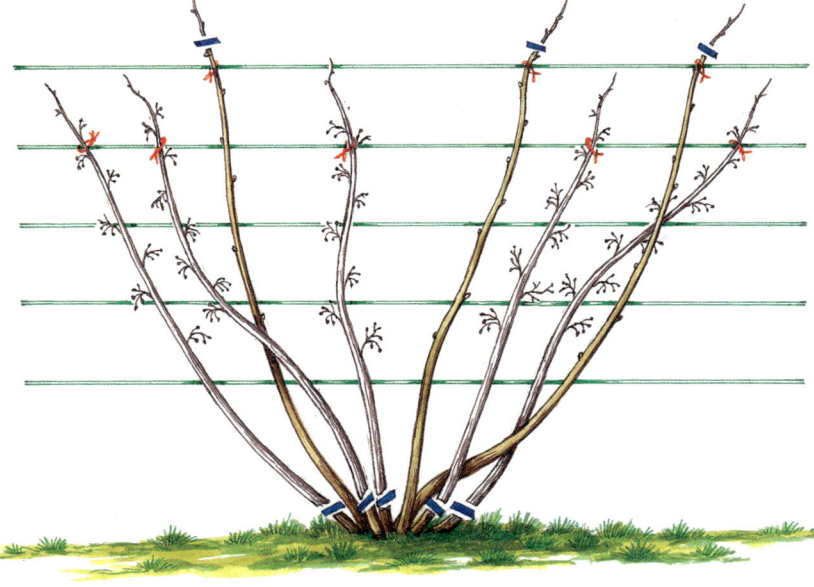

Blätter: wintergrün
Höhe: 1,50 bis 2 m
Form: Strauch
Fruchtreife: Mitte Juli bis September
Wann schneiden?
• Februar bis März
Warum schneiden?
• Um Ranken zu entfernen, die Früchte getragen haben

Rubus idaeus
Himbeere

Himbeersträucher gedeihen auf nährstoffhaltigem und leicht feuchtem Boden an fast allen Standorten, sogar im Halbschatten. Sie leiden jedoch sehr unter sommerlicher Trockenheit. Der Schnitt ist unerlässlich, um die abgestorbenen Äste (Ruten) zu entfernen, die im Vorjahr Früchte getragen haben.

Blätter: sommergrün

Höhe: 1,50 bis 2 m

Form: Strauch

Fruchtreife: je nach Art Juni bis Juli und September bis Oktober

Wann schneiden?
- Juni bis Juli
- August bis September (zweimal tragende Sorten)

Warum schneiden?
- Um totes Holz zu entfernen und die Pflanzenmitte zu belüften
- Um die Bildung junger Triebe anzuregen

Wann und wie schneiden
Einmal tragende Sorten

Jedes Jahr

Schneiden Sie die Ruten, die Früchte getragen haben, im Juli nach der Ernte kurz über dem Boden ab. Lassen Sie die übrigen Triebe intakt. (Zeichnung 1)

Sie können auch bis zum folgenden Frühjahr warten und die alten Ruten im März entfernen. Sie sind dann vertrocknet und können abgebrochen werden.

1

2

Man unterscheidet einmal tragende Himbeersorten, die nur im Juni und Juli Beeren hervorbringen, und zweimal tragende, die zusätzlich noch im August bis September eine Ernte liefern.

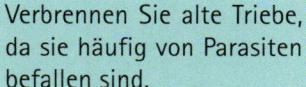

Wann und wie schneiden
Zweimal tragende Sorten

Jedes Jahr

Schneiden Sie im August oder September (nach der Ernte) jene Teile der Ruten aus, die Früchte getragen haben, sowie jene, die im Herbst des Vorjahrs Beeren produziert haben, sofern Sie diese nicht schon im Juni entfernt haben.

Verbrennen Sie alte Triebe, da sie häufig von Parasiten befallen sind.

Schneiden Sie die trockenen Ruten des Vorjahrs kurz über dem Boden ab.

Im Juni des folgenden Jahres werden die Ruten, die im Vorjahr Früchte getragen haben, entfernt: Sie sind trocken und lassen sich leicht abknicken. Nun können sich die jungen Triebe besser entwickeln.

Die unterirdischen Triebe der Himbeeren breiten sich unter der Erde über große Entfernungen hinweg aus und sprießen dort, wo sie unerwünscht sind. Entfernen Sie sie, sobald sie an die Oberfläche kommen.

Salix alba ›Tristis‹

Trauerweide

Die Trauerweide ist ein robuster Baum; am wohlsten fühlt sie sich in frischen, feuchten Böden, aber sie verträgt auch trockenere Erde. Sie muss nicht regelmäßig geschnitten werden, es sei denn, dass man ihr Wachstum einschränken will. In diesem Fall schneidet man sie am besten gründlich zurück.

 ## Wann und wie schneiden

Beim Einpflanzen

Kürzen Sie im Februar bis März die Verzweigungen, die sich am Haupttrieb gebildet haben, oberhalb des zweiten oder dritten Auges, von ihrem Ansatz aus gezählt.

Lassen Sie den Stamm intakt und geben Sie ihm im Laufe des Sommers eine Stütze, damit er gerade wächst.

Ein Jahr später

Entfernen Sie im Februar oder März alle Äste, die am Stamm austreiben, mit Ausnahme der drei oder vier höchsten. Schneiden Sie diese jeweils über dem zweiten oder dritten Auge (vom Beginn der Verzweigung aus gezählt) zurück, um die dichte Bildung junger, hängender Zweige in der Krone anzuregen.

Wiederholen Sie diese Maßnahme drei bis fünf Jahre lang, um das Austreiben zahlreicher junger, grüner und biegsamer Zweige anzuregen. Wenn der Baum die gewünschte Höhe erreicht hat, brauchen Sie ihn nicht mehr zurückzuschneiden.

Blätter: sommergrün
Höhe: 10 bis 15 m
Form: Hochstamm

Wann schneiden?

- Zwischen November und Februar

Warum schneiden?

- Damit sie eine zum Garten passende Größe behält

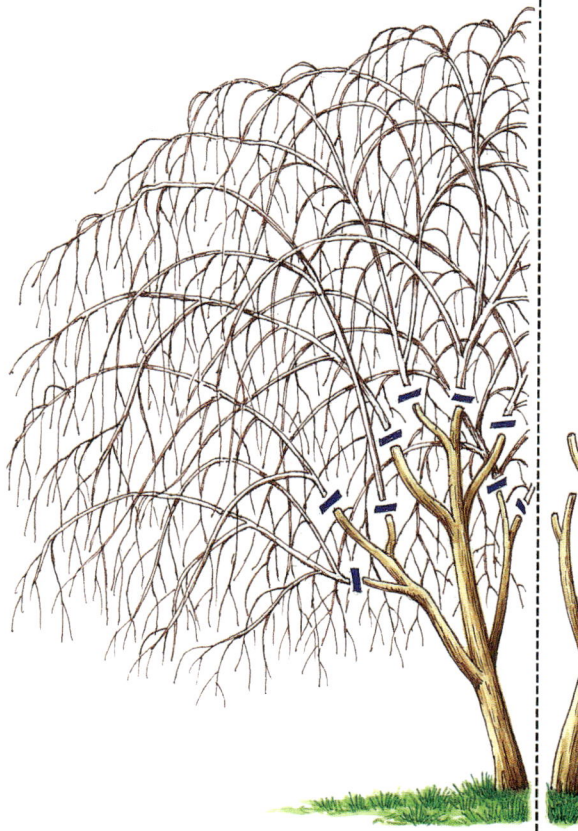

Vorher **Nachher**

Alle sechs bis acht Jahre

Schneiden Sie zwischen November und Februar alle Äste in 3 bis 5 m Höhe über dem Boden ab, damit Ihre Trauerweide eine vernünftige Größe behält. Nach zwei oder drei Jahre wird Ihre Weide die Äste wieder hängen lassen, und vom radikalen Rückschnitt wird nichts mehr zu sehen sein.

Vergessen Sie nicht, große Schnittflächen mit Wundverschlussmittel zu behandeln.

Spiraea x *arguta*, *S.* x *vanhouttei*
Brautspiere, Prachtspiere

Die Brautspiere fühlt sich nur in einem tiefen, nährstoffreichen und wenig kalkhaltigen Boden wohl. Sie verträgt Halbschatten, trägt dann aber weniger Blüten. Damit sie ihre volle Pracht entfalten kann, braucht sie einen gründlichen Rückschnitt.

Wann und wie schneiden

Beim Einpflanzen

Schneiden Sie zwischen November und März die Äste um zwei Drittel zurück. Auf diese Weise fördern Sie die Bildung zahlreicher Zweige an der Basis, und der Strauch wird eine ausgewogene Form erhalten. Sie opfern zwar die Blüte des Jahres, aber dies kommt dem Wachstum des Strauches zugute. Kürzen Sie die Wurzelspitzen um einige Zentimeter, wenn Sie ihn ohne Ballen gekauft haben.

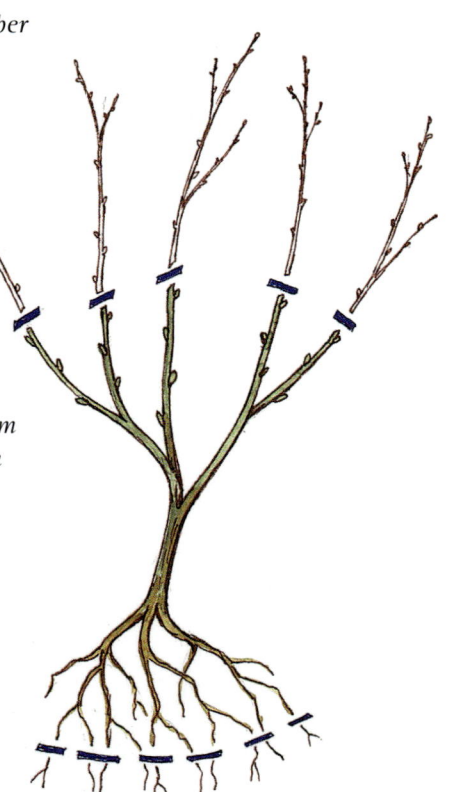

Blätter: sommergrün
Höhe: 1 bis 2,50 m
Form: Strauch
Blüte: Ende April bis Anfang Mai (*S.* x *arguta*), Mai bis Juni (*S.* x *vanhouttei*)
Früchte: August bis Oktober
Wann schneiden?
- Im Mai oder im Juni, nach der Blüte

Warum schneiden?
- Um eine reiche Blütenbildung anzuregen

Ein Jahr später

Kürzen Sie die Äste, die Blüten getragen haben, nach der Blüte (im Mai oder Juni, je nach Sorte) einige Zentimeter über einer Verzweigung. Schneiden Sie die kräftigen Zweige an der Basis, die keine Blüten getragen haben, auf die Hälfte ihrer Länge zurück und entfernen Sie schwache Zweige.

Die noch weichen jungen Triebe, die sich seit Anfang des Frühjahrs gebildet haben, dürfen Sie nicht entfernen.

Jedes Jahr

Schneiden Sie nach der Blüte (im Mai oder im Juni, je nach Sorte) über einer möglichst tief gelegenen Verzweigung alle Äste, die Blüten getragen haben. Kürzen Sie die kräftigen unteren Zweige an der Basis um die Hälfte. So regen Sie die Pflanze dazu an, zahlreiche neue Verzweigungen zu bilden, die im folgenden Frühjahr Blüten hervorbringen werden. Entfernen Sie auch alte und abgestorbene Äste.

Schneiden Sie nicht die weichen jungen Triebe ab, die seit dem Beginn des Frühjahrs gewachsen sind.

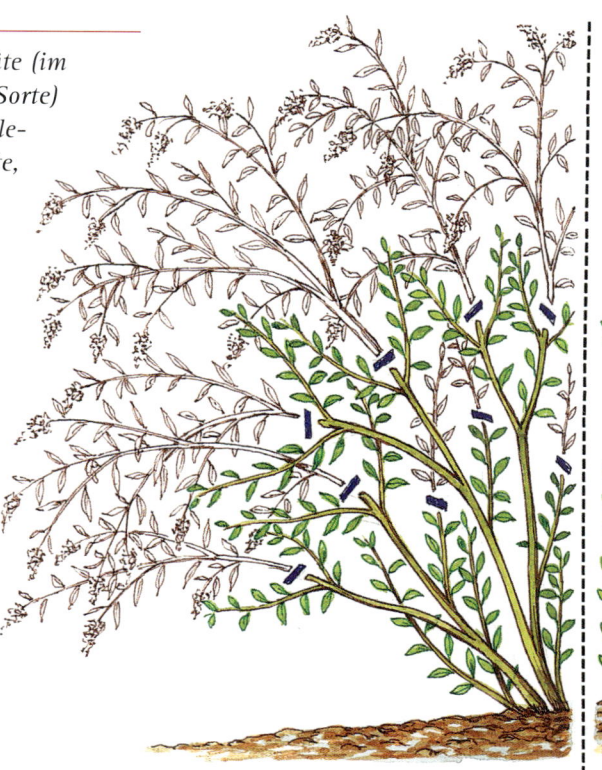

Vorher   Nachher

Schneiden Sie immer über einer Verzweigung, die nach außen gerichtet ist. Der junge Zweig wird den Strauch außen buschiger erscheinen lassen, ohne der Strauchmitte Licht und Luft wegzunehmen.

Spiraea x *billiardii*, *Spiraea japonica*

Japanspiere oder Spierstrauch

Die Japanspiere liebt tiefe, nährstoffreiche und wenig kalkhaltige Böden sowie sonnige Standorte. Sie gedeiht auch im Halbschatten, blüht dann aber weniger. Damit sie jedes Jahr eine reiche Blütenpracht hervorbringt, ist ein radikaler Rückschnitt unverzichtbar.

 ## Wann und wie schneiden

Beim Einpflanzen

Kürzen Sie die Äste zwischen November und März um zwei Drittel, um die Verzweigung am Fuß des Strauches zu begünstigen. Kürzen Sie die Wurzelspitzen um einige Zentimeter, wenn Sie die Pflanze ohne Ballen erworben haben.

> Eine Japanspiere die über Jahre hinweg vernachlässigt wurde, kann im März bis auf wenige Zentimeter über dem Boden zurückgeschnitten werden. Belassen Sie im folgenden Jahr nur etwa die Hälfte der neuen Zweige.

Blätter: sommergrün

Höhe: 0,60 bis 2,50 m

Form: Strauch

Blüte: Je nach Art Juli bis September

Wann schneiden?

• Im März

• Den ganzen Sommer über (um welke Blüten zu entfernen)

Warum schneiden?

• Um die Blütenbildung anzuregen

Ein Jahr später

Kürzen Sie Anfang März oberhalb der zweiten oder dritten Knospe (von ihrem Ansatz aus gezählt) alle Äste, die im vorherigen Jahr Blüten getragen haben. Auf diese Weise regen Sie die Pflanze dazu an, zahlreiche Zweige auszutreiben, die wieder Blüten tragen werden.

Jedes Jahr

Kappen Sie Anfang März über dem zweiten oder dritten Auge – von ihrem Ansatz aus gezählt – alle Äste, die im vorherigen Sommer Blüten getragen haben. Entfernen Sie totes Holz sowie Äste und Zweige, die zu alt oder schwach sind, um Blüten hervor- zubringen.

Vorher   Nachher

Schneiden Sie im Laufe des Som- mer regelmäßig die welken Blüten knapp über jungen Zweigen ab; dadurch regen Sie diese dazu an, selbst Blüten zu bilden.

Symphoricarpos doorenbosii

Schneebeere

Die Schneebeere begnügt sich mit einem gewöhnlichen, gut drainierten Gartenboden; bezüglich des Standorts ist sie anspruchsvoller: Er sollte sonnig oder halbschattig sein. Damit sie schön blüht und ihre dekorativen Beeren hervorbringt, muss sie regelmäßig gründlich zurückgeschnitten werden.

Blätter: sommergrün
Höhe: 1,50 bis 2 m
Form: Strauch
Blüte: Juni bis September, dann Beeren (bis Februar oder März)
Wann schneiden?
• Im März
Warum schneiden?
• Um die Blütenbildung anzuregen

Wann und wie schneiden

Beim Einpflanzen

Kürzen Sie zwischen November und März die Äste um zwei Drittel ihrer Länge. Wenn Sie die Pflanze ohne Ballen gekauft haben, sollten Sie deren Spitzen zurückschneiden.

Ein Jahr später

Rund um ihren Fuß treibt die Schneebeere zahlreiche Schösslinge aus. Schneiden Sie im März sämtliche Äste und Triebe um zwei Drittel ihrer Länge zurück. Entfernen Sie alle, die zu schwach sind oder in die Strauchmitte wachsen.

Jedes Jahr

Schneiden Sie im März alle Äste, die Blüten hervorgebracht haben und nun Beeren tragen, über einer möglichst niedrig gelegenen Verzweigung zurück.

Kürzen Sie die Zweige, die im Vorjahr nicht geblüht haben, an der Basis. Auf diese Weise fördern Sie die Bildung zahlreicher neuer Verzweigungen, die später Blüten und Früchte hervorbringen.

Entfernen Sie totes Holz und alle Äste, die zur Strauchmitte hin wachsen.

Vorher Nachher

Es gibt Sorten mit weißen Beeren (›White Hedge‹), rosa angehauchten weißen Beeren (›Mother of Pearl‹) und leuchtend roten Beeren (›Magic Berry‹). *Symphoricarpos* x *chenaultii* ›Hancock‹ ist ein Bodendecker mit rosa Beeren, der auch auf schattigen Böschungen gut gedeiht.

Syringa vulgaris
Flieder

Flieder gedeiht in allen Böden, auch wenn sie leicht kalkhaltig sind. Um zu blühen, braucht er Sonne und Wärme. Er muss nicht stark, aber regelmäßig jedes Jahr zurückgeschnitten werden; dabei werden vor allem die verwelkten Blüten entfernt.

Wann und wie schneiden

Beim Einpflanzen

Kürzen Sie zwischen November und März alle Äste oberhalb eines Knospenpaars um die Hälfte. Kappen Sie die eventuell die Wurzelspitzen.

Bei Containerpflanzen nimmt man keinen Pflanzschnitt vor. Lassen Sie den Flieder blühen und entfernen Sie später die verwelkten Blüten.

Blätter: sommergrün
Höhe: 4 bis 5 m
Form: Strauch
Blüte: Mai bis Juni
Wann schneiden?
• Im Mai nach der Blüte
Warum schneiden?
• Um verwelkte Blüten und totes Holz zu entfernen
• Um die Zweigbildung anzuregen, indem man alte Äste wegnimmt

Ein Jahr später

Schneiden Sie im Mai nach der Blüte die Äste unterhalb verwelkter Blüten ab. Setzen Sie die Schere unter der Blüte und oberhalb einer nach außen gerichteten Knospe an. Der Zweig, der aus dieser Knospe wächst, lässt den Strauch fülliger erscheinen, ohne der Mitte Licht wegzunehmen.

Jedes Jahr

Entfernen Sie im Mai nach der Blüte verwelkte Blüten, indem Sie knapp unter der Blüte und über einem nach außen gerichteten Auge schneiden.

Schneiden Sie abgestorbene Äste und alle Äste und Zweige, die sich überkreuzen oder nach Innen wachsen, möglichst nah an ihrem Ansatz ab.

Nehmen Sie gegebenenfalls Äste heraus, die die Form des Strauches stören, weil sie zu weit abstehen; schneiden oder sägen Sie auch diese über einer nach außen gerichteten Verzweigung ab.

Entfernen Sie Wurzelschösslinge, die am Fuß des Strauches austreiben.

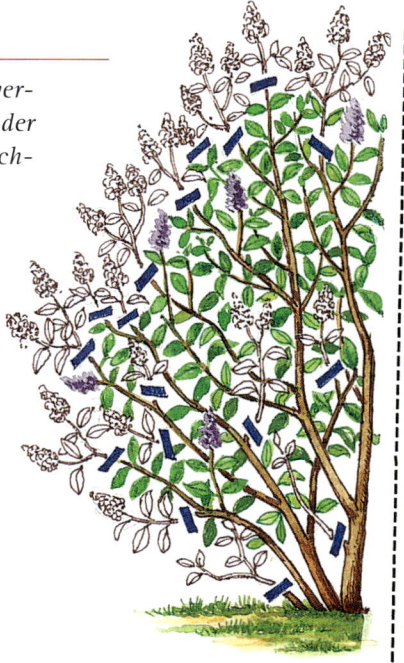

Vorher   Nachher

Verjüngung eines alten Flieders

Bei einem älteren Flieder bilden sich Blätter und Blüten weniger üppig, und die Basis verkahlt. Ein gründliches Zurückschneiden, das Ende Mai nach der Blüte erfolgen sollte, schafft Abhilfe.

- Schneiden Sie alle Äste in 60 bis 80 cm Höhe über dem Boden ab. Im Laufe des folgenden Sommers werden sich zahlreiche neue Triebe bilden.

- Entfernen Sie im nächsten Jahr zur gleichen Zeit alle Äste, die nach innen wachsen oder die Form des Strauches stören.

- Schneiden Sie den Flieder in den folgenden Jahren nur leicht zurück (Entfernen welker Blüten).

Fliederzweige, die Sie für Sträuße schneiden, sollten nicht länger als 40 cm sein.

Einführung in die Veredlung
Einführung in die Veredlung

Veredlung des Flieders durch Okulation

Warum veredeln?

Die in Gärtnereien erhält-
lichen Flieder sind bereits
veredelt. Wenn Sie in
Ihrem Garten eine ganz
besondere Sorte ziehen
oder genau den gleichen
Flieder haben wollen wie
Ihr Nachbar, sollten Sie
eine geeignete Unterlage
veredeln, denn aus Steck-
lingen gezogene Flieder-
sträucher bleiben meist
enttäuschend schwach.

Wann veredeln?

Im Juni bis Juli.

Womit veredeln?

Mit einem Auge der ge-
wünschten Sorte, das von
etwas Rinde umgeben ist.

Welche Unterlage?

Ein junger Liguster (*Ligustrum vulgare*), der vor mindestens einem Jahr
gepflanzt wurde.

1

DAS EDELAUGE

*Entnehmen Sie von der
ausgewählten Mutter-
pflanze Ende Juni oder
Anfang Juli einen jun-
gen, gesunden Zweig,
der bereits zu verholzen
beginnt. Schneiden Sie
die Blätter über den
Blattstielen ab.*

Schneiden Sie aus dem Zweig eine Knospe (oder Auge) zusammen mit
dem Blattstiel und einem mindestens 2 cm langen Rindenstück.

Halten Sie den Zweig in einer Hand. Markieren Sie
mit dem Okuliermesser durch Einritzen das
zu entnehmende Rindenstück ober- und
unterhalb des Auges (jeweils ca. 1 cm
Abstand).

Führen Sie die Klinge an der oberen
Markierung unter der Rinde ein
und halten Sie sie etwas schräg.

Schneiden Sie mit einem kurzen,
kräftigen Schnitt bis zur zweiten
Markierung. Achten Sie dabei besonders darauf, das Rindenstück mit dem
Auge mit einem einzigen Schnitt zu entfernen, damit keine Holzsplitter daran
haften bleiben.

Bereiten Sie das Edelauge unmittelbar
vor der Veredlung vor.

2

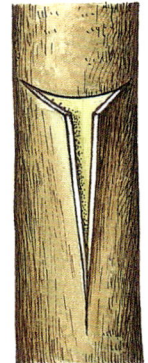

DIE UNTERLAGE

Schneiden Sie den Haupttrieb des Ligusters, der als Unterlage dienen soll (der Trieb mit dem größten Durchmesser), in 15 bis 20 cm Höhe über dem Boden ab und entfernen Sie alle übrigen Triebe. Bringen Sie an der Rinde des Haupttriebs einen T-Schnitt an. Beginnen Sie mit einem 2 cm langen waagerechten Schnitt und führen Sie danach einen gleichlangen senkrechten Schnitt aus.

3

DIE VERBINDUNG

Heben Sie mit dem Spatel des Okuliermessers die Ränder des Rindenschnitts an, um sie vom Holz abzulösen. Halten Sie das Auge am nach oben gerichteten Blattstiel und schieben Sie es unter die Rinde, bis es einen Zentimeter unterhalb des waagerechten Schnitts steckt.

4

Wenn Sie das Edelauge platziert haben, können Sie den Teil des Rindenstücks abschneiden, der über den waagerechten Schnitt herausragt.

Umwickeln Sie die Veredlungsstelle nicht allzu straff mit feuchtem Bast, ohne das Auge zu bedecken.

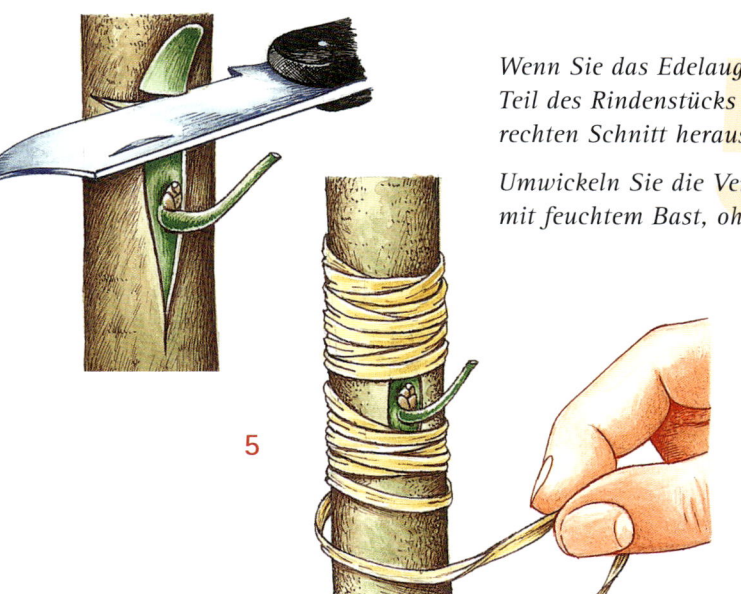

5

Wenn sich am Edelauge ein Zweig bildet, können Sie den Bast entfernen. Schneiden Sie die Unterlage einige Zentimeter über der Veredlungsstelle ab und pflanzen Sie den neuen Flieder an seinen endgültigen Standort um. Das Edelauge kommt unter die Erde, damit der Flieder seine eigenen Wurzeln entwickelt.

Viburnum opulus

Gemeiner Schneeball

Der Schneeball liebt tiefe Böden, die im Sommer etwas Feuchtigkeit speichern und auch leicht kalkhaltig sind. Er muss regelmäßig zweimal im Jahr geschnitten werden, im Frühjahr und im Sommer.

Wann und wie schneiden

Beim Einpflanzen

Schneiden Sie zwischen November und März die Äste um ein Drittel zurück. Dadurch opfern Sie die Blüte, aber der Strauch wird buschiger wachsen.

Wenn Sie ihn ohne Ballen gekauft haben, schneiden Sie von deren Enden ebenfalls ein paar Zentimeter ab.

Blätter: sommergrün

Höhe: 3 bis 4 m

Form: Strauch

Blüte: Mai bis Juni

Wann schneiden?

• Im März

• Im Juni, nach der Blüte

Warum schneiden?

• Um alte Zweige zu entfernen

• Um die Pflanze von welken Blüten zu befreien

Ein Jahr später

Kürzen Sie nach der Blüte (im Juni) die Äste um zwei Drittel, um die Bildung neuer Zweige anzuregen. Sie können die Zweige am Fuß des Strauches sogar um die Hälfte zurückschneiden.

Jedes Jahr

Schneiden Sie jedes Jahr nach der Blüte (im Juni) von den Ästen, die Blüten getragen haben, knapp oberhalb junger Verzweigungen die Hälfte weg.

Entfernen Sie im März überalterte Äste, da sie von Jahr zu Jahr weniger Blüten bilden. Kappen Sie am Ansatz alle Äste, die vertrocknet sind oder zur Mitte des Strauches hin wachsen.

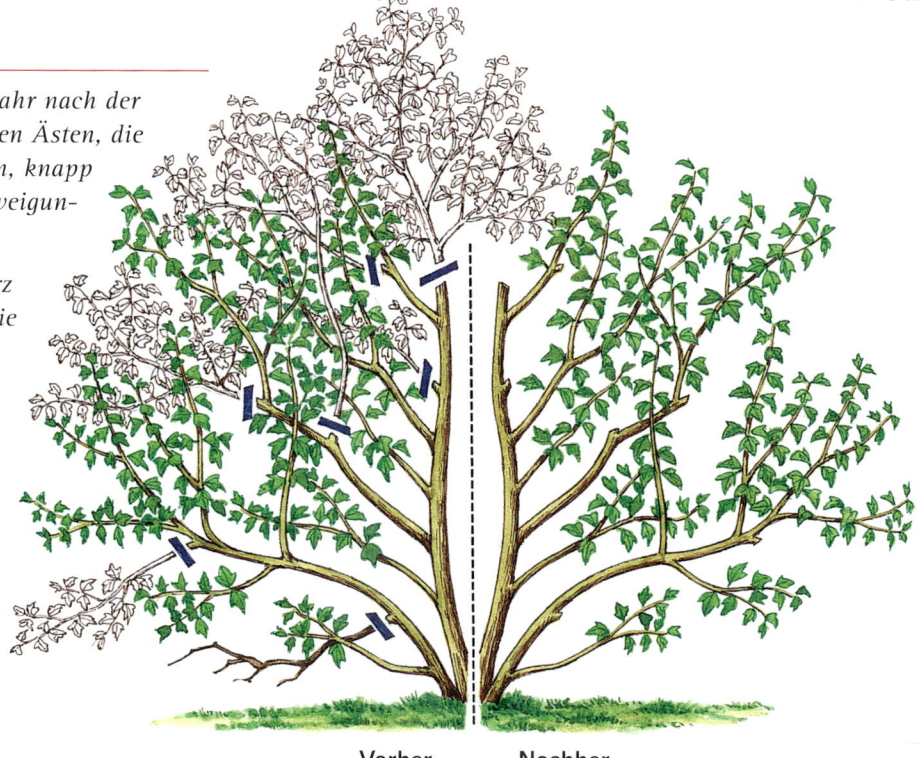

Vorher   Nachher

Frühjahrsschnitt und Sommerschnitt

Der im März durchzuführende Frühjahrsschnitt soll den Strauch von totem Holz befreien; die Pflanze verträgt diese Prozedur während der Wachstumsperiode am besten.

Zu Beginn des Sommers, im Juni, verhindert das Entfernen der verblühten Blüten die Bildung von Früchten, die dem Strauch zuviel Kraft entziehen würden.

Viburnum tinus
Lorbeerschneeball

Der Lorbeerschneeball fühlt sich in leichten, nährstoffreichen und leicht sauren Böden wohl und braucht Sonne oder Halbschatten. Bei uns kann er nur als Kübelpflanze gehalten werden. Er muss nur leicht zurückgeschnitten werden, um seine an sich von Natur aus kompakte Form zu bewahren.

Wann und wie schneiden

Beim Einpflanzen

Auch wenn Sie den Strauch schon früher einpflanzen (der geeignete Zeitraum ist von November bis März), warten Sie den März und das Ende der Blüte ab, um die Äste auf die Hälfte zurückzuschneiden, wodurch die Bildung junger Zweige angeregt wird.

Blätter: immergrün
Höhe: 1,50 bis 2 m oder höher
Form: Strauch
Blüte: November bis März
Wann schneiden?
• Im März
• Ende Mai bis Anfang Juni (Hecke, bei uns selten)
Warum schneiden?
• Um eine ausgewogene Form zu bewahren

Ein Jahr später

Kürzen Sie im März wieder alle Äste um die Hälfte.

Jedes Jahr

Schneiden Sie im März oberhalb eines jungen Zweigs all jene Äste zurück, die zu lang geworden sind und nun abstehen und störend wirken.

Entfernen Sie totes Holz.

Vorher   Nachher

Der Lorbeerschneeball blüht im Winter und bildet anschließend dunkelblaue Beeren. Wer diese wegen ihrer dekorativen Wirkung schätzt, kann die verwelkten Blüten am Strauch lassen. Dadurch wird die Blüte im folgenden Jahr nicht beeinträchtigt.

Schnitt einer Lorbeerschneeball-Hecke

(nur in milden Regionen)

BEIM EINPFLANZEN

Schneiden Sie die Äste zwischen November und März in 25 bis 30 cm Höhe über dem Boden ab, um die Verzweigung an der Basis zu fördern.

IM FOLGENDEN SOMMER

Kürzen Sie die neuen Triebe, die sich seit dem letzten Schnitt entwickelt haben, um 20 bis 25 cm.

JEDES JAHR

Schneiden Sie die Hecke nach der Blüte im März und dann wieder Ende Mai bis Anfang Juni jedes Jahr etwas höher über dem Boden, indem Sie jedes Jahr je nach Stärke der Sträucher 5 bis 10 Zentimeter zugeben, bis sie die gewünschte Größe erreicht hat.

Wenn sie hoch genug ist, brauchen Sie sie zu den angegebenen Zeitpunkten nur leicht zurückzuschneiden, indem sie abstehende Zweige kappen.

Sie können diese Sträucher mit der Heckenschere schneiden, weil die Blätter klein und fest sind.

Vitis vinifera
Weinrebe

Wann und wie schneiden
Einen senkrechten Kordon

ERZIEHUNGSSCHNITT

Weinreben werden nicht fertig entwickelt verkauft, sondern man erhält sie mit einem einzigen Trieb oder mit einem Büschel biegsamer Ruten. Bei der Erziehung geht man in zwei Schritten vor: Zuerst zieht man in vier bis fünf Jahren einen kurzen Stamm mit großem Durchmesser heran, den Weinstock; dann erzieht man die Weinrebe zum Kordon.

> Vermeiden Sie große Wunden und behandeln Sie alle Schnitte mit Wundverschlussmittel.

Beim Einpflanzen

Schneiden Sie zwischen Ende Februar und März den Haupttrieb Ihrer Weinrebe oberhalb des ersten gut sichtbaren Auges, von der Basis aus gezählt. Wenn es mehrere Triebe gibt, lassen Sie den kräftigsten stehen und entfernen die übrigen. Schneiden Sie den Trieb in diesem Sommer dann nicht mehr; er wird im Herbst 60 bis 80 cm hoch sein.

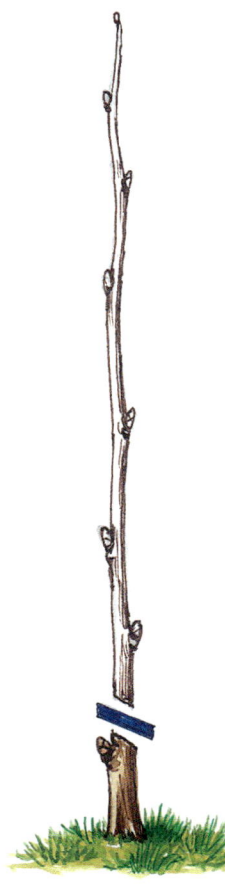

Bei richtig ausgewählter Unterlage passt sich eine veredelte Weinrebe an alle Böden an. Um eine gleichbleibend hohe Ernte zu erzielen, ist ein regelmäßiger Schnitt nötig, denn die Zweige tragen jeweils nur einmal Trauben.

Blätter: sommergrün

Höhe: 2 bis 3 m

Form: waagerechter Kordon mit einem oder zwei gegenüberliegenden Trieben (bei Weinspalieren), senkrechter Kordon, Guyot-Kordon

Blüte: Juni bis Juli

Fruchtreife: September bis Oktober

Wann schneiden?
- Mitte Februar bis Mitte März
- Zwischen Mai und September

Warum schneiden?
- Damit neue Zweige austreiben, die Trauben tragen

Ein Jahr später

Kürzen Sie zwischen Ende Februar und März den gewachsenen Trieb über dem zweiten oder dritten gut sichtbaren Auge (von unten aus gezählt).

Stützen Sie im Laufe des Sommers den Trieb senkrecht ab und schneiden Sie alle Zweige, die sich nun bilden, über dem zweiten oder dritten Blatt zurück.

Sie können diese Maßnahmen auch im folgenden Jahr wiederholen, um einen Weinstock mit einem stärkeren Durchmesser zu erhalten. Allerdings ist der Weinstock in diesem Stadium bereits weit genug entwickelt, um zu den meisten Formen gezogen werden zu können.

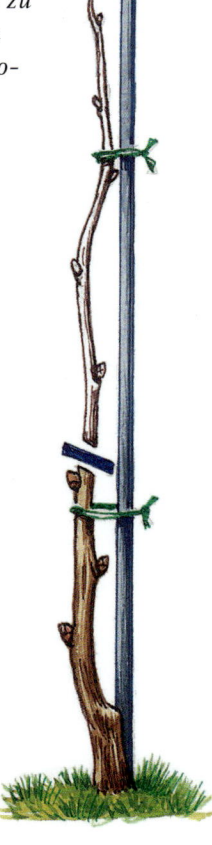

Die Auswahl der Weinrebe

Wählen Sie für Ihren Garten einfache Formen, die leicht heranzuziehen und instand zu halten sind. In sehr warmen und geschützten Lagen können Sie alle Formen nehmen.

In allen übrigen Lagen sollten Sie den Wein vor einer nach Süden ausgerichteten Mauer pflanzen, damit die Trauben reifen können. Wählen Sie als Form senkrechte oder waagerechte Kordons.

- **Waagerechter einseitiger oder doppelt gezogener Kordon:** Über einem kurzen Weinstock (50 bis 60 cm) werden ein oder zwei Triebe waagerecht gezogen. An diesen beiden ›Armen‹ bilden sich die Frucht tragenden Zweige.

- **Senkrechter Kordon:** Der Weinstock wird senkrecht hoch geführt, bis er 2 bis 2,50 m Höhe erreicht hat. Entlang dieser Achse treiben die Frucht tragenden Zweige oder Nebentriebe mit ungefähr jeweils 20 cm Abstand zueinander aus. Diese Art von Kordon ist nicht leicht heranzuziehen und erfordert viel Erfahrung.

- **Guyot-Kordon:** Über einem kurzen Weinstock zieht man zwei oder drei Ersatztriebe heran, die senkrecht geführt werden; gleichzeitig lässt man einen oder zwei Frucht tragende Triebe wachsen und führt sie waagerecht. Die Zeichnung unten zeigt einen doppelt geführten Guyot-Kordon.

Es gibt auch noch andere Formen von Weinspalieren, wie z. B. das **Thomery-Spalier** oder die **abwechselnd geführten senkrechten Kordons**, die Varianten dieser einfachen, leicht zu ziehenden Spalierformen sind.

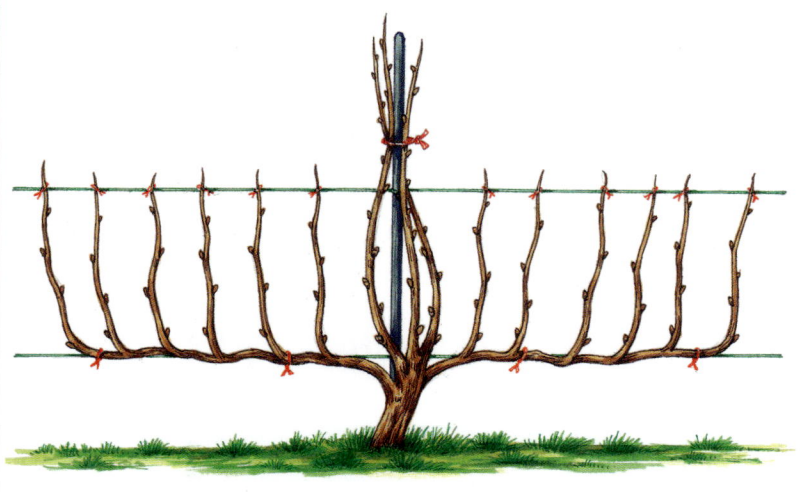

Zwei Jahre später

EINSEITIGER WAAGERECHTER KORDON

Biegen Sie zwischen Ende Februar und März vorsichtig den Haupt-trieb um und befestigen Sie ihn waagerecht in der gewünschten Höhe am Spalier. Kürzen Sie das Ende dieses gebogenen Triebs über dem fünften oder sechsten gut aus-gebildeten und deshalb gut sicht-baren, nach unten gerichteten Auge (von der Biegung aus ge-zählt). Entfernen Sie die Knospen am senkrechten Teil des Triebs. Wählen Sie später die Nebentriebe aus, die Sie am Leitast lassen wollten.

DOPPELT WAAGERECHT GEZOGENER KORDON

Schneiden Sie zwischen Ende Februar und März den senkrechten Trieb über zwei Augen in der gewünschten, dem Spalier angepassten Höhe ab. Befestigen Sie die beiden oberen Triebe ihrem Wachstum entsprechend waagerecht zu beiden Seiten des Rebstocks am Spalier.

Im folgenden Jahr: *Kürzen Sie die beiden Kordons oberhalb der fünften oder sechsten gut ausgebildeten, nach unten gerichteten Knospe. Wählen Sie nun während der Wachstumsphasen regelmäßig die Nebentriebe aus, die Sie erhalten wollen. Sie sollten aus Augen auf der Oberseite der Kordons entspringen.*

Wann und wie schneiden
Eine Weinrebe in einfachem Guyot-Kordon

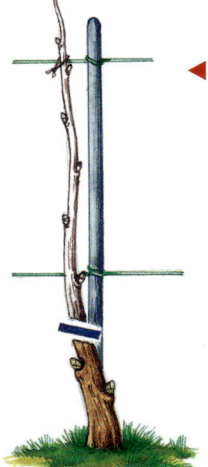

Beim Einpflanzen

◄ *Kürzen Sie zwischen Ende Februar und März den Trieb über dem zweiten gut ausgebildeten Auge (von der Basis aus gezählt).*

Befestigen Sie im Laufe des Sommers die beiden jungen Ruten senkrecht am Rankgerüst. Kürzen Sie sie später in 1,50 m Höhe. ►

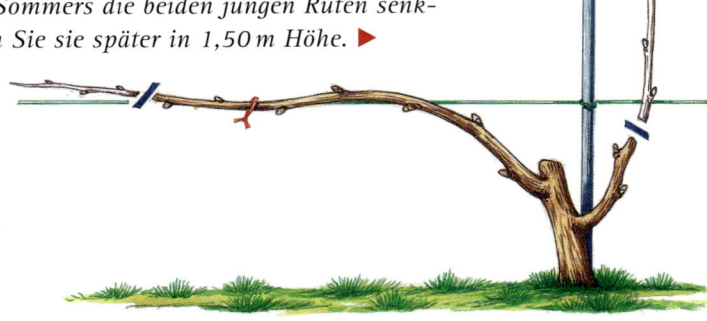

Der doppelte Guyot-Kordon

- Beim Pflanzschnitt lässt man den doppelten Guyot-Kordon etwas länger als den einfachen Guyot-Kordon und schneidet über der dritten Knospe (von der Basis aus gezählt).

- Im folgenden Jahr lassen Sie drei Triebe am Stock, binden sie senkrecht am Rankgerüst hoch und lassen sie im Laufe des Jahres nicht länger als 1,50 m werden.

- Schneiden Sie nach zwei Jahren den niedrigsten Trieb über der dritten gut ausgebildeten Knospe und binden Sie die beiden anderen waagerecht ans Rankgerüst; diese sollten nicht länger als 0,80 bis 1 m werden. Im Laufe des Sommers werden die drei aus der Basis gewachsenen Ruten senkrecht ans Gerüst gebunden und die Triebe, die sich in der Zwischenzeit an den waagerechten Trieben gebildet haben, an den oberen Draht.

- Kürzen Sie in den folgenden Jahren die beiden waagerechten ›Arme‹ an ihrem Ansatz. Schneiden Sie die der Basis am nächsten wachsende Rute über ihrer dritten gut sichtbaren Knospe. Binden Sie die beiden anderen waagerecht an und lassen Sie sie nicht länger als 0,80 bis 1 m werden. Befestigen Sie im Laufe des Sommers die drei aus der Basis gewachsenen Triebe senkrecht am Gerüst und die Ruten, die aus den waagerechten Trieben ausgetrieben haben, am oberen Draht.

Ein Jahr später

Kürzen Sie zwischen Ende Februar und März die Rute, die dem Boden am nächsten ist, über dem zweiten gut sichtbaren Auge (von der Basis aus gezählt). Befestigen Sie die andere waagerecht am Rankgerüst und schneiden Sie sie auf 0,80 bis 1 m zurück.

Befestigen Sie im Laufe des Sommers die beiden Triebe, die sich aus der im Frühjahr abgeschnittenen Rute entwickelt haben, senkrecht am Gerüst. Befestigen Sie am oberen Draht die Trauben tragenden Triebe, die aus der waagerechten Rute gewachsen sind.

Jedes Jahr

Trennen Sie zwischen Ende Februar und März den waagerechten Zweig an seinem Ansatz ab. Binden Sie den höchsten Zweig waagerecht am Rankgerüst an und kürzen Sie ihn auf 80 cm Länge. Schneiden Sie den anderen über dem zweiten gut ausgebildeten Auge ab (von seinem Ansatz aus gezählt). Binden Sie im Sommer die beiden Zweige, die ausgetrieben haben, senkrecht am Rankgerüst an.

Ein Sonderfall: der senkrechte Kordon

Bei dieser Form zielt man nicht darauf ab, zunächts einen kräftigen Weinstock heranzuziehen.

- **Im ersten Jahr:** Kürzen Sie den Trieb – wenn es mehrere gibt, den kräftigsten – über der dritten gut ausgebildeten Knospe (von der Basis aus gezählt). Aus diesen Knospen entwickeln sich drei Triebe. Binden Sie den obersten Trieb (die Verlängerung) senkrecht an. Schneiden Sie ihn dann in 1 m Länge ab. Befestigen Sie die beiden unteren Ruten in spitzem Winkel zum Haupttrieb und schneiden Sie sie jeweils über dem sechsten Blatt, vom Ansatz aus gezählt, ab.

- **In den folgenden Jahren:** Schneiden Sie den senkrechten Trieb – die Verlängerung – je nach seiner Wuchskraft über dem dritten oder fünften Auge des Jahrestriebs zurück. Führen Sie an den übrigen Verästelungen den Fruchtholzschnitt durch (s. Seiten 226–227).

Bei Weinstöcken nennt man die Zweige, die aus Leitästen ausgetrieben haben, Weinruten.

DER FRUCHTHOLZSCHNITT

Wenn Ihr Weinstock zur gewünschten Form herangewachsen ist, ist es notwendig, alljährlich die Weinruten zurückzuschneiden. Durch den Schnitt werden sie dazu angeregt, Trauben anzusetzen. Außerdem verhindern Sie so, dass der Kordon länger wird, als gewünscht.

Zwischen Mitte Februar und Mitte März

Schneiden Sie, je nach Sorte, die Triebe oberhalb ihrem zweiten, dritten oder vierten gut ausgebildeten – und daher gut sichtbaren – Auge zurück (vom Ansatz aus gezählt). Entfernen Sie die Triebe, die im Vorjahr Trauben getragen haben, indem Sie sie an ihrem Ansatz abschneiden. Wenn Sie über dem dritten oder vierten Auge kürzen, dann lassen sie nur das Auge am Ansatz, aus dem ein neuer Trieb sprossen wird, und das Auge am Ende, das eine Frucht tragende Rute austreiben könnte; entfernen Sie die übrigen Augen.

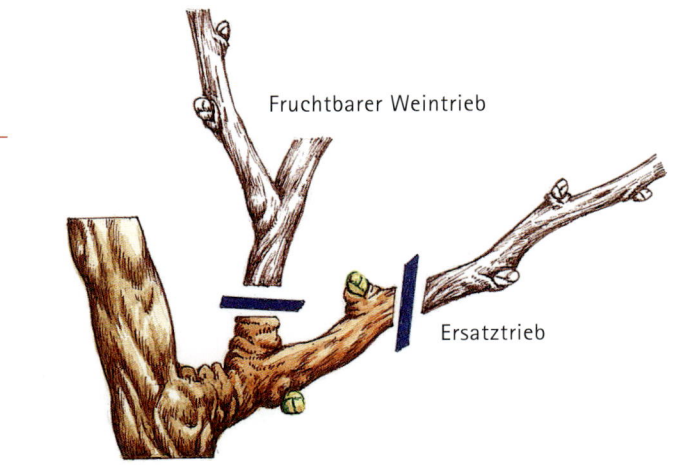

Fruchtbarer Weintrieb

Ersatztrieb

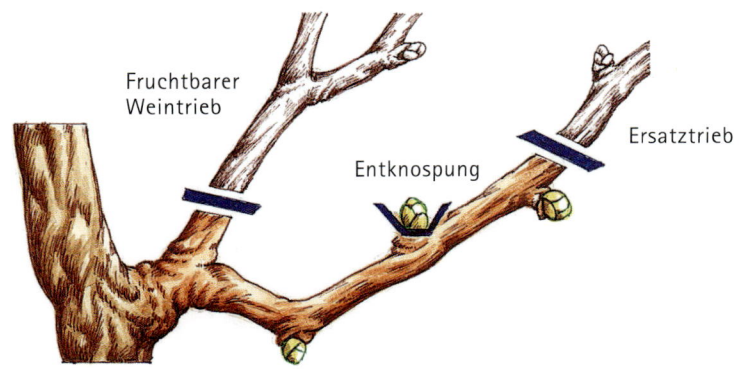

Fruchtbarer Weintrieb

Entknospung

Ersatztrieb

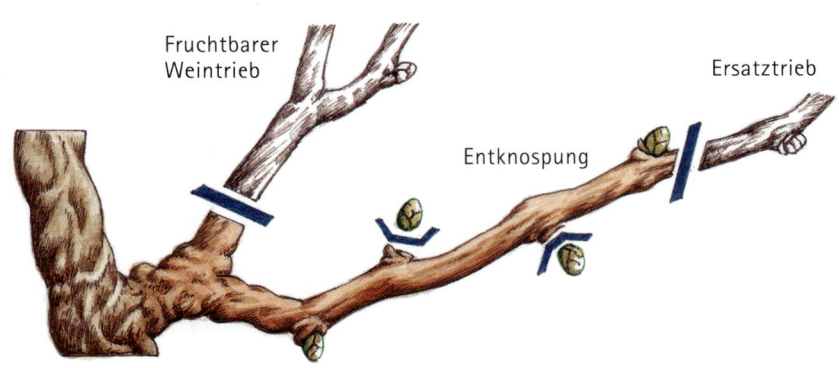

Fruchtbarer Weintrieb

Entknospung

Ersatztrieb

Für jede Sorte der richtige Schnitt

Die meisten Weinreben werden stark zurückgeschnitten, d.h. über dem zweiten gut ausgebildeten Auge. Bei manchen Sorten aber ist das erste fruchtbare Auge das dritte oder vierte in der Reihe (vom Ansatz aus gezählt). Deshalb muss man den Trieb länger lassen.

›Muskat‹ und ›Perle ce Csaba‹ schneidet man oberhalb der dritten Knospe ab.

›Frankenthal‹ und Sorten mit dickem Holz (wichtigstes Unterscheidungsmerkmal ist der Durchmesser der Triebe) werden über dem vierten Auge zurückgeschnitten.

Zwischen Mai und September

Lassen Sie die Triebe ab Juni nicht länger als 40 bis 50 cm werden. Kürzen Sie dazu die fruchtbaren Ruten ungefähr über den beiden Blättern nach der letzten Traube. Unfruchtbare Triebe und die Verästelungen am Ansatz der fruchtbaren Triebe müssen herausgeschnitten werden. Entfernen Sie während der gesamten Wachstumsphase auch alle ›falschen Knospen‹, die sich an den Blattansätzen entwickeln. Schneiden Sie die übrigen Triebe auf 50 bis 60 cm Länge zurück. Entfernen Sie alle Wickelranken.

Ersatztrieb

Fruchtbarer Trieb

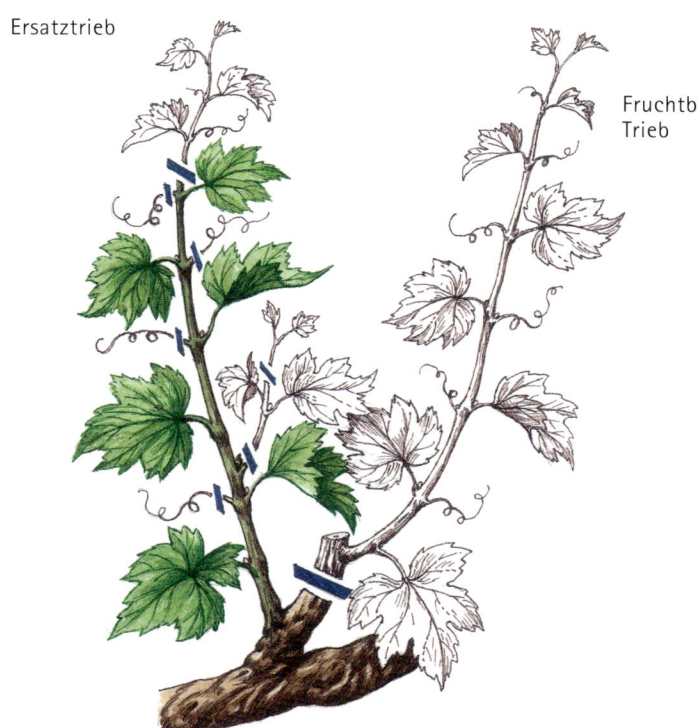

Ersatztrieb

Fruchtbarer Trieb

Bestimmung der fruchtbaren und unfruchtbaren Triebe

- Anders als bei den anderen Fruchtgehölzarten sehen die fruchtbaren und unfruchtbaren Knospen der Weinreben gleich aus. Einziger Hinweis auf ihre weitere Entwicklung ist ihre Position auf der Weinrute.
- Auf einem einjährigen Trieb sind die gut ausgebildeten, also gut sichtbaren Augen oder Knospen ganz oben und ganz unten am Ansatz meistens unfruchtbar. Die fruchtbaren Knospen befinden sich im mittleren Abschnitt der Rute.
- Am Ansatz des Triebs können sich kaum sichtbare Augen befinden, die ebenfalls unfruchtbar sind.

Weigela florida
Weigelie

Die Weigelie braucht einen tiefen, frischen und gut drainierten Boden sowie einen sonnigen oder halbschattigen Standort. Damit sie üppig blühen kann, muss sie unbedingt regelmäßig zurückgeschnitten werden.

Wann und wie schneiden

Beim Einpflanzen

Kürzen Sie die Äste zwischen November und März um die Hälfte. Zwar opfern Sie mit dem Pflanzschnitt die Blüte des Jahres, doch auf diese Weise wird der Strauch von Anfang an kräftiger wachsen.

Kürzen Sie die Wurzelspitzen um einige Zentimeter, wenn Sie die Pflanze ohne Ballen erworben haben.

Ein Jahr später

Schneiden Sie nach der Blüte (im Juni) die Äste, die Blüten getragen haben, über einer jungen Verzweigung um einige Zentimeter zurück. Kürzen Sie die kräftigen Zweige an der Basis, die nicht geblüht haben, um die Hälfte. Entfernen Sie schwache Triebe und solche, die zur Strauchmitte hin wachsen.

Blätter: sommergrün
Höhe: 2 bis 2,50 m
Form: Strauch
Blüte: Ende Mai bis Anfang Juni
Wann schneiden?
• Im Juni nach der Blüte
Warum schneiden?
• Um die Blütenbildung anzuregen

Jedes Jahr

Schneiden Sie nach der Blüte (im Juni) die Äste, die Blüten getragen haben, oberhalb eines im Frühling desselben Jahres ausgetriebenen Zweiges und so niedrig wie möglich zurück.

Entfernen Sie alte und abgestorbene Zweige.

Vorher   Nachher

Schneiden Sie immer über einem Zweig, der nach außen wächst. Auf diese Weise kann das Sonnenlicht bis in die Strauchmitte dringen und die Bildung von Blättern und Blüten fördern.

Wisteria sinensis
Glyzine/Blauregen

Glyzinen ziehen nicht allzu kalkhaltige Böden und sonnige Standorte vor. Schneiden Sie sie jedes Jahr Anfang März aus, damit sie reiche Blütenpracht entfalten können.

 ## Wann und wie schneiden

Beim Einpflanzen

Nehmen Sie keinen Schnitt vor, sondern entfernen Sie nur allzu schwache Triebe und befestigen Sie die Ranken sofort am vorgesehenen Rankgerüst.

Wenn die Glyzine vollständig entwickelt ist, muss sie nicht mehr alljährlich ausgeschnitten werden, sondern nur, wenn sie weniger blüht.

Blätter: sommergrün
Höhe: bis 10 m
Form: Kletterstrauch
Blüte: Mai und Juli bis August
Wann schneiden?
• Anfang März
Warum schneiden?
• Um die Blütenbildung zu fördern
• Um die gewünschte Form zu erhalten

Vorher   Nachher

Jedes Jahr

Halbieren Sie im März, vor Beginn der Wachstumsphase, die Triebe des Vorjahrs. Achten Sie darauf, dass von jedem Trieb vier bis fünf Knospen an der Pflanze erhalten bleiben.

Lichten Sie die Stellen aus, an denen die Äste zu dicht wachsen, und entfernen Sie schwache Triebe.

Die Erziehung einer Glyzine zum Baum

Glyzinen sind kräftige Lianen, die Äste mit großem Durchmesser bilden. Im Laufe der Jahre verholzen diese so stark, dass sie kein Rankgerüst mehr benötigen. Deshalb kann man sie auch zum Baum formen.

- Verflechten Sie in den ersten Jahren die Äste Ihrer Glyzine miteinander und stützen Sie sie mit einem provisorischen, aber stabilen Gerüst.

- Lassen Sie Ihre Glyzine nun bis zu der gewünschten Höhe wachsen. Entfernen Sie alle Triebe am unteren Teil der Äste.

- Wenn die Glyzine so hoch geworden ist wie geplant, sollten alle hohen Zweige jeweils oberhalb der dritten oder vierten Knospe gekappt werden. Dieser Schnitt muss jedes Jahr erfolgen.

231

Einführung in die Veredlung

Veredeln Sie die Glyzine durch Geißfußpfropfung

Warum veredeln?

Die Veredlung stellt die schnellste Methode dar, um eine neue Pflanze zu erhalten, die ebenso kräftig blüht wie die Mutterpflanze.

Wann veredeln?

Im März bis April.

Womit veredeln?

Mit einem Stück eines Zweigs, der eine oder zwei Knospen trägt (Edelreis).

Welche Unterlage?

Als Unterlage dient eine zweijährige Glyzine (*Wisteria sinensis*), die vor mindestens einem Jahr in Ihrem Garten eingepflanzt wurde.

1

Der Durchmesser der Unterlage muss deutlich größer als der des Edelreises sein.

DAS EDELREIS

Entnehmen Sie von der Mutterpflanze einen Zweig, an dem sich eine oder zwei Knospen zeigen.

Schneiden Sie vor dem Veredeln das Ende des Zweiges spitz und an zwei Seiten abgeflacht zu. Die untere Knospe sollte auf der Mitte des Reises liegen.

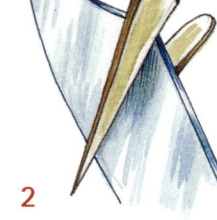

2

3

DIE UNTERLAGE

Schneiden Sie die Unterlage Ende März bis Anfang April einige Zentimeter über dem Boden ab. Reinigen Sie den Stumpf mit einem feuchten Tuch von Erde und Staub.

Schneiden Sie mit dem Okuliermesser einen dreieckigen Spalt in den Stumpf, der hinsichtlich Größe und Form mit dem Reis übereinstimmt.

Der Geißfußpfropfen

Man setzt diese Veredlungsmethode immer dann ein, wenn der Durchmesser der Unterlage viel größer ist als der des Edelreises. Sie erfordert Fingerspitzengefühl, denn das zugeschnittene Edelreis muss genau in den Spalt passen, den man aus der Unterlage herausgeschnitten hat.

4

DIE VERBINDUNG

Führen Sie das Edelreis in den Spalt der Unterlage ein, wobei die Knospen nach oben gerichtet sein müssen. Achten Sie darauf, dass die Rinden von Reis und Unterlage Kontakt haben und das Reis fest im Spalt steckt.

5

Die Veredlung ist geglückt, wenn das Edelreis wächst und seine ersten Blätter hervorbringt. Da die Unterlage nicht mehr wächst, braucht man den Bast nicht zu entfernen.

Umwickeln Sie die Veredlungsstelle straff mit Bast.

Tragen Sie großzügig Baumwachs auf, aber achten Sie darauf, nichts auf die Knospen zu streichen.

6

233

Glossar

Astring (Schnitt auf): Schnitt, bei dem ein Ast oder Zweig wenige Millimeter über den Rindenfalten an seinem Ansatz abgeschnitten wird. An dieser Stelle befinden sich kaum sichtbare schlafende Augen. Durch den radikalen Schnitt werden sie ›geweckt‹ und angeregt schwachwüchsige Verzweigungen zu bilden.

Auge: Gärtnerischer Begriff, der junge, gut entwickelte, aber noch geschlossene Knospen bezeichnet.

Auslichten (eines Baumes oder Strauches): Das Entfernen von totem Holz sowie kranken oder abgebrochenen Ästen und Zweigen aus der Mitte von Krone oder Strauch.

Auslichten von Früchten: Das Entfernen unreifer Früchte von den Zweigen, um das Wachstum von wenigen Früchten besonders zur fördern.

Blütenknospe: Rundliche, geschwollen wirkende Knospe mit kleiner Spitze, die sich zur Blüte entwickeln wird.

Baldassari-Palmette: Spalierform von Obstgehölzen, bei der alle Äste im 45° Winkel zum Haupttrieb, der Achse, stehen.

Blattstiel: Stiel, durch den das Blatt mit dem Zweig verbunden ist.

Busch: Strauch oder verholzende Staude, der oder die sich auf Bodenhöhe über einem sehr kurzen Stamm entwickelt.

Buschbaum: Frei stehende, durch Erziehungsschnitt gebildete Baumform mit kurzem Stamm.

Edelauge: Knospe (Auge), die zusammen mit einem Rindenstück von einem Zweig abgenommen wurde, um damit einen anderen Baum oder Strauch zu veredeln.

Edelreis: Pflanzenteil, an dem sich eine oder mehrere Knospen (Augen) befinden und das man von einer Mutterpflanze, die man vermehren möchte, entnommen hat, um damit eine Unterlage zu veredeln.

Einmal blühend: Pflanze, die nur einmal im Jahr Blüten bzw. Früchte hervorbringt.

Entknospung: Entfernung von Augen oder Knospen, die für die geplante Entwicklung der Pflanze keine Funktion haben oder diese Entwicklung stören würden.

Fächerspalier: Spalierform, bei der die Leitäste einen Fächer bilden, der zur Senkrechten geneigt steht, und deren Stamm nur etwa 30 cm hoch ist.

Frei stehend: Baumform, die im Gegensatz zu Spalierformen keine Stütze benötigt.

Fruchtkuchen: Holzige Verdickung, die sich am Zweig an der Stelle bildet, an der ein Fruchtstängel saß, und die Sprosse und Blütenknospen trägt.

Fruchtrute: Zweig, der in einem Jahr 15 bis 30 cm lang wird und der dicke, rundliche Blütenknospen und am Ende eine Triebknospe trägt. Die Fruchtrute ist ein typischer Zweig des Steinobsts.

Fruchtspieß: Sehr kurzer Zweig (2 bis 5 cm), der seitlich fünf bis sechs Blütenknospen und am Ende eine Triebknospe trägt. Typischer Zweig von Steinobstbäumen.

Gemischter Zweig: Zweig, der Triebknospen trägt, die weitere Holztriebe hervorbringen und so für das Wachstum des Baums sorgen werden, sowie Blütenknospen, aus denen Blüten und später Früchte entstehen.

Gewöhnliche Gartenerde: Fruchtbare Erde, die weder zu feucht noch zu schwer noch zu trocken ist. Sie enthält Lehm, Sand und Humus in ausgewogener Mischung.

Gummifluss: Klebrige Ausscheidung von Baumwunden, die an der Luft hart wird; typisch für Steinobst.

Halbstamm (Baum): Form frei stehender Bäume mit einem je nach Art 1 bis 1,50 m hohen Stamm.

Hochstamm (Baum): Frei stehende Baumform, deren Stamm je nach Art 1,50 bis 2 m hoch ist.

Holztrieb: Zweig, der nur schmale, spitz zulaufende Knospen trägt, die Triebknospen, aus denen sich weitere Holztriebe entwickeln.

Instandhaltungsschnitt: Entfernen einiger Äste eines Baumes oder Strauches, um seine Krone auszudünnen, seinen Umfang zu mindern oder seine Form zu verändern.

Knospe: Vermehrungsorgan der Pflanze, die in ihrem Inneren Ansätze zur Bildung von Blättern, Blütenblättern oder Holztrieben enthält. Siehe auch *Auge*.

Knoten: Ansatz eines Blatts am Trieb, der oft durch eine Verdickung gekennzeichnet ist.

Kopfweidenschnitt: Schnitt, bei dem der Stamm eines Baumes in einiger Höhe abgesägt wird. Aus der Schnittfläche, die sich später – ähnlich wie bei der Kopfweide – verdickt, werden die neuen Äste austreiben.

Kordon, senkrecht gezogen: Spalierform, bei der sich ein einziger Haupttrieb entwickelt, der auch als Leitast fungiert und entlang dem sich die Frucht tragenden Zweige bilden. Bei Weinreben spricht man von abwechselnd senkrecht gezogenen Kordons, wenn sie in verschiedenen Höhen nebeneinander an der gleichen Mauer befestigt sind.

Kordon, waagerecht gezogen: Spalierform, bei der ein (einseitiger Kordon) oder zwei (doppelt gezogener Kordon) Triebe waagerecht an einem Rankgerüst wachsen.

Kronen- oder Kopfveredlung: Veredlung in der Krone der Unterlage.

Kultivar: Durch gärtnerische Züchtung entstandene Sorte; Gegenstück zur auf natürliche Weise entstandenen Art.

Leitast: Hauptast von starkem Durchmesser, der zusammen mit dem Stamm Teil des Baumgerüstes ist und der die Zweige hervorbringt, die ihrerseits Blätter, Blüten und Früchte tragen.

Nebenauge: siehe *Nebenknospe*

Nebenknospe: Knospe, die am Ansatz einer anderen, größeren Knospe sitzt. Bei Steinobstbäumen bilden die Knospen häufig Gruppen von zweien oder dreien, und eine ist stärker entwickelt als die übrigen. Dies ist die Hauptknospe, die anderen sind die Nebenknospen.

Nebentrieb: Geschnittener Zweig, der Früchte tragen soll.

Öfter blühend: Pflanzen, die im gleichen Jahr mehrmals hintereinander Blüten hervorbringen.

Organische Stoffe: Stoffe, die aus der Zersetzung pflanzlicher oder tierischer Organismen oder Abfallprodukte entstanden sind.

Pinzieren: Eingriff, bei dem man die Enden junger Zweige abknipst, um die Pflanze zur vermehrten Bildung von neuen Trieben oder Früchten anzuregen.

pH-Wert: Chemische Maßeinheit, mit der man den Säuregrad des Bodens misst. Der neutrale Wert ist 7.

Reis: Zierlicher, kurzer Zweig, der im Jahr 5 bis 20 cm lang wird und Triebknospen trägt.

Reis mit Fruchtknospe: Sehr kurzer Zweig, der aus sich aus einem Reis oder einem Spross entwickelt hat, die über mehrere Jahre inaktiv waren, und der am Ende eine Blütenknospe trägt.

Ringelspieß: Schmaler, kurzer Zweig, der im Jahr 5 bis 20 cm lang wird. Er trägt Triebknospen und am Ende eine Blütenknospe.

Rosette: Gruppe von mehreren Blättern, die am Trieb einen gemeinsamen Ansatz haben.

Sämling: Junger, aus einem Samen gezogener Baum, der meist von großer Wuchskraft ist.

Scheitelpunktförderung: Technik, bei der man einen Ast rund biegt, um den Saftfluss darin zu verlangsamen und die Bildung von Blütenknospen im unteren Teil anzuregen.

Schlafendes Auge: Kaum sichtbare Knospe von geringer Größe, die in Rindenfalten, unter der Rinde oder im Astansatz verborgen ist und sich zunächst noch nicht weiterentwickelt.

Schnurbaum: siehe *Kordon, senkrecht gezogen* und *Kordon, waagerecht gezogen*.

Schössling: Junger Baum, der nur einen Haupttrieb aufweist.

Sommerschnitt: Schnitt, der im Sommer durchgeführt wird, wenn alle Blätter ausgetrieben sind.

Spalier: Flache Baum- oder Strauchform, bei der die Pflanzen an einem Rankgerüst wachsen.

Spalierbaum oder -strauch: Künstlich durch Schnitt herbeigeführte Wuchsform, bei der alle Äste auf einer Ebene an einem Rankgerüst wachsen.

Spalier in einfacher U-Form: So genanntes kleines Spalier; Spalierform, bei der die beiden gleich langen Leitäste ein U bilden.

Spalier in doppelter U-Form: Spalierform, bei der die beiden kurzen Leitäste sich so gabeln, dass vier lange Leitäste entstehen, die zwei symmetrische U bilden.

Spindelbaum: Pyramidenartige Obstbaumform mit Mittelachse. Für Birnbäume beliebt.

Spross: Spitze Knospe, die am Ansatz relativ breit und von einer Rosette von zwei bis drei Blättern umgeben ist. Seine weitere Entwicklung hängt vom durchgeführten Schnitt ab: er kann sich in eine Blütenknospe verwandeln oder einen Holztrieb hervorbringen.

Stock: Kurzer Stamm der Weinrebe.

Thomery-Spalier: Weinspalier, bei dem an ein und derselben Wand zweiarmige Kordons unterschiedlicher Länge gezogen werden.

Trauerrose (Kaskadenrose): Rose, die auf einem Stämmchen veredelt wurde und lange biegsame Äste hervorbringt, die an eine Trauerweide erinnern.

Unterlage: Pflanze, an der eine Veredlung vorgenommen werden soll oder wurde.

Verholzt: Jahrestrieb, der vor dem Winter zum Zweig wird.

Verlängerung: Trieb, der am Ende der Leitäste wächst und diese verlängert.

Verrier-Palmette: Spalierform, bei der zwei kürzere Leitäste ein kleineres U bilden, das von dem größeren U zweier längerer Leitäste eingerahmt wird.

Verzweigung: Gabelung eines Astes in zwei oder mehr Zweige.

Viertelstamm (Baum): Form frei stehender Bäume mit niedrigem (30 bis 80 cm hohen) Stamm, der aufgrund seiner Maße leicht abzuernten ist.

Wandspalier: Flache Spalierform, bei der die Bäume an einem vor der Wand aufgebauten Rankgerüst wachsen.

Wasserschoss: Sehr kräftiger Zweig, der in einem Jahr länger als 1 m werden kann, nahezu senkrecht wächst und auf den Biegungen der Leitäste austreibt.

Weinrute oder einjähriger Trieb: Frucht tragender oder verholzter Zweig bei der Weinrebe.

Weinspalier: Weinrebe, die als Kordon an einem Drahtgerüst vor einer Wand gezogen wird.

Wintergrün: Baum oder Strauch, der bei strenger Kälte nur einen Teil seiner Blätter verliert.

Winterschnitt: Schnitt, der im Winter durchgeführt wird, wenn das Laub abgefallen ist.

Wurzelschnitt: Eingriff, bei dem gleichzeitig mit dem Pflanzschnitt die Wurzelspitzen gekürzt und beschädigte Teile der Wurzel entfernt werden.

Wurzelschössling: Direkt aus der Wurzel bestimmter Pflanzen wachsender Trieb.

Register

Botanische Namen *kursiv*, deutsche Namen gerade

Bildquellen

Alle Fotos sind von C. Hochet/Rustica, außer
S. 100–101: J. Albertini/Rustica
S. 9, 17, 34, 38, 39, 45, 63, 67, 68, 78-81, 86, 87, 108, 125, 126, 193, 214, 215, 216: P. Asseray/Rustica
S. 104: G. Bilaudé/Rustica
S. 73, 75: O. Borderie/Rustica
S. 8, 134: F. Boucourt/Rustica
S. 6: E. Brenckle/Rustica
S. 201: G. Cotonnec/Rustica
S. 103, 227: J. Creuse/Rustica
S. 52, 53, 60, 77, 93, 95, 147, 231: I. Devaux/Rustica
S. 145: M. Guittard/Rustica
S. 44, 62, 114, 115: V. Klecka/Rustica
S. 122, 123, 148: J.-C. et M. Lamontagne
S. 42, 43, 82–85, 154, 155, 156, 157, 218, 219, 232, 233: J. Le Bret/Rustica
S. 74, 160, 161, 200: V. Maisons/Rustica
S. 136, 137: N. et P. Mioulane/Map
S. 148: J.-P. Praderes/Rustica
S. 212: P. Revet/Rustica
S. 144: D. Roger/Rustica
S. 48, 49: M.-P. Samel/Rustica
S. 36–37, 46–47, 110, 118, 119, 135, 196, 197, 210, 211: A. Schreiner
S. 71, 92: T. Trédoulat/Rustica
S. 205: E. Ulzega/Meiland
Umschlagfoto von C. Hochet/Rustica
Illustrationen: Joël Bordier

Grafische Gestaltung und Realisation: Hugues Cornière, Graphic Garage